DASH:

Experimentele woningbouw

/

Experimental Housing

Delft Architectural Studies on Housing

Editorial

Since the publication of the first issue of *DASH* in 2009, the questions and challenges related to housing design appear to have taken several radical turns. Fourteen years ago, the discussion was about whether we were still facing a new design challenge and whether the existing repertoire was rich enough to meet the (limited, according to expectations at the time) demand. Attention had shifted from the Vinex era's large suburban expansions to urban renewal and densification.

After the 2008 financial crisis had led to an economic crisis with major consequences to the housing market, stagnation of housing production and the intention to focus on the large-scale renewal of the post-war residential districts, the question arose as to whether, in a period of sudden austerity, we needed new standards to provide a response to the limited financial scope of developers and housing associations. In the past five years, with the economy back on track, it has become increasingly clear that there is now a new substantial housing shortage, especially of affordable dwellings for lower and middle incomes. Again, the question arises as to which housing types we need, are affordable and can be built quickly. At the same time, a passionate discussion has arisen about whether the new production deemed necessary – many people think we need 1 million new dwellings in the Netherlands in the next ten years – will have to be realized in the countryside, because the production of suburban residential districts with their familiar rows of terraced single-family dwellings is simply fast and immensely efficient (and therefore affordable). Or should we add other housing types to the housing stock, built in the existing cities to keep them liveable and accessible to all incomes, and preserve the open countryside?

Whatever position we take, it is clear that in our pluralistic and diverse society, a single standard will no longer suffice. Building endless repetitions of one, 'optimal' housing type will eventually lead to residential areas with a limited lifespan, as was the case in the post-war districts that consisted entirely of blocks of walk-up flats and in the home zones comprising monocultures of terraced single-family dwellings. To be able to formulate solutions to the current problems, we need innovation and experimentation.

Earlier, in the 1960s and 1970s, the climate for experimentation in housing was particularly fertile in the Netherlands. The Stichting Architecten Research (SAR, Foundation for Architects' Research), which centred on John Habraken, reconceptualized the relationship between support and infill. The government was involved in the Stichting Nieuwe Woonvormen (SNW, Foundation for New Dwelling Types), which developed alternatives to the reconstruction standard of terraced houses, walk-up flats and gallery flats. It also initiated the Stichting Experimentele Volkshuisvesting (SEV, Foundation for Experimental Housing), which designated more than 60 innovative housing projects 'experimental' between 1968 and 1980. This created a climate of experimental prowess in the Netherlands that has not been seen since the dissolution of these foundations, a climate that we sorely miss when looking for solutions in the current crisis.

What is special about the experiments in question, other than their sometimes unexpected outcomes, is that they have been developed in the context of conventional house construction rather than, like many other architecture experiments, in the context of an exhibition or competition. After all, the SEV programme was developed to give innovation a chance both with and without the red tape of government regulations and financing conditions and as an alternative to facing a building industry that increasingly dictated to architects what kind of systems and floor plans they had to use on the basis of cost considerations, rationalization and so on.

Today, the diverse themes and solutions of this programme can once again inspire ways to meet contemporary design challenges. This issue of *DASH* pays extensive attention to the programme, both in an essay by researchers Marcel Barzilay and Ruben Ferwerda and in the documentation of five projects from the programme that are as special as they are topical. The Dutch initiative is juxtaposed to a number of foreign experimental housing projects that were realized in the period from 1945 to the present. The selection of examples was based on the changing relationship between government and market during the renewal of housing production. Depending on the national context, this division of roles again and again leads to a special materialization of innovative projects and construction methods.

Daniel Movilla Vega and Esperanza Campaña Barquero focus on Swedish laboratories for housing research and Mark Swenarton analyses the by now almost legendary housing programme that was realized in the London Borough of Camden in the 1970s under the leadership of Sydney Cook. Fernando Altozano, Esperanza Campaña Barquero and Carmen Espegel discuss housing experiments that took place in Spain under the Franco regime. Virginia Mannering draws attention to the Small Homes Service for private dwellings in post-war Australia. An interview with Mieke Dings focuses on experiments in affordable housing in Singapore and the role of the Singaporean Housing and Development Board. Floris Alkemade, finally, discusses current problems in the Netherlands and the need for experimentation.

The project documentation of the Dutch experiments has been expanded with examples from London, Barcelona, Jerusalem and Singapore.

The essays and the documented projects show the importance and influence of programmes for experimental housing to leave behind beaten tracks and established patterns and to give new impulses to housing design to ensure it is more in line with the current demands and desires of the numerous people who are looking for an affordable yet suitable dwelling. This issue of *DASH* is a plea for diversity and experimentation in the face of the current major housing challenge – both in the Netherlands and worldwide.

Redactioneel

Sinds de verschijning van het eerste nummer van *DASH* in 2009 lijken de vragen en uitdagingen met betrekking tot woningbouwontwerp al meerdere malen een radicale wending te hebben genomen. Veertien jaar geleden werd een discussie gevoerd of er nog steeds sprake was van een nieuwe ontwerpopgave, en of het toenmalige repertoire niet rijk genoeg was om de (naar men toen verwachte) beperkte vraag tegemoet te treden. De aandacht was verschoven van de grote suburbane uitbreidingen van de Vinex-periode naar stedelijke vernieuwing en verdichting.

Na de financiële crisis van 2008 die gepaard ging met grote gevolgen voor de woningmarkt, stagnatie van de woningbouw en de grote voorgenomen vernieuwing van naoorlogse woonwijken, kwam de vraag naar voren of in een plotsklaps ontstane periode van soberheid geen nieuwe standaards nodig waren die antwoord gaven op de beperkte financiële armslag van ontwikkelaars en woningcorporaties. Nadat de economie uit het dal was geklommen, is de laatste vijf jaar steeds duidelijker geworden dat er een nieuw, groot tekort aan woningen is ontstaan, vooral wat betreft betaalbare woningen voor lagere en middeninkomens. Opnieuw rijst de vraag welke woningtypen nodig en betaalbaar zijn, en snel gebouwd kunnen worden. Tegelijkertijd is er een heftige discussie ontstaan of de nieuwe noodzakelijk geachte productie, volgens velen 1 miljoen woningen in Nederland in de komende tien jaar, moet plaatsvinden in het buitengebied, omdat de productie van suburbane woonwijken met hun bekende rijtjes eengezinswoningen nu eenmaal snel en mateloos efficiënt – en dus betaalbaar zijn. Of moeten er andersoortige woningen aan het woningbestand worden toegevoegd, gebouwd in de bestaande steden om deze leefbaar en toegankelijk voor alle inkomens te houden – en zo het open landschap behouden?

Welk standpunt ook wordt ingenomen, het is duidelijk dat in onze pluriforme en diverse maatschappij één enkele standaard niet meer voldoet. Het bouwen van een eindeloze repetitie van één 'optimaal' woningtype leidt uiteindelijk opnieuw tot woongebieden met een beperkte levensduur, zoals eerder gebeurde in de naoorlogse wijken met louter portiekflats, of de woonerven met een monocultuur van eengezinsrijwoningen. Om antwoorden op de huidige vraagstukken te formuleren zijn vernieuwing en experiment geboden.

Al eerder, in de jaren 1960 en 1970, heerste er in Nederland een bijzonder vruchtbaar klimaat voor experimenten in de woningbouw. De SAR (Stichting Architecten Research) rond John Habraken reconceptualiseerde de relatie tussen drager en inbouw. De overheid was betrokken bij de Stichting Nieuwe Woonvormen (SNW) die alternatieven bedacht voor de wederopbouwstandaard van rijtjeshuis, portieketagewoning en galerijflat. Het ministerie van Volkshuisvesting en Ruimtelijke Ordening initieerde zelf het stimuleringsprogramma Experimentele Woningbouw, dat tussen 1968 en 1980 predicaten verleende aan meer dan 60 vernieuwende woningbouwprojecten. Op deze manier werd een klimaat van experimenteerdrift in Nederland gecreeerd, dat we node missen bij het zoeken naar oplossingen in de huidige crisis.

Bijzonder aan de genoemde experimenten, behalve de soms verassende uitkomsten, is vooral dat ze werden ontwikkeld binnen de gangbare woningbouw en niet zoals veel andere architectonische experimenten binnen de context van een tentoonstelling of prijsvraag. Het Experimentele Woningbouw-programma werd immers ontwikkeld om vernieuwing zowel binnen als buiten het keurslijf van regelgeving en financieringsvoorwaarden van de overheid de kans te geven, en tevens als alternatief voor een bouwindustrie die steeds vaker de architecten voorschreef wat voor systemen en plattegronden toe te passen vanuit kostenoverwegingen, rationalisatie, enzovoort.

De diversiteit aan thema's en oplossingen in dit programma kunnen opnieuw een inspiratie zijn voor de huidige ontwerpvraagstukken. Deze *DASH* schenkt uitgebreid aandacht aan het programma, in zowel een essay van onderzoekers Marcel Barzilay en Ruben Ferwerda, als in een documentatie van vijf even bijzondere als actuele projecten uit het programma. Het Nederlandse programma wordt gepositioneerd naast een aantal buitenlandse experimentele woningbouwexperimenten, die in de periode van 1945 tot nu tot uitvoering zijn gekomen. De selectie van voorbeelden is gebaseerd op de wisselende verhouding tussen overheid en markt in de vernieuwing van de woningbouwproductie. Afhankelijk van de nationale context leidt die rolverdeling telkens tot een bijzondere uitwerking van vernieuwende projecten en bouwmethoden.

Daniel Movilla Vega en Esperanza Campaña Barquero richten zich op de Zweedse laboratoria voor huisvestingsonderzoek, en Mark Swenarton analyseert het nu welhaast legendarische woningprogramma dat in de jaren 1970 onder leiding van Sydney Cook in de London Borough of Camden gerealiseerd werd. Fernando Altozano, Esperanza Campaña Barquero en Carmen Espegel bespreken woningbouwexperimenten in Spanje onder het Franco-regime. Virginia Mannering richt de aandacht op de Small Homes Service voor private woningen in het naoorlogse Australië. Mieke Dings gaat in een gesprek in op de experimenten in betaalbare woningbouw in Singapore, en de rol daarbij van de *Housing and Development Board*. Tot slot bespreekt Floris Alkemade de actuele problematiek in Nederland en de noodzaak van experiment.

De projectdocumentatie van de Nederlandse experimenten is daarom uitgebreid met voorbeelden uit Londen, Barcelona, Jeruzalem en Singapore.

De essays en gedocumenteerde projecten demonstreren het belang en de invloed van programma's voor experimentele woningbouw, om de gebaande paden en vastgelopen patronen te verlaten en nieuwe impulsen aan het woningontwerp te geven, zodat dit beter aansluit bij de actuele vragen en verlangens van de velen die naar een betaalbare en tegelijk geschikte woning zoeken. Daarmee is deze *DASH* een pleidooi voor diversiteit en experiment in de huidige grote woningbouwopgave – in Nederland en wereldwijd.

Marcel Barzilay,
Ruben Ferwerda

Leren van Experimentele Woningbouw
Learning from Experimental Housing

Het Nederlandse overheidsprogramma 1968-1980
The Dutch Government Programme 1968-1980

INBO, doorsnede terrasflats Coevering, Geldrop, 1974
INBO, cross section of terrace flats in Coevering, Geldrop, 1974

> Men wéét niet wat men mist. Daarom geven we die prikkel, om te laten voelen dat het ook anders zou kunnen. De mensen worden zich intussen wel bewust van hun woonmilieu. Het is de omgeving die hen teleurstelt. Die biedt te weinig variatie, daar is niet genoeg zorg aan besteed.[1]

Met deze woorden vertolkte minister W.F. Schut van Volkshuisvesting en Ruimtelijke Ordening de onvrede over de naoorlogse wederopbouw. De eenvormigheid van de woonwijken leidde tot een nieuw initiatief; het programma Experimentele Woningbouw, in 1968 ingesteld door Schut en beëindigd in 1980, gaf aanleiding tot een aantal belangrijke vernieuwingen in de volkshuisvesting en woningbouw in Nederland.

In dit artikel bespreken we het programma Experimentele Woningbouw en de resultaten, die nooit grondig zijn onderzocht en bovendien in de vergetelheid geraakt. Uit ons onderzoek, dat samen met de Rijksdienst voor Cultureel Erfgoed werd uitgevoerd, rijst de vraag hoe we moeten omgaan met dit 'jonge erfgoed', en welke lessen en inspiratie voor de hedendaagse woningbouwpraktijk we eruit kunnen halen. De aanleidingen en thema's binnen de Experimentele Woningbouw vertonen namelijk veel parallellen met de actuele situatie in de Nederlandse volkshuisvesting. Onder invloed van marktwerking herkennen wij in de huidige woningbouw vooral veel aandacht voor kwantiteit en winstoptimalisatie in plaats van kwaliteit en passendheid. En dat is dus niet voor het eerst.

De focus op kwantiteit in de wederopbouwperiode verschoof met het programma Experimentele Woningbouw richting kwaliteit, met meer aandacht voor flexibel gebruik en eventuele aanpassingen aan de woning, inrichting van de woonomgeving, menselijke maat, bouwen voor de buurt, bewonersinspraak, compact bouwen en menging van verschillende woningtypen en doelgroepen. Het zijn onderwerpen die in de jaren 1970 heel normaal zouden worden. En hoewel het geen criterium was in het programma, kreeg ook vormgeving meer aandacht dan in de naoorlogse woningbouw.

De regeling betekende een breuk met de jaren 1950 en 1960 waarin vaak werd gebouwd voor (wat men beschouwde als) de 'gemiddelde bewoner', volgens het credo 'licht, lucht en ruimte'. Dit manifesteerde zich in rationele verkavelingen met stempelstructuren en strokenbouw, en de typologie van de doorzonwoning. Met dit type woning, afgewisseld met flatgebouwen, werden na de oorlog in hoog tempo woonbuurten neergezet waar de auto ruim baan kreeg. De rijtjeswoningen en de flatgebouwen in het groen zorgden voor monotone wijken, waar de bewoner zich moeilijk kon oriënteren en waarmee hij zich niet verbonden voelde. Het programma had dan ook tot doel vernieuwingen te bevorderen, die bijdroegen aan een betere woonkwaliteit, en inspeelden op de persoonlijke omstandigheden en behoeften van bewoners via een gevarieerd aanbod van woningen en woonomgeving.

Met het programma wilde Schut woonexperimenten testen – *pilots* die een vervolg zouden kunnen krijgen in de hoofdstroom van de woningbouw. Deze vernieuwende plannen konden het predicaat Experimenteel Woningbouwproject krijgen, wat gepaard ging met extra subsidie. Het initiatief om het programma voor de *pilots* doelbewust in handen te geven van gemeenten, corporaties en marktpartijen, voorzien van een financiële stimulans vanuit de rijksoverheid, was grensverleggend.[2]

Toentertijd was circa 90 procent van de woningen in Nederland een huurwoning. De regeling was bedoeld voor de gesubsidieerde woningbouw binnen de bestaande Woningwet. Zowel ontwerpen voor woningwetwoningen als commerciële huurwoningen kwamen in aanmerking voor de regeling. Aanvankelijk waren koopwoningen uitgesloten,

> People don't know what they're missing. That's the reason for the incentive, to make them understand things could be different. Meanwhile, people are becoming aware of their housing conditions. It's the environment that disappoints them. It offers too little variety, we haven't done enough in that respect.[1]

With these words, Minister W.F. Schut of Housing and Spatial Planning expressed the Dutch people's dissatisfaction with post-war reconstruction. The monotony of the residential districts led to a new initiative, the Experimentele Woningbouwprogramma or Experimental Housing Programme, which Schut set up in 1968 and that was discontinued in 1980. The programme gave rise to a number of important innovations in public housing and housing construction in the Netherlands.

In this article, we will discuss the Experimental Housing Programme and its results, which have never been thoroughly evaluated and which, moreover, have fallen into oblivion. Our research, which we conducted in collaboration with the Cultural Heritage Agency of the Netherlands, raises the questions of how best to approach this 'young heritage' and of what lessons and inspirations we can draw from it for contemporary housing. The motives and themes of the Experimental Housing Programme are in many ways on a parallel with the current situation in Dutch public housing. Influenced by market forces, the current construction of housing pays a lot of attention to quantity and profit optimization instead of to quality and suitability. Clearly, this has happened before.

The Experimental Housing Programme shifted the reconstruction period's focus on quantity towards quality and paid more attention to flexible use of and possible adjustments to dwellings, the design of the living environment, the human dimension, building for the neighbourhood, residents' participation, compact construction and the mixing of different housing types and target groups. Making room for such subjects would become quite common in the 1970s. Although it was not a criterion in the programme, design also received more attention than it had in post-war housing.

The programme meant a break with the 1950s and 1960s, in which much construction aimed to meet the demands of (what was considered to be) the 'average resident', in accordance with the creed 'light, air and space'. This manifested in rational subdivisions, repetitive structures and ribbon building and the house-with-a-through-lounge typology. After the war, many residential neighbourhoods sprung up that comprised the latter type of dwelling alternated by blocks of flats and that gave free reign to the car. The construction of terraced houses and blocks of flats amid the green resulted in monotonous districts in which residents experienced difficulty in finding their bearings and to which they did not feel connected. The aim of the programme was to promote innovations that would contribute to a better-quality living environment, responded to personal circumstances and meet the needs of residents through the introduction of a varied range of dwellings and living environments.

Schut wanted to use the programme to test housing experiments – pilots that could be then be implemented in mainstream housing. Innovative plans could be awarded the designation of Experimental Housing Project, which also meant they would receive extra subsidy. The initiative to deliberately place the pilot programme in the hands of municipalities, housing associations and market parties, complete with a financial stimulus from the central government, was groundbreaking.[2]

At the time, approximately 90 per cent of Dutch dwellings were rented accommodation. The programme targeted subsidized house construction under the existing Housing Act. Designs for both so-called 'woningwetwoningen' – council housing – and commercial rental dwellings were eligible. Initially, owner-occupied dwellings were excluded

maar dat veranderde in 1974 toen ook premiekoopwoningen onder de regeling vielen.[3]

Het programma had niet alleen invloed op de architectuur, maar ook op stedenbouw, typologie en bouwtechniek. Vernieuwingen binnen een plan konden namelijk betrekking hebben op de woning, de woonvorm of de woonomgeving. Teneinde de creativiteit onder ontwerpers en opdrachtgevers te stimuleren, mocht worden afgeweken van de als beklemmend ervaren Voorschriften en Wenken, een gedetailleerd stelsel van regels waaraan gesubsidieerde nieuwbouw moest voldoen. Wel moesten afwijkingen onderdeel zijn van het experiment en moest aan 'normale, redelijke eisen van bewoonbaarheid en van technische uitvoerbaarheid [worden] voldaan'.

Gemeenten en woningcorporaties konden concrete plannen van minimaal tien tot maximaal 300 woningen indienen, maar er was ook ruimte voor plannen van architecten zonder dat er een locatie of opdrachtgever in beeld was. Deze laatste kon na verkrijging van het predicaat immers alsnog worden gevonden. Om in aanmerking te komen voor het predicaat, moest een plan goed gedocumenteerd worden ingediend. Naast het ontwerp waren een toelichting en begroting van de stichtingskosten vereist, met een uitleg over de 'extra' kosten als gevolg van het experiment.

Om de plannen te beoordelen, werd een Adviescommissie ingesteld om de minister te informeren over het al dan niet toekennen van het predicaat. De commissie was divers samengesteld: binnenhuisarchitecten, architecten, stedenbouwkundigen, bouwtechnici, medewerkers van woningbouwverenigingen, aannemers, beleggers, sociologen en gebruikers. De financiële regeling hield in dat de rijksoverheid de gesubsidieerde, experimentele woningbouw een extra bijdrage verschafte van gemiddeld fl. 3000,- (circa € 1350,-) per woning voor de extra kosten. Aangezien dit bedrag destijds iets minder dan 10 procent van de gemiddelde bouwkosten vertegenwoordigde, was de financiële prikkel in feite beperkt. De huurbijdrage werd verhoogd met fl. 200,- per jaar per woning om een te hoge huurprijs voor bewoners te voorkomen.

Een experiment met het predicaat kon rekenen op behoorlijk wat publiciteit en bovendien werd het project na de realisatie nog geëvalueerd. Het idee was dat succesvolle projecten navolging zouden krijgen zonder de aanvullende subsidie. Alleen bij de eerste uitvoering kon een plan het predicaat krijgen, niet als herhaalplan.

Ontwikkeling en invloed van het programma

Het programma Experimentele Woningbouw werd voortvarend verwezenlijkt: via een korte circulaire informeerde minister Schut de gemeentebesturen in mei 1968 over de instelling ervan. Het is bijzonder en op zichzelf al experimenteel dat de uitvoering van de regeling zonder haalbaarheidsstudies van start ging, onder het motto 'al doende leert men'. Dit lerende aspect kunnen we achteraf herkennen in de manier waarop het programma zich ontwikkelde, waarbij we vier fasen kunnen onderscheiden. De jaren 1968-1971 vormen de opstartfase; tussen 1972-1976 komt het experimentenbeleid echt op stoom; in de periode 1977-1979 wordt het programma thematisch gestuurd; vanaf 1980-1982 vindt de opheffing en afhandeling plaats.

1968-1971: de opstartfase

In 1969 maakte minister Schut de eerste negen ontwerpen met het predicaat bekend, waarvan het plan in Eibergen in 1970 als eerste werd gerealiseerd. De rest komt in de volgende jaren aarzelend op gang; de regeling moest nog bekendheid krijgen in de vakgemeenschap. Toch werd het programma positief ontvangen en trokken de eerste opleveringen de aandacht van de landelijke pers en televisie.[4] Hoewel het aantal

but this changed in 1974, when state-subsidized owner-occupied dwellings were also included.[3]

The programme affected not only architecture, but also urban design, typology and building technology. Innovations in a plan could relate to the dwelling, the type of dwelling or the living environment. To stimulate creativity among designers and commissioners, they were allowed to deviate from the given *Voorschriften en Wenken* – a detailed system of rules with which subsidized new-build had to comply. However, deviations had to be part of the experiment and had to meet 'normal, reasonable requirements of habitability and technical feasibility'.

Municipalities and housing associations could submit concrete plans for a minimum of ten to a maximum of 300 dwellings, but there was also room for architectural plans that were unconnected to specific locations or clients. After all, the latter could equally well be recruited after the awarding of the designation of Experimental Housing Project. To qualify for this designation, submitted plans had to be well-documented. Required, in addition to the design, were an explanation and budget of foundation costs, including an explanation of 'extra' expenses attributable to the experiment.

An Advisory Committee that had been set up to inform the Minister about the awarding of designations assessed the plans. The committee had a diverse composition and included interior designers, architects, urban designers, building technicians, housing association employees, contractors, investors, sociologists and tenants. The financial part of the programme held that the national government awarded subsidized experimental housing an extra contribution of 3,000 guilders on average (circa 1,350 euros) per dwelling to cover the extra costs. As this amount represented slightly less than 10 per cent of average construction costs at the time, the financial incentive was in fact modest. The rent subsidy was increased by 200 guilders per year per dwelling to prevent rents becoming too high for the tenants.

An experiment with the designation raised considerable publicity; moreover, the project was evaluated after realization. The idea was that successful projects would be replicated without the additional subsidy. Plans could only be awarded the designation during their first implementation, not as repeat plans.

Development and Influence of the Programme

The Experimental Housing Programme was rapidly rolled out: in May 1968, Minister Schut informed the municipal authorities about its establishment in a succinct circular letter. It was extraordinary and in itself experimental that the implementation of the programme started without any feasibility studies having been conducted – this was called 'learning by doing'. In retrospective, it is clear that this learning aspect also played a part in the way in which the programme developed in four separate stages. The years 1968 to 1971 formed the start-up stage, between 1972 and 1976 the experimental policy accelerated, in the 1977 to 1979 period the programme targeted specific themes, and from 1980 to 1982 the programme was discontinued and wrapped up.

1968-1971: The Start-Up Stage

In 1969, Minister Schut announced which nine designs had first been awarded the designation; the first of these was realized in Eibergen in 1970. In the following years, the rest of the programme got off to a slow start; it had yet to become widely known in the professional community. However, the programme was well received and the first completed projects attracted the attention of the national press and television.[4] Although the number of plans realized in the first few years was modest, many plans prepared during that period would later become very

Overzichtsfoto van wederopbouwwijk Rotterdam-Pendrecht, 1963
Overview of reconstruction district Rotterdam-Pendrecht, 1963

Abe Bonnema, oplevering van de HSB-woningen, Alkmaar, 1978
Abe Bonnema, completion of the HSB dwellings, Alkmaar, 1978

Piet Blom, maquette ontwerp Kasbah, Hengelo, 1970
Piet Blom, model of the Kasbah, Hengelo, 1970

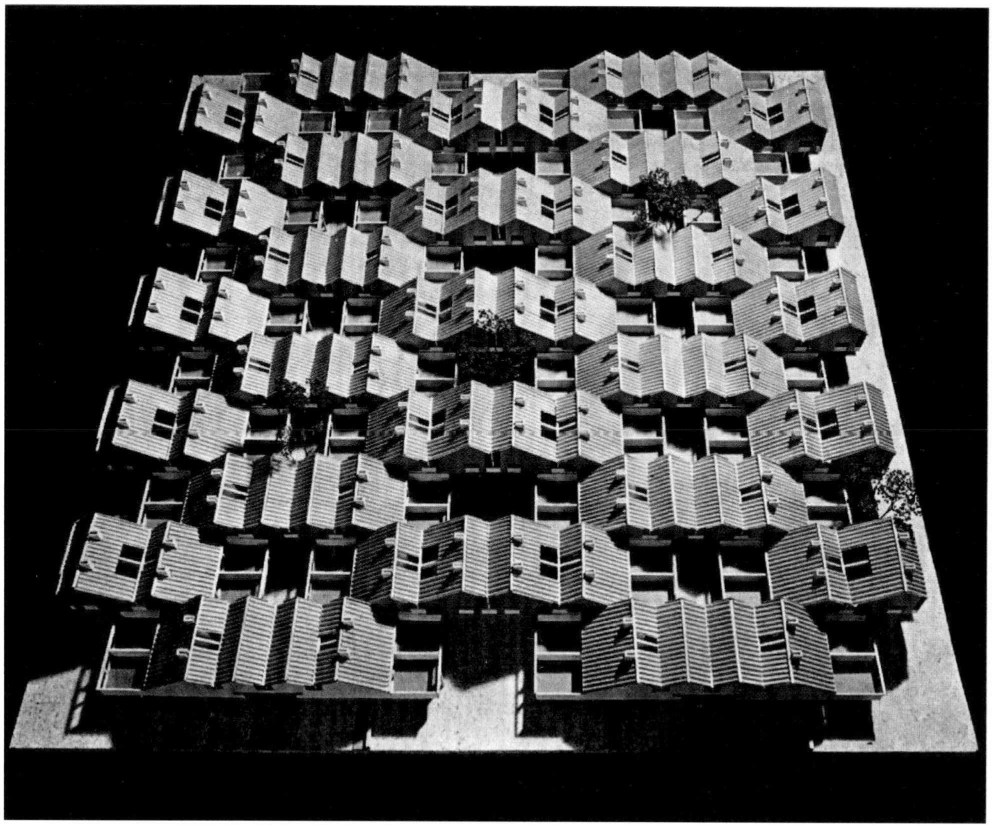

Bouwteam Stichting Nieuwe Woonvormen, isometrie ontwerp Sterrenbuurt, Berkel en Rodenrijs, 1974
Building Team Foundation Nieuwe Woonvormen, isometric design of the Sterrenbuurt, Berkel en Rodenrijs, 1974

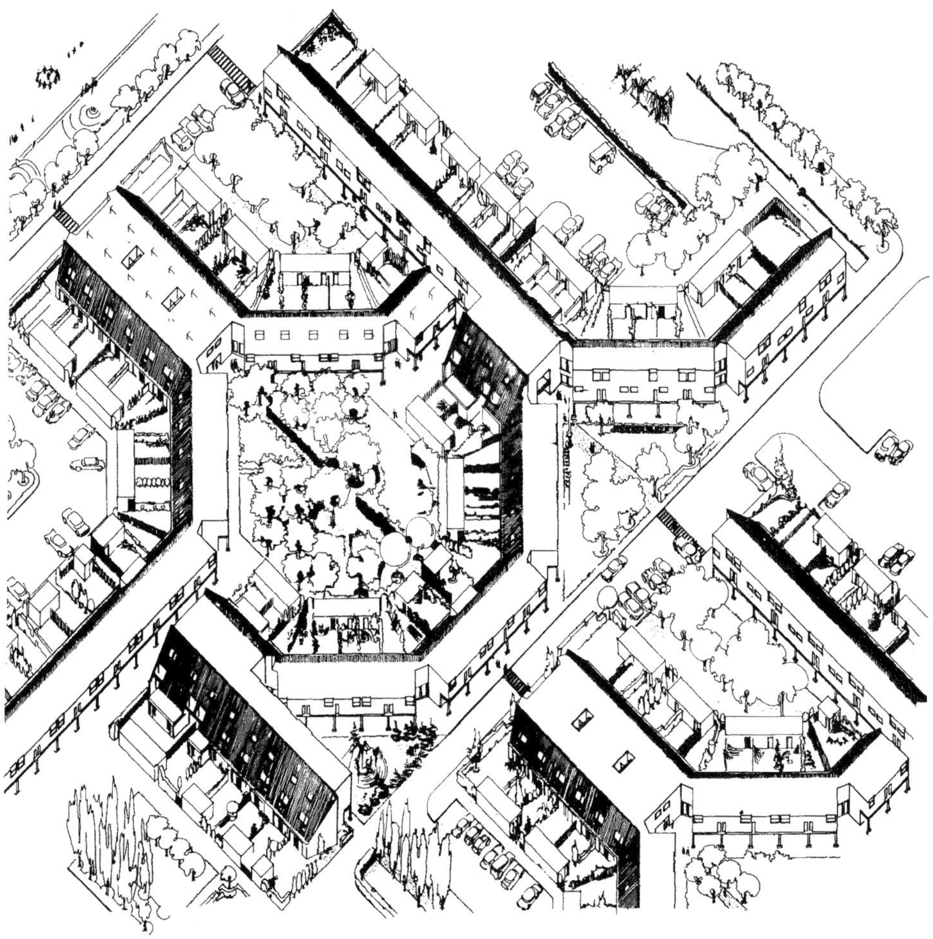

gerealiseerde plannen de eerste jaren niet groot was, werden wel veel plannen voorbereid die later heel invloedrijk zouden worden: de Kasbah in Hengelo van Piet Blom (1969) en in 1970 het plan voor de Sterrenbuurt in Berkel en Rodenrijs.

In de eerste jaren lag het accent op 'het doorbreken van eenvormigheid', met een enkel plan voor een andere doelgroep of woonprogramma. De eerste experimenten betroffen vooral vernieuwing van de middelhoogbouw, bijvoorbeeld flatgebouwen die beter passen in hun omgeving, alternatieven voor galerijontsluiting, mixen van programma's en nieuwe plattegronden. De plannen met eengezinswoningen gingen over nieuwe manieren van schakelen, bijvoorbeeld rond een woonerf of aan een autovrije straat. We zien een project waar bewoners zelf hun woning konden indelen, en de eerste experimenten met groepswonen en ouderenhuisvesting. Circa 1,5 jaar na de start breidde de commissie haar werkveld uit richting stadsvernieuwing, met de toekenning van het predicaat aan de Huigh de Groothof in Delft. De commissie stelde dat stadsvernieuwing in het algemeen als een groot experiment was te beschouwen – en zo zouden er meer stadsvernieuwingsplannen volgen.[5]

De bottom-up aanpak betekende een nieuwe werkwijze voor het ministerie van VRO, met daarbij onvermijdelijke kinderziekten. Er zijn discussies over de beoordelingscriteria en de toepassing, ook het toezicht op de uitwerking van een plan en de bouw was aanvankelijk nog geen geoliede machine. In deze periode werden de experimenten nog niet geëvalueerd. Aan het eind van de bewindstermijn van minister Schut in 1971 ontstond er behoefte aan een terugblik. Er verscheen een overzichtspublicatie van alle plannen van de eerste drie jaar en een tentoonstelling, die van 1972-1974 door het land reisde.[6] De minister toonde zich in een interview enigszins teleurgesteld over de kwaliteit die het programma voortbracht, maar hij meende wel een stijgende lijn te zien.[7]

1971-1976: het experimentenbeleid op stoom

Inderdaad was er een stijgende trend ingezet: het programma kwam in de volgende periode goed op gang. Ontwerpers wisten de commissie steeds beter te vinden en de kwaliteit van de experimenten werd beter en meer divers. Na een publiciteitsoffensief in 1971 nam het aantal inzendingen toe en ook het aantal projecten dat een predicaat kreeg. Het accent van de experimentele plannen verschoof van 'het doorbreken van eenvormigheid' naar 'het bevorderen van een betere woonkwaliteit'.[8] De onderwerpen van de experimenten verbreedden zich naar bijna alle relevante thema's in de woningbouw van die tijd. De Adviescommissie raakte betrokken bij heel verschillende projecten, zoals de Kubuswoningen in Helmond van Piet Blom, het flatgebouw Couperusduin in Den Haag en de Boerderijflats in Eibergen, beide van Sjoerd Schamhart. Vanaf 1973 werden ook projecten met als thema bewonersinspraak gesteund, zoals het initiatief voor de woongemeenschap van Centraal Wonen (ontwerp Leo de Jonge) in de Hilversumse Meent, maar ook experimenten met systeembouw, zoals de Legowoningen (ontwerp Environmental Design) in Dordrecht. Het ministerie voerde de regeling steeds professioneler uit, hoewel de publiciteit gebrekkig bleef. Wel werd beter vastgelegd waarom een project experimenteel was verklaard.[9] In 1972 werd een begin gemaakt met de evaluaties.[10]

1977-1979: thematische opzet van het experimentenbeleid

In de loop van de jaren 1970 werd het volkshuisvestingsbeleid in politiek opzicht steeds belangrijker. Het programma zou onvoldoende invloed hebben op het oplossen van sociale problemen binnen de

influential: for instance Piet Blom's 1969 Kasbah in Hengelo (Fig. 3) and the 1970 plan for the Sterrenbuurt in Berkel en Rodenrijs (Fig. 4).

In the early years, the emphasis was on 'breaking the monotony', with single plans for different target groups or residential programmes. The first experiments mainly concerned the renewal of mid-rise buildings, for example by ensuring blocks of flats fitted better into their surroundings, introducing alternative access to gallery apartments, mixing programmes and creating new floor plans (Fig. 5). Plans for single-family dwellings introduced new ways of connecting these, for example around a home zone or pedestrian zone (Fig. 6). In one project, residents could design their own floor plans; early experiments with group housing (Fig. 7) and housing for senior citizens took place. Approximately one and a half years after the launch, the committee expanded its field of work to include urban renewal by awarding the designation to the Huigh de Groothof in Delft (Fig. 8). The committee stated that urban renewal in general could be regarded as a substantial experiment – and so more urban renewal plans would follow.[5]

This bottom-up approach forced a new working method on the Ministry of Housing, Spatial Planning and the Environment and this came with the inevitable teething problems. There were discussions about the assessment criteria and the application, and the supervision of the elaboration of plans and of construction did not precisely function like a well-oiled machine, either. In this period, the experiments were not evaluated as yet. At the end of Minister Schut's term of office in 1971, there was a need for a review, which was met by the publication of an overview of all of the plans made in the first three years as well as an exhibition that travelled across the country from 1972 to 1974.[6] In an interview, the minister expressed some disappointment with the quality of the programme, although he thought he did see an upward trend.[7]

1971-1976: The Experiments Policy Gathers Steam

This upward trend indeed materialized, with the programme gathering steam in the following period. More and more designers found their way to the committee and the quality of the experiments improved and diversified. After a 1971 publicity campaign, the number of entries increased and so did the number of projects awarded a designation. In the experimental plans, the emphasis shifted from 'breaking the monotony' to 'promoting better-quality housing'.[8] The experiments had more diverse subjects, which included almost all of the housing themes that were relevant at the time. The Advisory Committee became involved in a number of very different projects, including Piet Blom's Cube Houses in Helmond and Sjoerd Schamhart's Couperusduin block of flats in The Hague and his Boerderijflats ('Farm Flats') in Eibergen. From 1973 onwards, the programme also supported projects on residents' participation, including Leo de Jonge's initiative for a residential community called Centraal Wonen in the Hilversumse Meent, as well as experiments in modular construction such as Environmental Design's Lego houses in Dordrecht. The ministerial implementation of the scheme became more and more professional, although publicity remained poor. The Ministry did manage to better record its reasons for declaring a project experimental.[9] Evaluations began in 1972.[10]

1977-1979: Thematic Structure of the Experiments Policy

In the course of the 1970s, public housing policy became increasingly important politically. Allegedly, the programme had insufficient influence on the solving of social problems in house construction. Politicians wanted a bigger say in the experiments and to that end carried out a substantive reform in 1977. From then on, only themed

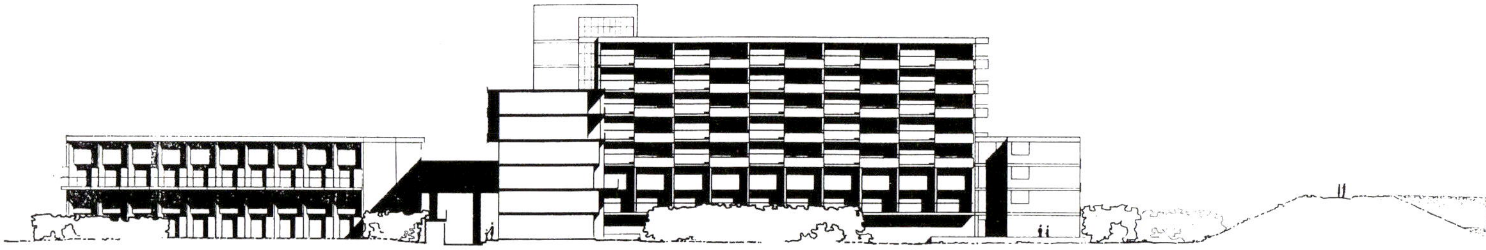

Van Wijk en Gelderblom, dwarsprofiel Sterflats aan de IJsselmeerdijk, Hoorn, 1969

Van Wijk and Gelderblom, transverse profile of the Sterflats in IJsselmeerdijk, Hoorn, 1969

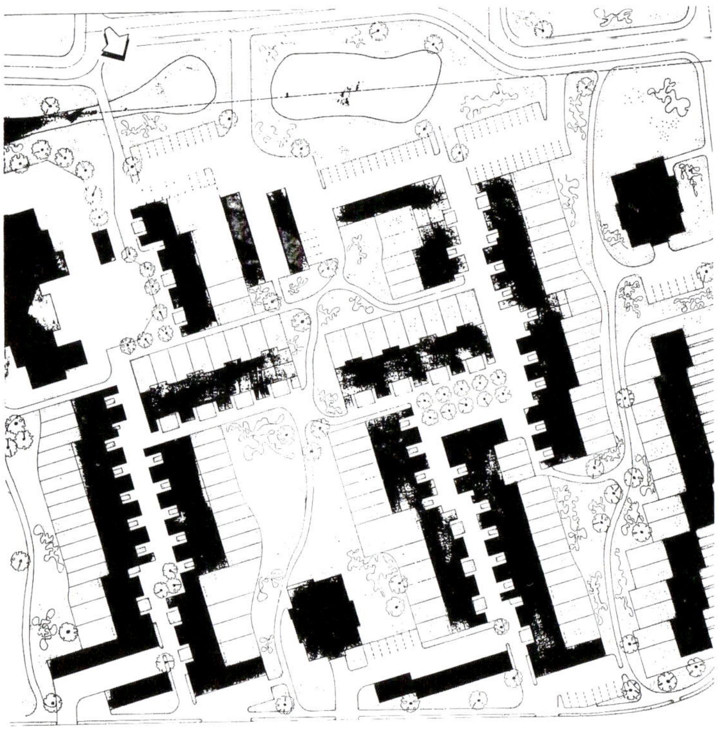

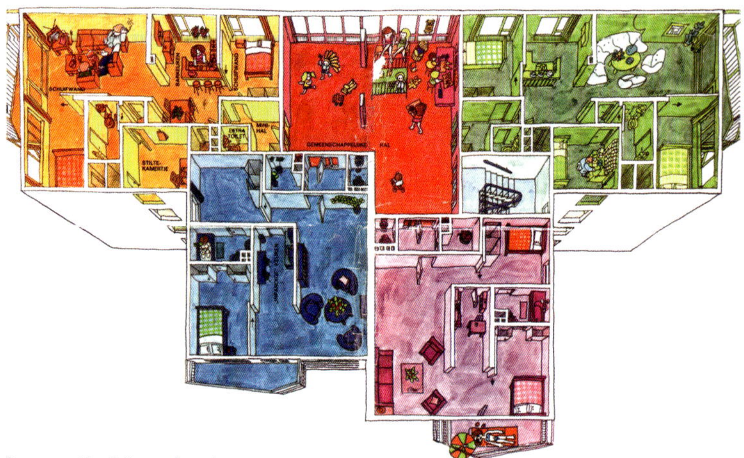

Opengewerkte plattegrond van de experimentele flats met gemeenschappelijke hal, Utrecht-Overvecht, 1969

Open floor plan of experimental flats with a shared entrance hall, Utrecht-Overvecht, 1969

A. Alberts en B.O. van den Berg, situatietekening Walburg II, Zwijndrecht, 1969

A. Alberts and B.O. van den Berg, ground plan of Walburg II, Zwijndrecht, 1969

Ir. A.S. Galis, perspectieftekening Huigh de Groothof, Delft, 1969

Ir. A.S. Galis, perspective drawing of Huigh de Groothof, Delft, 1969

woningbouw. De politiek wilde meer kunnen sturen in de experimenten en voerde daarom in 1977 een inhoudelijke hervorming door. Voortaan kwamen alleen plannen in aanmerking, die betrekking hadden op thema's met een concrete bijdrage aan actuele ontwikkelingen. Dit waren: urbanisatie in plaats van suburbanisatie (verdichting), nieuwbouw in oudere woonmilieus (stadsvernieuwing) en specifieke vormen van huisvesting (andere doelgroepen dan het gezin).[11]

Terwijl de thema's door sommigen als een inperking van de creativiteit werden beschouwd, kon de Adviescommissie er goed mee uit de voeten. Er bleven immers experimentele en vernieuwende projecten van de grond komen. De onderwerpen breidden zich uit en zijn ook vandaag nog verrassend actueel. Projecten met het thema stadsvernieuwing werden doorontwikkeld en hadden niet alleen betrekking op historische binnensteden, maar in algemene zin op ontwerpen in de bestaande stad. Er wordt nagedacht over duurzaamheid met projecten over hergebruik of uitgevoerd in houtskeletbouw. Er wordt geëxperimenteerd met verdichting via inbreiding, en met aanpasbare en levensloopbestendige woningen. Ook opvallend zijn de plannen die in hun vormentaal bewust niet modern of eigentijds zijn, maar teruggrijpen op architectuur en stedenbouw uit het verleden. Op het gebied van publiciteit en met de evaluatierapporten werd een inhaalslag gemaakt, en deze tonen een overwegend positief beeld.

Op een congres ter ere van het tienjarig bestaan van de regeling vonden de aanwezigen dat het experimentenbeleid moest worden voortgezet, maar wél met meer sturing van de Adviescommissie zelf, en dat nog beter moest worden ingespeeld op actuele woningmarktbehoeften.[12]

1980-1982: opheffing, afhandeling en voortzetting van het programma

Het programma nadert zijn einde, wanneer Nederland in 1979 wordt getroffen door de tweede oliecrisis en vervolgens een economische crisis. De overheid kon de enorme uitgaven van de verzorgingsstaat niet meer opbrengen en moest bezuinigen, ook op volkshuisvesting. Het programma Experimentele Woningbouw werd in 1980 stopgezet, hoewel het jaarlijks maar voor 4,5 miljoen gulden (circa 2 miljoen euro) op de begroting drukte. Het lopende evaluatieprogramma werd niet meer voltooid, wat de helft van de gerealiseerde projecten betrof. De afhandeling en opvolging van het programma duurde nog drie jaar. Er werd gekozen om te stoppen met het financieel steunen van concrete ontwerpplannen en zich meer te richten op bredere beleidsmatige thema's in de volkshuisvesting. De in 1982 opgerichte Stuurgroep Experimenten Volkshuisvesting (SEV) kreeg deze taak, met oud-minister Schut als eerste voorzitter. Uit de boedel van het gestopte programma werd slechts één experiment overgeheveld naar de SEV, namelijk de bolwoningen van Dries Kreijkamp in Den Bosch, die al in een vergevorderd stadium van voorbereiding waren.

'Jaren '70' architectuur en stedenbouw: herwaardering en transformatieopgave

Terugkijkend op de resultaten van het programma zijn de experimenten zelf, met 64 gerealiseerde projecten en daarmee ruim 10.000 woningen in 12 jaar tijd, van grote invloed geweest op de hoofdstroom van de woningbouw in die periode (meer dan 1 miljoen woningen). Oud-minister Schut kreeg in 1981 de BNA-Kubus uitgereikt, voor zijn bijzondere verdiensten voor de architectuur in Nederland.

Maar waarom wordt de nalatenschap van dit programma tot nog toe in de vakdisciplines nauwelijks gewaardeerd? En waarom lijkt de kritiek uit de jaren 1970 het beeld rondom de Experimentele Woningbouw (en deze periode in het algemeen) nog steeds te domineren? Neem bijvoorbeeld Carel Weeber die het de tijd van de 'nieuwe truttigheid'

plans that made a specific contribution to current developments were eligible. The themes included urbanization rather than suburbanization (densification), new build in older residential environments (urban renewal) and specific forms of housing (target groups other than the family).[11]

While this insistence on themes was seen by some as limiting creativity, the Advisory Committee was quite capable of handling it. Experimental and innovative projects continued to take shape. The range of subjects grew; they are still topical today. Projects with an urban renewal theme were further developed; these did not only relate to historical inner cities, but also to designing in the existing city in a general sense. Stakeholders reflected on sustainability and introduced projects that involved recycling or were realized in timber frame construction. They experimented with urban expansion by building in open spaces rather than adding new construction at the urban fringes and with dwellings that were adaptable and would last a lifetime. They designed striking plans that were deliberately neither modern nor contemporary in their form language, but rather referred back to architecture and urban design of the past. They made catch-up efforts in the field of publicity and evaluation reports, which painted a predominantly positive picture.

At a conference celebrating the tenth anniversary of the programme, those present felt that the experiments policy deserved to be continued, although with more steering from the Advisory Committee, and that its response to the needs of the current housing market had to be stronger.[12]

1980-1982: Discontinuation, Wrap-Up and Continuation of the Programme

The programme was about to come to an end when the Netherlands was hit by the second oil crisis and the subsequent economic crisis in 1979. The government could no longer afford the welfare state and had to make cuts, including cuts in public housing. The Experimental Housing Programme was discontinued in 1980, although its annual budget was a modest 4.5 million guilders (about 2 million euros). The ongoing evaluation programme, which referred to about half of the projects realized, was never completed. Wrapping up and following up the programme itself took another three years. The government decided to stop providing financial support for concrete design plans and redirect its focus to broader policy themes in public housing. The Housing Experiments Steering Committee (SEV), established in 1982, undertook this task, with former Minister Schut as its first chairman. It adopted only a single experiment from the estate of the discontinued programme: Dries Kreijkamp's spherical houses in Den Bosch, which were already in an advanced stage of preparation.

1970s Architecture and Urban Design: Revaluation and Transformation Challenge

Looking back at the results of the programme, the experiments themselves, with 64 completed projects and thus more than 10,000 dwellings in 12 years, had a major impact on mainstream house construction during that period (more than 1 million dwellings). In 1981, former Minister Schut received the BNA Cube in honour of his contribution to Dutch architecture.

Why, then, have the professional disciplines hardly appreciated the legacy of this programme so far? Why does 1970s criticism still seem to dominate ideas about the Experimental Housing Programme (and about this period in general)? Take, for example, Carel Weeber, who called it the time of the 'new frumpiness'.[13] Or Wytze Patijn, who was critical of

noemde[13] of Wytze Patijn die kritisch was over de sociale pretenties in de woningbouw van die tijd.[14] Hoewel er door de toenemende belangstelling voor de jaren 1970 een kentering gaande lijkt, wordt de periode nog altijd met enig dedain bekeken. Opvallend genoeg gingen criticasters niet zozeer in op de woonkwaliteit en het gebruik, maar vooral op de vormgeving. Daarbij negeerden ze de positieve waardering van de bewoners die toen (en ook nu nog) de woningen, het groen, de goede fiets- en loopverbindingen met de voorzieningen, de uitgebalanceerde mix tussen privacy en collectiviteit, en de kindvriendelijke inrichting waardeerden.

Zo verging het ook de opinie rondom het programma Experimentele Woningbouw. Waar men in de vakpers aanvankelijk positief was over het programma, kreeg het vanaf de jaren 1970 toch steeds meer kritiek te verduren: de experimenten zouden niet wetenschappelijk genoeg zijn opgezet en de beoordelingscriteria niet eenduidig gehanteerd. Ook vond men het aantal gerealiseerde woningen met predicaat slechts een druppel op de gloeiende plaat. Zo ontstond het beeld dat het programma slechts van marginale invloed is geweest,[15] terwijl de kritiek aan het einde van de jaren 1970 juist beweerde dat de doorbreking van de monotonie was doorgeslagen in te dure sociale woningbouw met een overbodige vormwil en ongefundeerde sociale pretenties.

Beide beelden, met hun oorsprong in de politieke polarisatie van de jaren 1970 zelf, schieten tekort. In 1971 verdedigde de Adviescommissie zich tegen het verwijt van de marginale invloed, door erop te wijzen dat het programma zich beperkte tot woningwetwoningen. Daardoor waren ze gebonden aan het bestaande woningbouwbeleid, maar ook aan beperkte financiële ondersteuning. Er werd niet beoogd 'extreem' te experimenteren, zoals in het buitenland met een Unité d'habitation van Le Corbusier of een Habitat 67 van Moshe Safdie.[16] Het programma was ook geen remedie voor de problematiek van sociale woningbouw. Het beeld van een beperkt succes is bovendien gebaseerd op de productie en werkwijze uit vooral de eerste jaren. Niet alle projecten hebben evenveel aandacht gekregen, waardoor ook de mogelijke en bedoelde invloed en navolging niet altijd benut zijn. Dit lag mede aan de onervarenheid van het ministerie van VRO met betrekking tot evaluaties en publiciteit.

Terugkijkend blijkt het programma wel degelijk aan zijn doelstelling te hebben voldaan: vernieuwing van de woningbouw en een stimulans voor nieuwe ideeën en initiatieven, ondanks de beperkte middelen. De instelling van het predicaat werd beschouwd als een signaal van de overheid, dat het anders kan en anders moest – een creatieve impuls aan de woningwetbouw. Dit signaal werd opgepakt; in 1967 was 75 procent van de nieuwgebouwde woningen een appartement in een galerijflat, terwijl dit in 1973 nog maar 10 procent was. Ook blijken veel van de binnen het programma ontwikkelde woonconcepten meerdere malen herhaald te zijn.[17] Sommige daarvan zijn door navolging zelfs 'de normaal' geworden in de jaren 1970.

Inderdaad vernieuwende plannen, al was het maar omdat er anno 2019 nog niet één is gesloopt, en ze 40 à 50 jaar later grotendeels functioneren als bedoeld. Er is met het overzicht van alle Experimentele Woningbouwprojecten een fascinerende staalkaart ontstaan, die het gehele spectrum van thema's en onderwerpen uit de woningbouw van de jaren 1970 bestrijkt: van flexibele bouwsystemen tot en met kindveilige woonwijken met aandacht voor gemeenschapsvorming, vernieuwing in de middelhoogbouw, revitalisatie van oude stadswijken, bewonersinspraak, bouwen voor specifieke doelgroepen, levensloopbestendig bouwen, meervoudig grondgebruik en verdichting.

Tegelijkertijd biedt deze staalkaart van typische 'jaren '70' projecten een doorsnede van de verwachte transformatieopgave voor dit soort

the social pretensions of housing at the time.[14] Although this appears to be changing due to the growing interest in the 1970s, the period is still held in some contempt. Strikingly, most critics focused on design rather than on quality and usefulness. In doing so, they ignored the positive appreciation of the residents who then (as today) valued the housing, the greenery, the good biking and hiking connections to facilities, the balanced mix of privacy and collectivity and the child-friendly setup.

The same thing happened to public opinion in the case of the Experimental Housing Programme. Whereas the specialized press was initially positive about the programme, from the 1970s onwards it received more and more criticism; allegedly, the design of the experiments was not sufficiently scientific and the assessment criteria were not applied unambiguously. The number of dwellings awarded a designation were said to represent a mere drop in the ocean. The misrepresentation that surfaced was that the influence of the programme had been only marginal,[15] whereas at the end of the 1970s critics had claimed that the desire to break monotony had resulted in overpriced social housing that displayed a superfluous imposition of form and groundless social pretensions.

Originating in the political polarization of the 1970s themselves, both ideas fell short of the mark. In 1971, the Advisory Committee defended itself against the accusation of marginal influence by pointing out that the programme was limited to council housing. As a result, they were subject to the existing housing policy and received limited financial support. There was no intention to include 'extreme' experiments like the ones taking place abroad, including Le Corbusier's Unité d'habitation and Moshe Safdie's Habitat 67.[16] Nor was the programme a remedy for the problems of social housing. The idea of limited success was mainly based on the production and working methods of the first years. Not all projects received the same level of attention and as a result, neither potential and intended influences nor imitations always materialized. This was partly due to the Ministry of Housing, Spatial Planning and the Environment's inexperience with regard to evaluations and publicity.

Indeed, in retrospect the programme does appear to have met its objective: renew housing and stimulate new ideas and initiatives, despite having limited resources. The establishment of the designation was seen as a signal from the government that things could and had to be done differently – as a creative impulse to council housing construction. This signal was picked up; in 1967, 75 per cent of newly constructed dwellings were dwellings in gallery flats; in 1973 this was only 10 per cent. In addition, many of the housing concepts that were developed as part of the programme have been realized several times over, since.[17] Due to this imitation, some of them even went on to become 'the new normal' of the 1970s.

The plans can indeed be called innovative, if only because not a single one of these dwellings has been demolished by 2019 and because they largely still function as intended 40 to 50 years ago. The overview of all of the Experimental Housing Programme projects makes a fascinating sample sheet that covers the entire spectrum of themes and topics of 1970s house construction: from flexible building systems to child-friendly residential districts that pay attention to community development, renewal of mid-rise buildings, revitalization of old city districts, residents' participation, building for specific target groups, lifetime homes, multiple land use and densification.

At the same time, this sample sheet of typical 1970s projects presents a cross section of the transformation challenges now anticipated for these types of districts. The experimental districts are now ageing, parked cars have replaced the children playing in the squares and first-

Sjoerd Schamhart & Hans van Beek, Boerderijflats 't Simmelink, Eibergen, 1980

Leo de Jonge, Centraal Wonen de Wandelmeent, Hilversum, 1977

Leo de Jonge, Cohousing de Wandelmeent, Hilversum, 1977

Environmental Design, Legowoningen, Dordrecht, 1979

Environmental Design, Lego Dwellings, Dordrecht, 1979

A. Rats & J. Scheffer, Boschstraat-kwartier, Maastricht, 1980

Aldo van Eyck & Theo Bosch, Onder de Bogen, Zwolle, 1975

Es van Ginkel, Wandelstraat, Woerden, 1979

wijken. De experimentele wijken vergrijzen, op de pleinen zijn spelende kinderen vervangen door geparkeerde auto's en de eerste generatie bewoners die destijds een bewuste keuze maakte voor de buurt, verdwijnt uit beeld. De woningen beginnen gebreken te vertonen, de functie van de openbare ruimte verandert en het groen wordt meestal minimaal onderhouden. Kortom, er moet nagedacht worden over de toekomst van deze woningbouwprojecten en vergelijkbare woonwijken uit de jaren 1970. Let wel: het betreft hier een kwart van de Nederlandse woningvoorraad die inmiddels een halve eeuw meegaat!

Los van de vraag of sloop/nieuwbouw wel gewenst is zo'n 'jaren '70' wijk, zou dit ook een veel ingewikkelder opgave betekenen dan bij de wederopbouwwijken. Dat geldt ook voor renovatie en verduurzaming. Bij de wederopbouwwijken gaat het namelijk vooral om corporatiebezit dat bloksgewijs aangepakt kan worden. In 'jaren '70' wijken zijn de woningen vaak door corporaties afgestoten en particulier eigendom geworden, waardoor het woningbezit sterk is versnipperd. Het toekomstbestendig maken van deze wijken vereist een andere, meer collectief gedragen aanpak, waarbij bewoners individueel, in hun eigen tempo en naar draagkracht kunnen meebewegen. Het zijn daarbij vooral de oorspronkelijke intenties van de plannen die aanknopingspunten kunnen bieden bij verduurzaming of transformatie. Hoewel vaak herkenbaar als 'jaren '70' architectuur, is het niet de vormgeving die per se behouden hoeft te blijven. Dit zijn enkele van de eerste conclusies uit de casestudy's naar vier van de 64 experimentele woningbouwprojecten, die we volgend op de verkenning uitvoeren.[18] Zouden bijvoorbeeld de experimenten een monumentenstatus moeten krijgen? Wij menen dat 'behoud door ontwikkeling' een passender credo is dan volledige bescherming, omdat het lang niet altijd de verschijningsvorm is die de essentie van het plan uitmaakt. Het indertijd gekozen onderwerp van het experiment is dikwijls vooral het behouden waard, omdat het qua thematiek aansluit op de hedendaagse woonopgave.

Lessen trekken en pleidooi voor nieuwe experimenten

Veel thema's en onderwerpen waarmee destijds is geëxperimenteerd, zijn opnieuw actueel: het inhalen van de achterstand in de woningvoorraad zonder in saaie, eenvormige massabouw te vervallen; compact bouwen in de bestaande omgeving; woningen realiseren voor een gedifferentieerde samenleving; herhaalbare, geïndustrialiseerde woningprojecten; vernieuwende middelhoog- en hoogbouw en een inspirerende woonomgeving.

Het programma Experimentele Woningbouw diende destijds als katalysator voor de vernieuwing van woonwijken, woningtypologie en woonvormen. Het bood inspiratie, hielp nieuwe thema's te agenderen en gebruikte volkshuisvesting als hefboom voor ruimtelijke opgaven met een beperkte financiële stimulans. Het programma brak de lans voor een nieuwe visie op woningbouw zonder haar te dicteren.

De resultaten en kwaliteit van het programma Experimentele Woningbouw kunnen een voorbeeld zijn voor de huidige aanpak van het woningbouwvraagstuk. In de zoektocht naar strategieën en samenwerkingsvormen voor passende en betaalbare huisvesting kan een breed gedragen experimentenprogramma, zoals in de jaren 1968-1980, interessant zijn. De flexibiliteit en daadkracht van de door de overheid gestuurde woningmarkt van destijds zijn indrukwekkend. De situatie is nu, door een terugtrekkende overheid en marktwerking, natuurlijk anders dan destijds. Daarom zullen ook de rollen van de verschillende spelers anders moeten zijn.

Is het aan de overheid om woningcorporaties, ontwikkelaars en ontwerpers weer aan het experimenteren te krijgen? Wonen is een mensenrecht en daarbij gaat het naast toegankelijkheid en betaalbaarheid

generation residents, who deliberately chose to live in these neighbourhood at the time, are moving away. The dwellings are beginning to show defects, the function of the public space is changing and in many cases the greenery is hardly maintained at all. In short: we have to think about the future of these housing projects and similar 1970s residential areas. Note that this is about a quarter of the Netherlands' housing stock, now half a century old!

Quite apart from the question of whether demolition/new build in 1970s districts is desirable, it is also worth pointing out that it is a much more complicated challenge than demolition/new build in reconstruction districts. The same applies to renovating and improving sustainability. Reconstruction districts mainly consist of dwellings that are owned by housing associations and that can be renewed on a block-by-block basis. Housing associations sold many of their dwellings in 1970s districts to owner-occupiers; as a result, home ownership is highly fragmented. Future-proofing these districts requires a different, more collectively supported approach in which residents can participate on an individual basis, at their own pace and in accordance with their means. It is mainly the original intentions of the plans that can provide starting points for the improvement of sustainability or for transformation. Although often recognizable as 1970s architecture, their design does not necessarily need to be preserved. These are some of the initial conclusions of the case study research into four of the 64 Experimental Housing Projects, which we are carrying out following the exploration.[18] Do any of the experimental projects warrant listing as monuments, for example? We believe that preservation through development is more appropriate than outright protection, because it is by no means always outward appearances that constitute the essence of a plan. In particular the subject of the experiment that was chosen at the time is often worthy of conservation, because these themes are in line with today's housing challenge.

Lessons Learned and a Plea for New Experiments

Many themes and subjects that were experimented with at the time have now become topical challenges once more: making up the arrears in the housing stock without falling back on boring, uniform, mass housing; constructing compact housing in the existing built environment; realizing homes for a differentiated society; designing repeatable, industrialized housing projects, innovative mid-rise and high-rise buildings and inspiring living environments.

At its time, the Experimental Housing Programme served as a catalyst for the renewal of residential districts, housing typologies and types of dwellings. It provided inspiration, helped to put new themes on the agenda and used public housing as a lever for spatial tasks with a limited financial stimulus. The programme advocated new housing strategies without dictating them.

The results and quality of the Experimental Housing Programme can serve as an example for the current approach to the housing challenge. The search for strategies and collaborations to realize suitable and affordable housing can benefit from a widely supported experimental programme like the one carried out from 1968 to 1980. The flexibility and decisiveness of the government-controlled housing market at the time are impressive. Of course, the situation today is different due to the limited role of government and growing market forces. That is why the roles of the various players will also have to be different.

Is it the responsibility of the government to encourage housing associations, developers and designers to start experimenting again? Housing is a human right that, in addition to accessibility and affordability, is also about quality and suitability. In the past, attempts have

Han van Ardenne, Mosterdhof, Westervoort, 1974
Han van Ardenne, Mosterdhof, Westervoort, 1974

Piet Blom reikt minister Schut de BNA-kubus uit, 1982
Piet Blom presents Minister Schut with the BNA Cube, 1982

ook om woonkwaliteit en passendheid. Destijds werd geprobeerd dit voor elkaar te krijgen en op die manier kwaliteit bereikbaar te maken voor elke portemonnee. We zien dat de markt dit nu onvoldoende oppakt en dus roepen we de overheid op om opnieuw het experiment te stimuleren.

Dit essay is gebaseerd op de publicatie Experimentele Woningbouw in Nederland 1968-1980; 64 gerealiseerde woonbeloften *(Marcel Barzilay, Ruben Ferwerda en Anita Blom, Rotterdam: Nai010, 2019).*

Noten

1 'Minister Schut: ik wil de mensen weer gek maken voor het huis', *NRC*, 31 januari 1970. Zie ook: Noud de Vreeze, *Woningbouw, inspiratie & ambities. Kwalitatieve grondslagen van de sociale woningbouw in Nederland* (Almere: Nationale Woningraad, 1993), 351.
2 In deze en volgende paragrafen worden de kenmerken van het programma genoemd op basis van de volgende bron: Ministerie van VRO, circulaire MG 68-5, *Extra subsidieverlening voor experimentele woningbouwprojecten* (Den Haag, 14 mei 1968).
3 H.J. A. Hovens Greve, *Ontwerpen met predikaat, 1971-1972*, serie A1 (Den Haag: Ministerie van VRO, 1976), 45.
4 Dick A. van Ruler, 'Ex 68/70, ontwerpen voor woningbouw aan welke het predicaat "experimenteel" werd toegekend', *Plan* 3 (1971), 4. Zie ook: De Vreeze, *Woningbouw, inspiratie & ambities. Kwalitatieve grondslagen van de sociale woningbouw in Nederland*, op. cit. (noot 1).
5 Hovens Greve, *Ontwerpen met predikaat, 1971–1972*, op. cit. (noot 3), 79, 86.
6 Ibid., 3.
7 Dick A. van Ruler, 'Het gesprek met Schut', *Plan* 1 (1971), 8-16.
8 De Vreeze, *Woningbouw, inspiratie & ambities. Kwalitatieve grondslagen van de sociale woningbouw in Nederland*, op. cit. (noot 1), 358.
9 Hovens Greve, *Ontwerpen met predikaat, 1971–1972*, op. cit. (noot 3), 3.
10 *'Nota het programma experimentele woningbouw; stand van zaken en toekomstverwachtingen'*, zitting 1979-1980 15 910, 6.
11 Ministerie van VRO, circulaire MG 77-9, *Nieuwe werkwijze 'Experimentele Woningbouw'* (Den Haag, april 1977).
12 Cees Zwinkels, 'Is tien jaar "experimentele woningbouw" genoeg?', *de Architect* 1 (1979), 26-29.
13 Carel Weeber, 'Formele objectiviteit in stedebouw en architectuur als onderdeel van rationele planning', *Plan* 11 (1979), 26-35.
14 Wytze Patijn, 'De nieuwe eentonigheid', *Wonen-TA/BK* 13 (1977), 5-12.
15 Evelien van Es, *De geëngageerde jaren zeventig. Het streven naar een waarlijk democratische architectuur. Acquisitieplan Collectie NAi, 1968-1979* (Rotterdam: NAi, 2006), 15.
16 Van Ruler, 'Ex 68/70, ontwerpen voor woningbouw aan welke het predicaat 'experimenteel' werd toegekend', op. cit. (noot 4), 3.
17 Dat betreft in ieder geval de woningen uit het plan EX 68-029 Eibergen, EX 70-066 Geestenberg, 70-075 Hippe Hoogbouw, EX 70-080 IJlst, EX 72-134 Geldrop, EX 72-137 Couperusduin, EX 72-140 Woondekken, EX 72-144 Nuenen, EX 73-163 Tuikwerd, EX 74-208 Molenvliet, EX 73-177 Helmond; EX 78-317 Huiswaard.
18 Zie: http://www.experimentele-woningbouw.nl/casestudys/.

been made realize this: to make quality accessible to every income bracket. Since it is currently clear that the market is hardly trying to achieve this goal, we call on the government to revive the experiment.

This essay is based on the publication by Marcel Barzilay, Ruben Ferwerda and Anita Blom, Experimentele Woningbouw in Nederland 1968-1980: 64 gerealiseerde woonbeloften *(Rotterdam: nai010, 2019).*

Notes

1 'Minister Schut: ik wil de mensen weer gek maken voor het huis', *NRC*, 31 januari 1970. Also see Noud de Vreeze, *Woningbouw, inspiratie & ambities: Kwalitatieve grondslagen van de sociale woningbouw in Nederland* (Almere: Nationale Woningraad, 1993), 351.
2 In this and subsequent sections, the characteristics of the programme mentioned are taken from the following source: Ministry of Housing, Spatial Planning and the Environment, circular letter MG 68-5, *Extra subsidieverlening voor experimentele woningbouw-projecten* (The Hague, 14 May 1968).
3 H.J.A. Hovens Greve, *Ontwerpen met predikaat, 1971-1972*, series A1 (The Hague: Ministry of Housing, Spatial Planning and the Environment, 1976), 45.
4 Dick A. van Ruler, 'Ex 68/70, ontwerpen voor woningbouw aan welke het predicaat "experimenteel" werd toegekend', *Plan* 3 (1971), 4. Also see De Vreeze, *Woningbouw, inspiratie & ambities*, op. cit. (note 1).
5 Hovens Greve, *Ontwerpen met predikaat*, op. cit. (note 3), 79, 86.
6 Ibid., 3.
7 Dick A. van Ruler, 'Het gesprek met Schut', *Plan* 1 (1971), 8-16.
8 De Vreeze, *Woningbouw, inspiratie & ambities*, op. cit. (note 1), 358.
9 Hovens Greve, *Ontwerpen met predikaat*, op. cit. (note 3), 3.
10 *'Nota het programma experimentele woningbouw; stand van zaken en toekomstverwachtingen'*, session 1979-1980 15 910, 6.
11 Ministry of Housing, Spatial Planning and the Environment, circular letter MG *77-9, Nieuwe werkwijze 'Experimentele Woningbouw'* (The Hague, April 1977).
12 Cees Zwinkels, 'Is tien jaar "experimentele woningbouw" genoeg?', *de Architect* 1 (1979), 26-29.
13 Carel Weeber, 'Formele objectiviteit in stedebouw en architectuur als onderdeel van rationele planning', *Plan* 11 (1979), 26-35.
14 Wytze Patijn, 'De nieuwe eentonigheid', *Wonen-TA/BK* 13 (1977), 5-12.
15 Evelien van Es, *De geëngageerde jaren zeventig: Het streven naar een waarlijk democratische architectuur: Acquisitieplan Collectie NAi, 1968-1979* (Rotterdam: NAi Publishers, 2006), 15.
16 Van Ruler, 'Ex 68/70', op. cit. (note 4), 3.
17 In any case, this refers to the dwellings in the plans EX 68-029 Eibergen, EX 70-066 Geestenberg, 70-075 Hippe Hoogbouw, EX 70-080 IJlst, EX 72-134 Geldrop, EX 72-137 Couperusduin, EX 72-140 Woondekken, EX 72-144 Nuenen, EX 73-163 Tuikwerd, EX 74-208 Molenvliet, EX 73-177 Helmond; EX 78-317 Huiswaard.
18 See experimentelewoningbouw.nl/casestudys/.

Daniel Movilla Vega,
Esperanza Campaña
Barquero

Het Grote Huishoudelijke Experiment
The Great Domestic Experiment

Laboratoria voor woningbouwonderzoek in Zweden tussen 1937 en 1957
Housing Research Laboratories in Sweden between 1937 and 1957

Onderzoeksinstituut wonen, meting zuurstofopname tijdens het afwassen in de keuken, 1944
Home Research Institute, oxygen uptake is measured during washing the dishes in the kitchen, 1944

Tegen het einde van de Tweede Wereldoorlog veroorzaakten overbewoning, woningtekorten en ongeschikte woningtypen voor een nijpend probleem in de Zweedse samenleving. Tussen 1936-1945 waren pogingen van de sociaal-democratische regering om de huisvestingsnormen aan te scherpen, gefrustreerd door krapte in de bouwsector. De in 1942 aangenomen Huurwet zorgde weliswaar dat de huren voor werknemers betaalbaar bleven en hun rechten werden beschermd, maar deze maatregel was onvoldoende. Daar kwam nog bij dat het meest voorkomende woningtype voor een Zweeds gezin in de stad een eenkamerappartement was; slechts één op de drie appartementen beschikte over een douche, een toilet of een gas- of elektrisch fornuis.[1]

Om de leefomstandigheden van Zweedse gezinnen in de steden te verbeteren, verpakte de overheid het huisvestingsvraagstuk in een doelgericht economisch programma. De regering besloot op drie fronten tegelijk het probleem aan te pakken: 1. subsidie voor huishoudens met een laag inkomen en kinderen, en voor gepensioneerden, 2. ambitieus nationaal leenprogramma om woningbouw te bevorderen, 3. onderzoek naar de mogelijkheid woningen van hoge kwaliteit tegen betaalbare prijzen te bouwen.[2] Onder deze gunstige omstandigheden werd in Zweden tijdens de naoorlogse periode ruim geëxperimenteerd met woningbouw als een door de overheid aangestuurd onderzoekslaboratorium, dat erop gericht was de hoogste standaard voor het hele land te behalen.

De huishoudelijke omgeving als laboratorium

Al in de jaren 1930 hadden architecten onderzoek naar het 'dagelijkse huishouden' in Zweden aangezwengeld, samen met deskundigen met een sociale of natuurwetenschappelijke achtergrond. Veel woningen in de grote Zweedse steden waren indertijd oud en slecht toegerust. Ook de nieuwere appartementen boden onvoldoende soelaas voor de eigentijdse werk- en leefomgeving. Om overbewoning tegen te gaan en de levensstandaard te verbeteren, concentreerden de eerste huisvestingsstudies zich op het verwerven van kennis over hoe mensen hun appartementen bewoonden, hoe ze zich er voelden en hoe ze erin zouden willen leven.

Om deze vragen te beantwoorden, zijn verschillende onderzoeken uitgevoerd, zodat de meningen en wensen van bewoners een centrale rol zouden kunnen spelen in het ontwerpdebat. Ingeborg Wærn Bugge en Kjerstin Göransson-Ljungman behoorden tot de eerste architecten die zich bezighielden met de invloed van de ruimtelijke organisatie *van* de woning op de activiteiten *in* die woning. Uit hun studie *Woningbouw en de organisatie van het huishouden* (1936) bleek dat het huishoudelijk werk zowel in de stad als op het platteland, plus de investeringen in tijd en geld, aanzienlijk bijdroegen aan de ruimtelijke organisatie van de woning.[3] Zij wezen daarom de werkzaamheden in de keuken aan als de kern van toekomstig woningontwerp en de keuken zelf als ruimtelijke spil waar voldoende frisse lucht, licht en ruimte nodig waren om voedsel te bereiden en het werk goed te organiseren.

In 1937 deed sociaal onderzoeker Brita Åkerman het eerste sociologische onderzoek naar hoe men in Zweden woonde. Uitgevoerd in opdracht van de nationale Zweedse woningbouwvereniging HSB, werd het in 1941 gepubliceerd als *Het gezin dat uit zijn huis groeit*.[4] Er waren 214 gezinnen bij betrokken die in Stockholm in kleine appartementen uit de jaren 1920 woonden. Door de bewoners te interviewen en te onderzoeken hoeveel tijd gezinsleden in één week besteedden aan huishoudelijk werk, stelde Åkerman vast dat de meeste slaapplaatsen overbezet waren en er veel tijd werd besteed aan koken, schoonmaken, wassen en de verzorging van kinderen – ook in appartementen met moderne apparatuur.

By the end of the Second World War, housing precariousness – overcrowding, a deficit of housing stock and inadequate dwelling types – had become a critical problem in Swedish society. Between 1936 and 1945, the social democratic government's attempts to improve housing standards had been frustrated by shortages in the civil construction industry. In 1942, the approval of the Rent Regulation Act helped to keep rents at an affordable level for workers and guaranteed their tenure. Nevertheless, this measure was insufficient. In addition, the most common type of accommodation for a Swedish family living in a city was a one-bedroom apartment. Only every third apartment had a place to shower, a toilet or a gas or electric stove.[1]

In order to improve the living conditions of Swedish families in the cities, the government integrated the housing question into an ambitious economic programme. Parliament adopted a strategy that involved acting simultaneously on three fronts: 1. facilitating subsidies for low-income households with children and for pensioners, 2. implementing an ambitious national loan programme to promote house building, and 3. fostering housing research to build high-quality housing at affordable prices.[2] These favourable conditions supported housing experimentation in Sweden during the post-war period as a state-driven research laboratory that aimed to set the highest residential standards for the whole country.

The Domestic Sphere as a Laboratory

Research of the Swedish day-to-day domestic environment was initiated by architects in the 1930s, in collaboration with experts with a social or natural science background. At the time the big cities in Sweden had a large housing stock of old and poorly equipped housing. On the other hand, new apartments were not providing adequate design solutions for the working and living environment. In order to face overcrowding and improve living standards, the first housing studies were aimed at gaining specific knowledge of how people lived in their apartments, how they felt about them, and how they wished to live in them.

Several studies were conducted to answer these questions, allowing the opinions and wishes of the residents to play a central role in the design debate. Ingeborg Wærn Bugge and Kjerstin Göransson-Ljungman were among the first architects to address the influence of the spatial organization of the home on the activities developed within it. In their study *Housing and Household Organization* (1936), domestic activities executed both in urban and rural home environments, as well as the time and money invested in them, played an essential part in the spatial organization of the house.[3] As a result, working processes in the kitchen were formulated as the core activities that should influence housing design, and the kitchen itself was considered a key space that demands fresh air, light and room for food management and work organization.

In 1937, social researcher Brita Åkerman conducted the first sociological survey of dwelling habits in Sweden. The investigation, carried out on behalf of the national Swedish housing cooperative HSB, was published in 1941, entitled *The Family That Outgrows Its Home*.[4] It comprised 214 families living in small apartments in Stockholm, built before and after the 1920s. By interviewing the residents and examining the time devoted by the members of the family to specific domestic activities in the course of one week, Åkerman concluded that sleeping areas were largely overcrowded and that a large amount of time was spent on activities such as cooking, cleaning, washing and taking care of the children – even in the apartments with modern equipment.

These researches on existing domestic environments were pioneers in creating awareness of the working and living conditions in Swedish homes, and contributed to the development of knowledge on well-

De studies naar bestaande huishoudens waren pioniers in de bewustwording van de woon- en werkomstandigheden in Zweden en vergrootten de kennis over goed onderbouwde, praktische oplossingen voor toekomstig woningontwerp. Bovendien waren ze verantwoordelijk voor het op de kaart zetten van het huishouden als een laboratorium en het woononderzoek in de jaren 1940 en 1950. Deze latere studies vonden plaats in het kader van drie onderzoeksprogramma's: 1. Huisvestingsonderzoek, 2. Onderzoeksgroep voor woon- en gezinszaken en 3. Onderzoeksinstituut wonen.

1 Huisvestingsonderzoek

In 1939 nam de bond van Zweedse architecten, in samenwerking met de Zweedse vereniging voor industrieel ontwerp het initiatief voor een eerste grote huisvestingsstudie. Dit zogenaamde *Huisvestingsonderzoek* werd geleid door kunstcriticus Gotthard Johansson en bestond uit een commissie met vertegenwoordigers uit de architectenbond en de vereniging voor industrieel ontwerp.[5] Naast een aparte werkgroep, waren tal van andere experts bij het onderzoek betrokken.[6] Het Huisvestingsonderzoek was gericht op de dringende noodzaak van voldoende grote en kwalitatief goede woningen tegen betaalbare prijzen, en lag in het verlengde van de huisvestingsonderzoeken uit de jaren 1930. Doel was de leefomstandigheden in bestaande meergezinswoningen te inventariseren en zo criteria te vinden voor nieuw woningontwerp, plus kansen voor standaardisatie en rationalisatie.

Het onderzoek richtte zich op verschillende aspecten van het woningontwerp: het gebruik en kamers, de meubelmarkt, kasten en opbergruimten, badkamers plus een speciaal onderzoek naar de keuken. Ten behoeve van het onderzoek naar de functies en ruimtelijke vereisten van de woning werden tussen 1942-1943 in Traneberg, een woonwijk in Stockholm, 100 gezinnen uitvoerig ondervraagd over hun manier van wonen. De studie, in 1964 gepubliceerd als *Woonconventies en huisvestingsnormen*, benadrukte het gebrek aan geschikt meubilair en het belang van goede slaapplaatsen.[7] De meubelmarktanalyse werd uitgevoerd samen met de centrale vereniging van Zweedse meubelhandelaren en in 1941 gepubliceerd in het boek *De meubelmarkt*.[8] De afmetingen van de meubelstukken die op de markt waren, werden als uitgangspunt genomen voor de afmetingen van de meubels die in de kamers moesten passen. De maten van de standaardkamers werden bepaald door overlappende, gelijksoortige bezigheden en gekozen op grond van hun mogelijke ruimtelijke indeling. Ook werden de afmetingen van veelgebruikte zaken als textiel, keukengerei of bestek nauwkeurig geïnventariseerd. Deze gegevens zouden de basis vormen voor de standaardafmetingen en de inrichting van de opbergkasten.

Het plan voor het keukenonderzoek kwam van architect Erik Dahlberg en ging veel verder dan eerdere bewegingsstudies, die het mensen mogelijk moesten maken zich op efficiënte wijze door de keuken te bewegen. De gedetailleerde kennis over de voedingsgewoonten en eetpatronen van Zweedse huishoudens was afkomstig van het Nationaal instituut voor volksgezondheid en de Nationale raad voor huishoudbudgetstudies. Daarnaast hield de huishoudschool in Stockholm dossiers bij over werkroutines, protocollen, werkplekken en gereedschappen. Aanrechtbladen, opslaglocaties of kasten werden gedimensioneerd op basis van beschikbare data.

2 Onderzoeksgroep voor woon- en gezinszaken

De gegevens van de architectenbond en de bond voor industrieel ontwerp tijdens het Huisvestingsonderzoek, bleken goed aan te slaan bij de standpunten van de vrouwenbeweging. In 1941 rapporteerde de dienst Woon- en gezinszaken dat er weinig bekend was over zowel de

grounded, practical solutions for future housing planning. Moreover, they were responsible for validating the domestic sphere as the laboratory where housing experiments were to be conducted in the 1940s and 1950s. This further studies took place within three research programmes: 1. Housing Investigation, 2. Investigation for Home and Family Affairs, and 3. Home Research Institute.

1 Housing Investigation

In 1939, the national association of Swedish architects (SAR), in collaboration with the Swedish society of industrial design (SSF), took the initiative to conduct the first major housing research. This so-called *Housing Investigation* was led by art critic Gotthard Johansson, and consisted of a committee with representatives from the SAR and the SSF.[5] Besides a separate working committee, there were many other experts involved in the investigation.[6] The Housing Investigation addressed the pressing need to provide sufficiently large and good-quality houses at affordable prices, in line with the housing surveys conducted in the 1930s. It was expected that the study of the living habits in existing apartment buildings would help to outline criterion for new housing design, thus opening possibilities for standardization and rationalization.

The research focused on different aspects of housing design: a general study on domestic functions and rooms, a study of the furniture market, a survey of cabinets and storage, a study of bathrooms and a special survey about the kitchen. For the study on the functions of the home and its spatial requirements, a detailed survey of dwelling habits was conducted in 1942 and 1943 among 100 families in Traneberg, a residential area in Stockholm. The study, published in 1964 in the book *Dwelling Habits and Housing Norms*, highlighted the lack of specialization of furniture and the importance of good sleeping accommodations.[7] The analysis of the furniture market was carried out in collaboration with the association of Swedish furniture dealers and was published in the book *The Furniture Market* in 1941.[8] The dimensions of the furniture available on the market were used to determine the size of the furniture to be used in the rooms. Dimensions for standard rooms were determined by overlapping compatible activities and selecting the dimensions that allowed for various spatial arrangements. These studies were accompanied by a number of thorough dimensional inventories of commonly used domestic objects, such as clothes, kitchen tools or cutlery, which were used to determine the standard dimensions and interior arrangements of domestic cabinets.

The plan for the kitchen survey was presented by Erik Dahlberg, and went far beyond the earlier motion studies that were aimed at enabling efficient movements in the kitchen. Detailed knowledge on the dietary habits and meal arrangements of Swedish households was obtained from both the National Institute of Public Health and the National Board for Household Budget Investigations. Besides, the Stockholm Town Housekeeping School kept records of work routines, protocols, workplaces and tools. Working elements in the kitchen, storage locations and cabinets were dimensioned according to the gathered data.

2 Investigation for Home and Family Affairs

The studies initiated by the SAR and the SSF within the framework of the Housing Investigation were in line with the standpoint of the women's movement. In 1941, the department of Home and Family Affairs reported a lack of overview of both the housing appliances market and the standards related to household working methods. In order to improve the working conditions inside Swedish homes, in the spring of 1942 the delegation commissioned a group of experts to do research on various

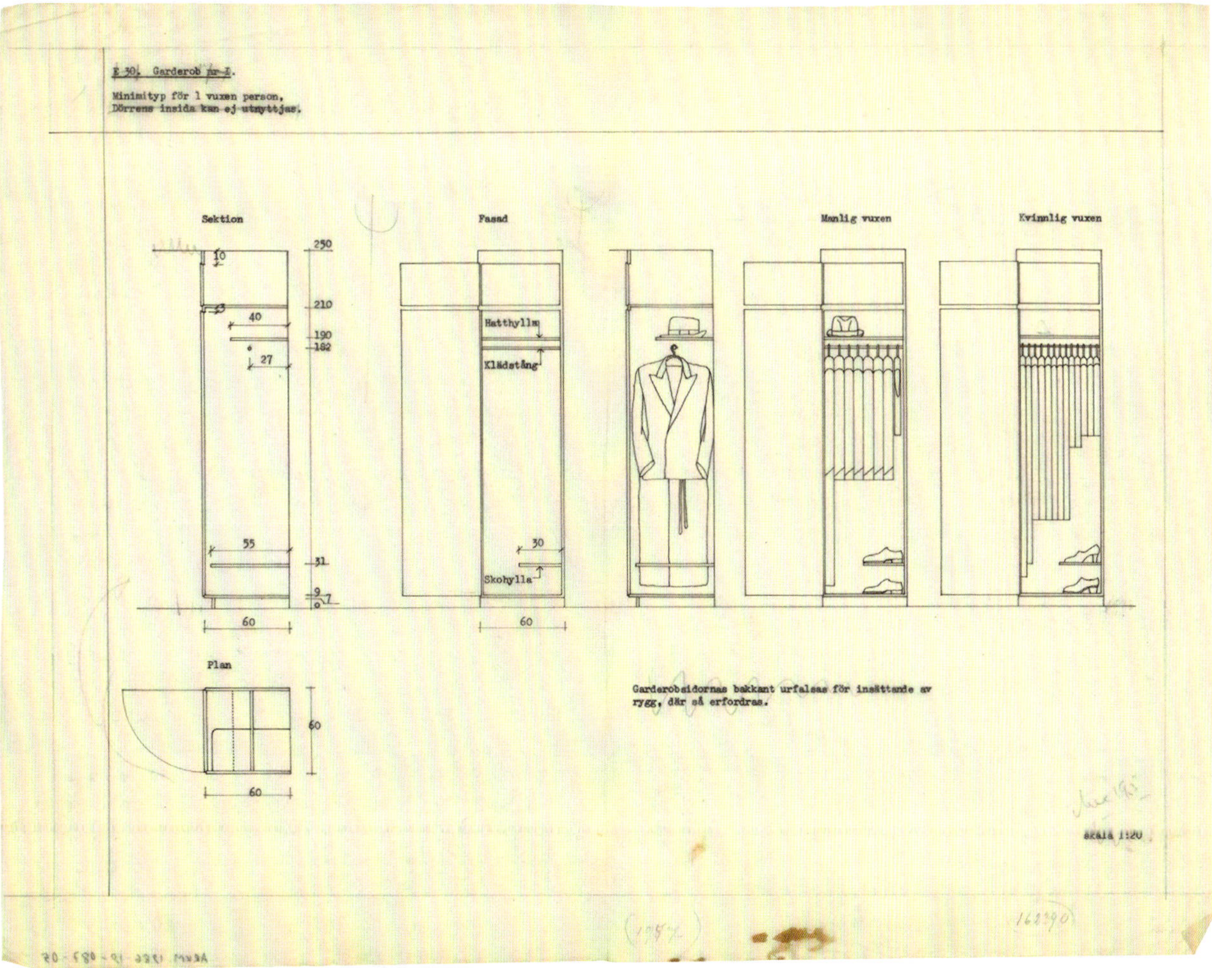

Huisvestingsonderzoek, afmetingen voor een kledingkast, begin jaren 1940
Housing Investigation, masurements for a wardrobe, early 1940s

Huisvestingsonderzoek, afmetingen van keukens voor twee-, drie- en vierkamerappartementen, begin jaren 1940
Housing Investigation, dimensions of kitchens for two-, three- and four-bedroom apartments, early 1940s

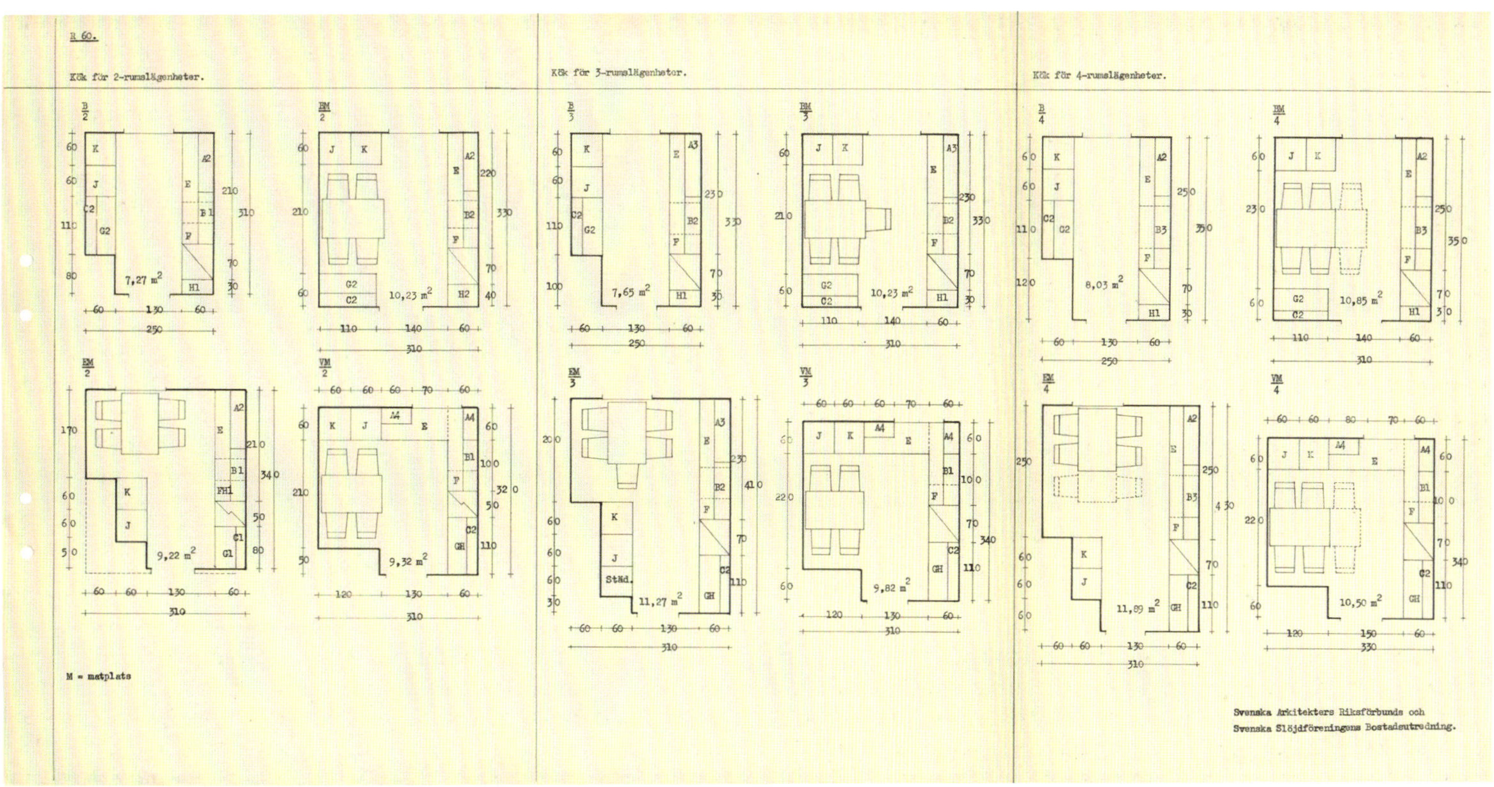

Huisvestingsonderzoek, afmetingen van veelgebruikte voorwerpen uit de keuken, begin jaren 1940
Housing Investigation, measurements of commonly used objects from the kitchen, early 1940s

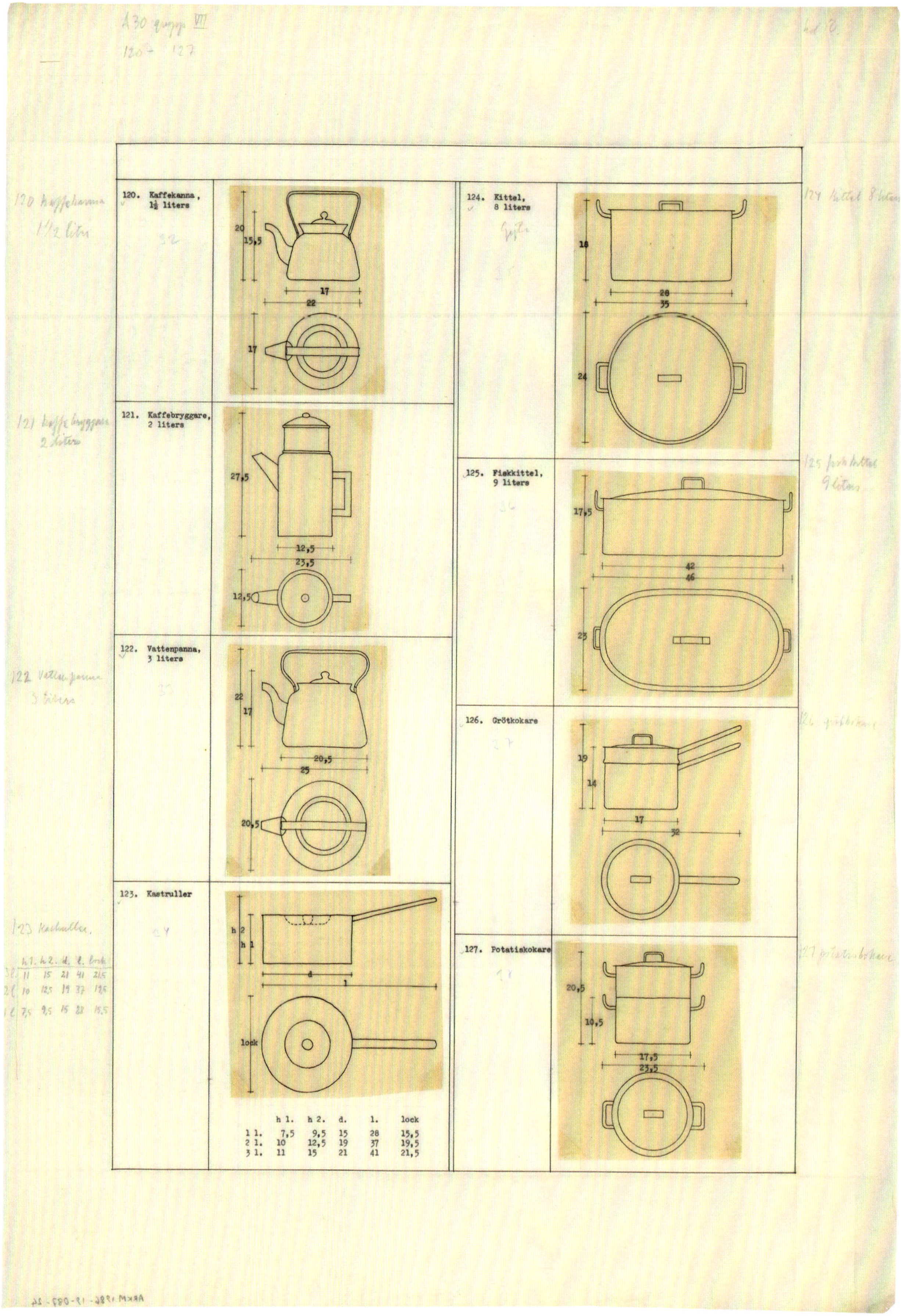

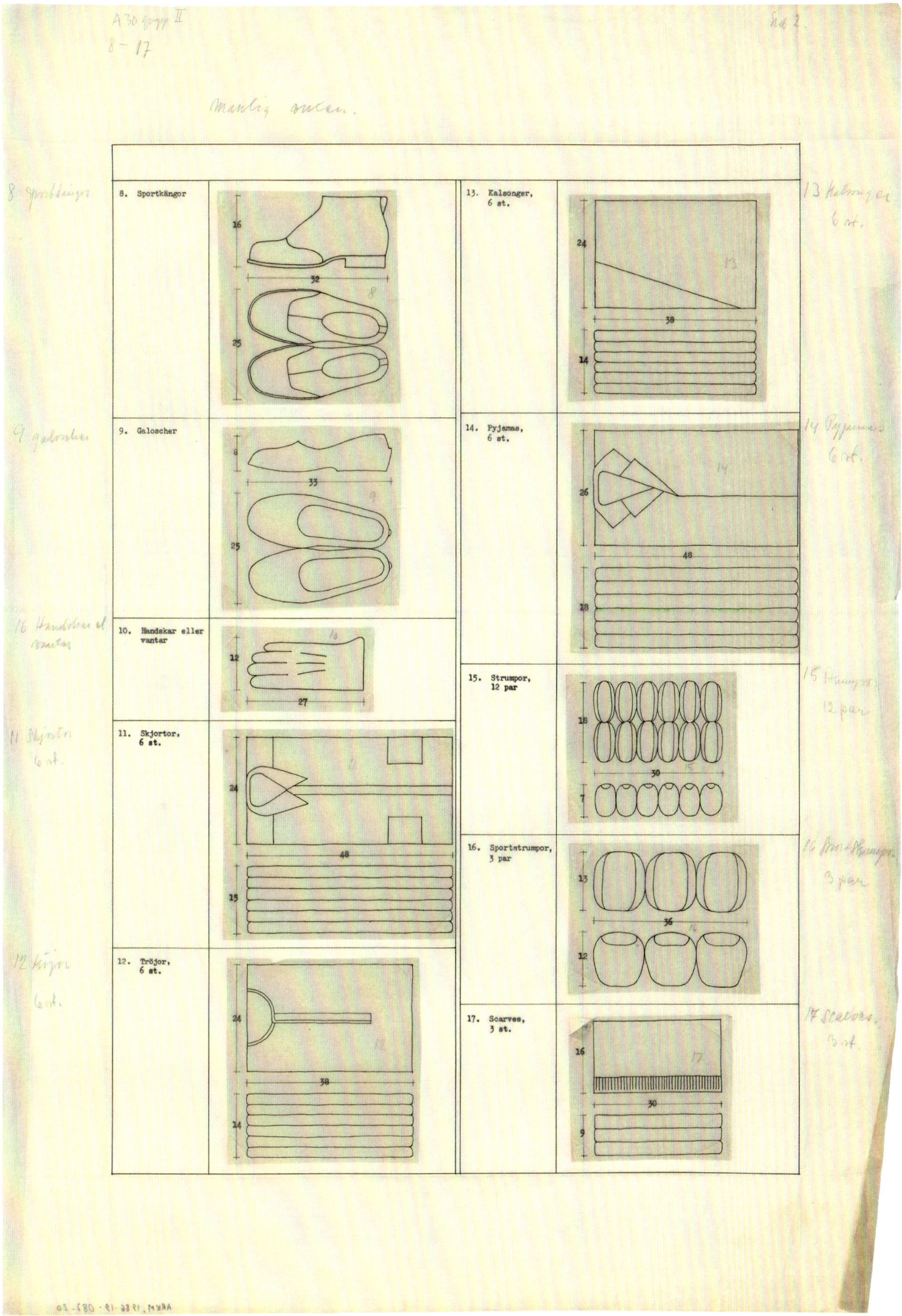

Huisvestingsonderzoek, afmetingen van veelgebruikte kleding, begin jaren 1940
Housing Investigation, measurements of commonly used clothes, early 1940s

markt voor huishoudelijke apparatuur als de normen voor huishoudelijk werk. Om de werkomstandigheden in Zweedse woningen te verbeteren, gaf de dienst voorjaar 1942 een groep experts opdracht om nader naar taken als koken, kinderopvang of strijken te kijken. De deskundigengroep, bekend onder de naam *Onderzoeksgroep voor woon- en gezinszaken*, was de eerste, overwegend uit vrouwen bestaande organisatie die een officieel Zweeds onderzoek naar het huishouden uitvoerde. Tot de groep behoorden huishoudschoolleraressen, academici, architecten en huisvrouwen, onder wie personen die ook bij het Huisvestingsonderzoek waren betrokken.[9]

De onderzoeksgroep voerde experimentele tijd- en methodestudies uit op specifieke huishoudelijke terreinen, en werkte bij het onderzoek naar het functioneren van de keuken nauw samen met de mensen van het Huisvestingsonderzoek. Al na enige maanden stelde de deskundigengroep voor om een volwaardig instituut op te richten, dat zich zou bezighouden met de planning en het ontwerp van woningen in de ruimste zin van het woord, en de interactie tussen producenten en consumenten zou bevorderen.

3 Onderzoeksinstituut wonen

Het Onderzoeksinstituut wonen startte april 1944, hoewel er toen al allerlei onderzoeken in samenwerking met verschillende autoriteiten en organisaties waren begonnen.[10] Het instituut gaf advies en instructies over de planning van het huishouden en de rationalisering van huishoudelijk werk: 'Het is de taak van het in Stockholm gevestigde Onderzoeksinstituut wonen om een systematische rationalisatie van de werkomstandigheden in Zweedse woningen te bevorderen door middel van onderzoek naar de technische en economische problemen die samenhangen met de functie van de woning als consumptie- en werkplek in relatie tot de psychologische, hygiënische en sociale problemen die verband houden met huishoudelijk werk in het algemeen.'[11]

Het onderzoeksinstituut had een algemene en een technische afdeling.[12] De algemene dienst was verantwoordelijk voor financiën, boekhouding, persvoorlichting en extern onderzoek. Brita Åkerman, die in de jaren 1930 het eerste sociologische onderzoek naar woonomstandigheden in Zweden had geleid, stond aan het hoofd van deze afdeling. De technische afdeling onder leiding van Carin Boalt was verantwoordelijk voor de uitvoering van tijdstudies, intern onderzoek naar gereedschappen, methoden en materialen, en voor testwerkzaamheden ten behoeve van andere organisaties of individuele ondernemers. Er werd op vier terreinen onderzoek gedaan: (ergonomische) gebruiksstudies, huishoudtechniek, chemicaliën en voeding. In het gebruiksonderzoek werd het werk voortgezet dat door het Huisvestingsonderzoek was begonnen en werd het ontwerp van keukens, opbergruimten, badkamers en meubilair uitgebreid geanalyseerd. De afmetingen, de inrichting en uitrusting van keukens werden bestudeerd in een laboratorium, bestaande uit proefkeukens waar echt werd gewerkt. De experimenten omvatten het monitoren, meten en evalueren van zaken als koken, elektrische apparaten of de afwas.

Op huishoud-technisch gebied was het instituut op zoek naar de eenvoudigste en effectiefste manieren om goede resultaten te behalen met huishoudelijk werk – zoals wassen, schoonmaken en vegen. Het op de markt aangeboden gereedschap werd onderzocht en getest met de bedoeling om invloed uit te oefenen op het aanbod van producenten, dat varieerde van afwasborstels tot wasmachines en stofzuigers. Ook werden tijdens een grondig onderzoek naar chemicaliën verschillende merken schoonmaakmiddel getest, onder meer vloeibaar wasmiddel, vloerwas, minerale terpentijn en glasreiniger. Ten slotte werden in een onderzoek naar voedingsmiddelen zelfgemaakte en industrieel vervaardigde producten vergeleken.

areas of household work such as cooking, childcare or ironing. The expert group, which adopted the name of *Investigation for Home and Family Affairs*, was the first predominantly female organization to conduct an official Swedish household survey. It consisted of teachers from the housekeeping school, academics, architects and housewives, including people who were also involved in the Housing Investigation.[9]

The Investigation for Home and Family Affairs experimented with time and method studies in specific household areas, and worked closely with the Housing Investigation on the functional studies of the kitchen. After a few months of work, the group of experts suggested the creation of a research institute devoted to home planning and design in a wider context and to more extensive interaction between producers and consumers.

3 The Home Research Institute

The Swedish Home Research Institute officially started its activities in April 1944, although several investigations in collaboration with different authorities and organizations had already begun.[10] The Institute had the task of providing advice and instructions for home planning and the rationalization of household chores: 'The Home Research Institute, which is based in Stockholm, has the task of promoting a systematic rationalization of working conditions in Swedish homes through research on the technical and economic problems associated with the home's tasks as consumption centres and workplaces, in relation to the psychological, hygienic and social problems, which are related to the general tasks of the home.'[11]

The Institute was organized in a general department and a technical section.[12] The general department was responsible for the finances, bookkeeping, general press information and special investigations. It was headed by Brita Åkerman, who had led the first survey of sociological dwelling habits in Sweden in the 1930s. The technical section, directed by Carin Boalt, was in charge of conducting time studies, in-house investigations on tools, methods and materials, and testing works on behalf of organizations or individual entrepreneurs. The research activities of the Institute were conducted in four areas: (ergonomic) functional studies, household technology, chemicals and nutrition. Functional studies continued the work started by the Housing Investigation, and expanded the research on the planning of kitchens, storage areas, bathrooms and furniture. Studies on dimensions, furnishings and equipment of kitchens were carried out in a 1:1 scale laboratory with test kitchens and real subjects. Experiments included monitoring, measuring and evaluating specific working activities such as cooking, using electric household appliances or washing the dishes.

When it came to household technology, the Institute studied the easiest and most effective way to achieve good results in domestic activities – such as washing, cleaning and sweeping. Working tools available in the shops were examined and tested with the aim of influencing what producers could offer domestic households, ranging from washing-up brushes to washing machines and vacuum cleaners. Similarly, a thorough investigation of chemicals tested various brands of cleaning products, including liquid detergent, floor wax, mineral turpentine and window cleaner. Finally, research into nutrition drew comparisons between homemade products and those that were manufactured industrially.

An editorial service ensured that the results were directed to the public in an appropriate manner. *HFI Reports,* a publication aimed at experts and professionals in various fields, published the scientific research results periodically between 1946 and 1956.[13] A relevant example was *Mother and Child from Morning to Evening* (1949), a

Een redactie zorgde ervoor dat de resultaten op de juiste manier aan het publiek werden gepresenteerd. Tussen 1946 en 1956 verschenen de wetenschappelijke onderzoeksresultaten periodiek in de *HFI Verslagen*, een publicatie gericht op deskundigen en vakmensen uit verschillende disciplines.[13] Een goed voorbeeld is *Moeder en kind van ochtend tot avond* (1949), waarin de resultaten werden gepresenteerd van een praktijkonderzoek dat Carin Boalt en Gösta Carlsson in 1946 uitvoerden onder 89 kinderen uit 59 gezinnen.[14] Van het grote publiek werd verwacht dat het zich direct op de hoogte stelde van de resultaten van het onderzoek en niet alleen indirect, via de aanschaf van producten. Om mensen te informeren, verscheen er tussen 1948 en 1954 een populaire brochure getiteld *Goed keukengereedschap*, die over kookgerei, schoonmaken, wassen en conserveren ging.[15] Andere publicaties legden de basis voor standaardisering in de woningbouw, bijvoorbeeld *Keuken: planning, inrichting* (1952 en 1954), een compilatie van de resultaten van het onderzoek naar de rationalisatie en standaardisatie van de keuken.[16] Ook was er het systematische, door Lennart Holm opgezette overzicht *Gezin en woning* (1955), met gegevens over de behoeften en wensen van bewoners in Zweedse nieuwbouw.[17]

Continuïteit

De resultaten die het Onderzoeksinstituut wonen tussen 1944-1957 boekte, zouden de basis gaan vormen voor huisvestingsnormen op nationaal niveau. Parallel aan de laatste onderzoeksjaren van het Huisvestingsonderzoek en de eerste schreden van het Onderzoeksinstituut wonen, bleef de Onderzoeksgroep voor woon- en gezinszaken actief tot 1947, toen het nationale rapport werd gepresenteerd. Dit was in de kern een poging om het door de overheid uitgevoerde Huisvestingsonderzoek voort te zetten en onderzoek, huisvestingsnormen en nationale leningen of subsidies met elkaar te verbinden tot een allesomvattende strategie om de levensomstandigheden in het land te verbeteren.[18]

Het Zweedse rijksbureau voor bouwleningen was al in 1941 begonnen leningen tegen lage rente te verstrekken aan woningbouwbedrijven. De richtlijnen voor de kwaliteitseisen aan woningontwerpen die in aanmerking wilden komen voor leningen van de overheid, werden in 1942 voor het eerst gebundeld in een verzameling normen.[19] De handleiding werd ook wel *Westholm's Bijbel* genoemd, naar Sigurd Westholm, die de normen op basis van de resultaten van het Huisvestingsonderzoek had opgesteld en de aanvragen voor een lening beoordeelde.

De verzameling voorschriften van de hand van Westholm werd gecombineerd met de resultaten van de Onderzoeksgroep voor woon- en gezinszaken en het Onderzoeksinstituut wonen, en dit leidde in 1950 tot het opstellen van landelijke normen met betrekking tot verlichting, meubilair en kamerafmetingen. Het boekje *Goed wonen* van de Nationale woningraad gaf een overzicht van de ruimtelijke voorwaarden waaraan een woning moest voldoen: de minimale kamergrootte en de inrichting en uitrusting van de verschillende kamers.[20] Tot eind jaren 1970 garandeerde *Goed wonen* de hoogst mogelijke normen met betrekking tot de woonomgeving, terwijl de brochure tegelijkertijd de Zweedse betrokkenheid bij lange-termijnonderzoek naar het wonen symboliseerde. Achteraf gezien was het boekje het resultaat van geconsolideerde ervaringen en prestaties, een proces van kennisopbouw en doorlopend onderzoek naar huisvesting vanaf de jaren 1930. Later zou blijken dat de nieuwe normen een aanzienlijke invloed zouden hebben op de woningbouw van de jaren 1950, 1960 en 1970, en dat ze uiteindelijk essentieel en kenmerkend zouden worden voor Zweedse nieuwbouw.

report that presented the results of a domestic field study carried out by Carin Boalt and Gösta Carlsson in 1946 on 89 children from 59 families.[14] The larger public was also expected to become directly aware of the results of the research and not only indirectly through consumption. To that extent, *Good Household Utensils*, a popular brochure devoted to cooking utensils, cleaning, washing or preserving was published from 1948 to 1954.[15] Other publications became the basis for standardization in housing, such as *Kitchen: Planning, Furnishing* (1952 and 1954), a compilation of the results of the studies on the rationalization and standardization of the kitchen.[16] The extensive housing survey *Family and Home* (1955) was also published, a systematic study developed by Lennart Holm about households' behaviour needs and wishes in newly built Swedish housing.[17]

Continuities

The results achieved by the Housing Research Institute between 1944 and 1957 constituted the basis for residential norms at a national level. Parallel to the last years of the Housing Investigation's research work and the first steps of the Home Research Institute, the Investigation into Family and Home Affairs was active until 1947, when the national report was presented. At its core, this was an attempt to continue the Housing Investigation conducted by the government and to link research, housing standards and national loans into a comprehensive strategy to improve living conditions in the country.[18]

Already in 1941, the State Construction Loans Agency had begun to provide favourable loans at low interest rates to housing construction companies. Directives for quality requirements on residential design for receiving loans from the government were first compiled in a collection of standards introduced in 1942.[19] The book was nicknamed *Westholm's Bible*, after Sigurd Westholm, who compiled the norms based on the results of the Housing Investigation and reviewed the loan applications.

The collection of standards compiled by Westholm was combined with the results of the Investigation into Family and Home Affairs and the Housing Research Institute, which led in 1950 to the establishment of national standards regarding lighting, furniture and room dimensions. These results formed the basis for *Good Housing*, a booklet published by the National Housing Board that offered a summary of the spatial requirements that should assess housing qualities: the minimum size of rooms, how they should be furnished and which features should be incorporated.[20] Until the 1970s, *Good Housing* guaranteed the highest residential standards prevalent at the time while signalling a commitment to long-term housing research. Looking back, the booklet was the result of consolidated experiences and achievements in housing brought about by a process of an accumulation of knowledge and continuous research that started with the first studies in the 1930s. Looking ahead, the new standards compiled in it were to have a significant impact in housing construction in the 1950s, 1960s and 1970s, and would eventually become essential features of the new dwellings in Sweden.

Nothing New

In 1957, the Home Research Institute was nationalized and transformed into the State Institute for Consumer Affairs. The new institute, with strong roots in consumer circles, would consolidate its focus on research and information activities regarding the quality and price of consumer goods. One of the members of the Institute, Lennart Holm, presented his proposal for 'The Family Home of the 1960s' in 'Without Borders', an exhibition organized in by the Swedish Cooperative Movement in Stockholm.

Under the heading 'Towards a Better Housing Standard', a 90-m^2

Niets nieuws

In 1957 werd het Onderzoeksinstituut wonen genationaliseerd en veranderd in een Consumentenbond. De nieuwe instelling was stevig geworteld in allerlei organisaties, en zou de focus op onderzoek en voorlichting over de kwaliteit en prijs van consumptiegoederen consolideren. Een van de leden van het instituut, Lennart Holm, presenteerde tijdens de tentoonstelling 'Zonder Grenzen' van de Coöperatieve Vereniging in Stockholm zijn voorstel voor 'het familiehuis van de jaren zestig'.

Onder de titel 'naar een betere standaard voor woningbouw' werd een appartement van 90 m^2 voor een gezin met twee kinderen getoond. Het appartement voor het komende decennium bracht 'geen nieuws', maar de ruimtelijke en functionele kwaliteit was slim en zorgvuldig overdacht.[21] De entree bestond uit een ruime hal waarin meerdere mensen zich bij het betreden of verlaten van het appartement tegelijkertijd konden bewegen. De hal was voorzien van kledinghaken en er was een garderobe voor jassen en dergelijke. Ook lag in de hal een vaste mat waarop vuil, grind en sneeuw achterbleven om de vloer van het appartement tegen beschadiging te beschermen.

Een ruime gang leidde naar de keuken, de woonkamer, het toilet, twee slaapkamers en de kleedkamer. In de keuken, die een oppervlakte van 14 m^2 besloeg, was een eetgedeelte voor maximaal zes personen. De vorm en het formaat van het aanrecht waren in overeenstemming met de nieuwe Zweedse normen. Er was een standaardkast voor schoonmaakspullen en het bewaren van levensmiddelen (provisiekast en koelkast) werd georganiseerd in kasten met de juiste temperatuur. Bij het raam was een ruim werkblad voor activiteiten die een goede verlichting vereisen, zoals naaiwerk. Daarnaast, dicht bij de wasruimte, bevond zich een balkon van 7 m^2 om buiten te eten, de was te drogen en kleding uit te borstelen.

De wasruimte, die dubbelde als badkamer, was toegankelijk vanuit zowel de keuken als een van de slaapkamers. Er zat een badkuip in, een wastafel, een wasmachine, een 15 m lange waslijn die over het bad liep en opslagruimte voor gebruiksvoorwerpen, wasmiddelen en vuile kleren. Het toilet, dat toegankelijk was vanuit de hal, bevatte een wastafel, bidet, toiletpot en een opbergkast voor handdoeken, linnengoed en toiletartikelen. De woonkamer mat 23 m^2. Er was ruimte en meubilair voor een zithoek die was uitgerust met een radio, grammofoon en tv, en er was een gedeelte om gasten te ontvangen, te schrijven of huiswerk te maken. De twee even grote slaapkamers hadden elk een oppervlakte van 14 m^2. Tussen de slaapkamers lag een kleedkamer waarin evenveel kleding kon worden opgeborgen als in zeven gewone kledingkasten en er was ook ruimte voor linnengoed, reservematrassen, dekbedden en kussens.

Gregor Paulsson beschreef het appartement als 'schokkend vanwege de totale afwezigheid van schokeffecten'.[22] Lennart Holm onthield zich met zijn 'familiehuis van de jaren zestig' volledig van experimenten met verplaatsbare wanden, nieuw geïntroduceerde functies of nieuwe ruimtelijke indelingen. In plaats daarvan ontwierp hij een ruime, goed doordachte en zorgvuldig uitgeruste driekamerwoning met een traditionele keuken. Het appartement beantwoordde op een zo effectief en comfortabel mogelijke manier aan de gewoonten, behoeften en wensen van het gemiddelde Zweedse gezin. De maten en inrichting van de ruimten hielden rekening met alle opgebouwde kennis over zowel de normen als het gedrag van huishoudens, een onderwerp waar Holm bijzonder veel vanaf wist. Deze ontwerpcriteria werden de onderscheidende kenmerken van het twee decennia durende (1937-1957), grote Zweedse huishoudelijke experiment, dat ervoor zorgde dat het oordeel van bewoners maatgevend werd voor de kwaliteit van de planning.

apartment meant for a family with two children was exhibited. The apartment for the future decade was 'nothing new', but was exceptionally meticulous and well-grounded in the spatial and functional quality it delivered.[21] The entrance was organized as a spacious hallway where several people would be able to move around at the same time when entering or leaving the apartment. It was equipped with hangers and a wardrobe for outerwear. The floor was covered with a fitted mat that collected dirt, gravel and snow, in order to protect the floor of the apartment from being damaged.

A spacious hall led to the kitchen, living room, restroom, two bedrooms and dressing room. The 14-m^2 kitchen included a dining area for up to six people. The counter was arranged and dimensioned according to the new Swedish standards. There was a standardized cupboard for cleaning utensils and storage spaces for food (pantry and refrigerator) were organized in cabinets for different temperatures. A spacious workbench for activities that required good lighting, such as sewing, was situated by the window. Next to it, and close to the laundry room, a 7-m^2 balcony provided space for eating outside, hanging the laundry for drying and brushing clothes.

The laundry room, which was also intended as bathroom, was accessible from both the kitchen and one of the bedrooms. It was equipped with a bathtub, a basin, a washing machine, a 15-m-long clothesline above the bathtub and storage for utensils, detergents and dirty clothes. The restroom, which could be accessed from the hall, included a basin, a bidet, a toilet bowl and storage for towels, linen and toiletries. The living room had a surface of 23 m^2. It provided space and furniture for a sitting area equipped with a radio, a gramophone and a TV, and another area for receiving guests, writing or doing homework. The two bedrooms were equal in size, with a surface of 14 m^2 each. Between them, a dressing room provided clothing storage equivalent to seven ordinary wardrobes, plus space for the family's linen, spare mattresses, duvets and pillows.

Gregor Paulsson described the apartment as 'shocking because of the total absence of any shock effect'.[22] In his '1960s family home', Lennart Holm completely refrained from experiments with movable walls, introducing new functions or testing new spatial arrangements. Instead, he designed a spacious, well-thought out and carefully equipped three-room apartment with a traditional kitchen. The apartment responded to the habits, needs, and wishes of an average Swedish family in the most effective and comfortable manner. Each space was dimensioned and furnished according to the accumulated knowledge on both standards and households' behaviour, on which Holm possessed particular expertise. These design criteria became the distinctive characteristics of the great domestic experiment in Sweden spanning two decades, from 1937 to 1957, in which the residents' assessment became a measure of quality for planning.

Between 1945 and 1960, the triple strategy approved by Parliament – subsidies to low-income households, national loans and housing research – was responsible for an unprecedented increase in the number of dwellings and an improvement in the quality of housing in Sweden. The system of loans resulted in an extra 700,000 new dwellings built during this period, representing over a third of the total number of units in the country. The old single-room-and-kitchen housing model, the traditional living environment of working-class families, gradually disappeared. It was replaced by two- or three-bedroom apartments that, like Holm's, brought 'nothing new', but nevertheless offered the highest residential standards in the whole of Europe.

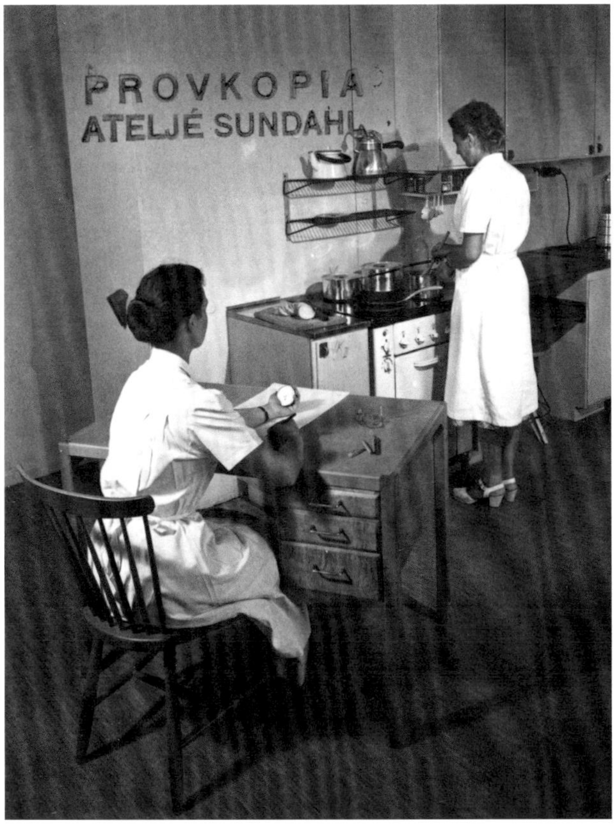

Onderzoeksinstituut wonen, tijdstudies in een keuken, 1953
Home Research Institute, time studies in a kitchen, 1953

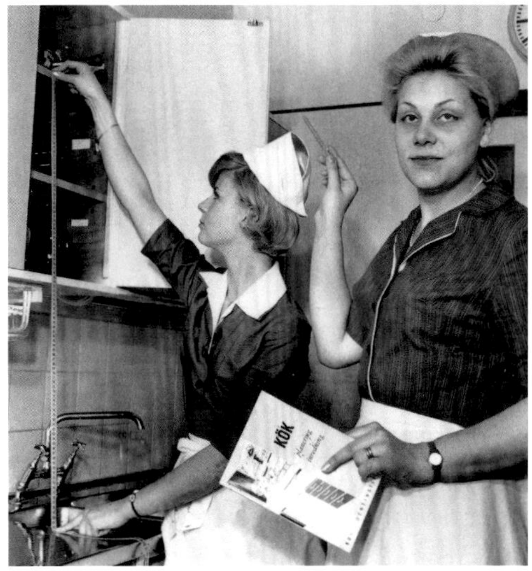

Onderzoeksinstituut wonen, een deskundige meet een keuken op, jaren 1950
Home Research Institute, expert measuring the kitchen, 1950s

Onderzoeksinstituut wonen, laboratoriumonderzoek vloerbedekking en huishoudelijke apparaten, 1955
Home Research Institute, laboratory studies of flooring materials and household appliances, 1955

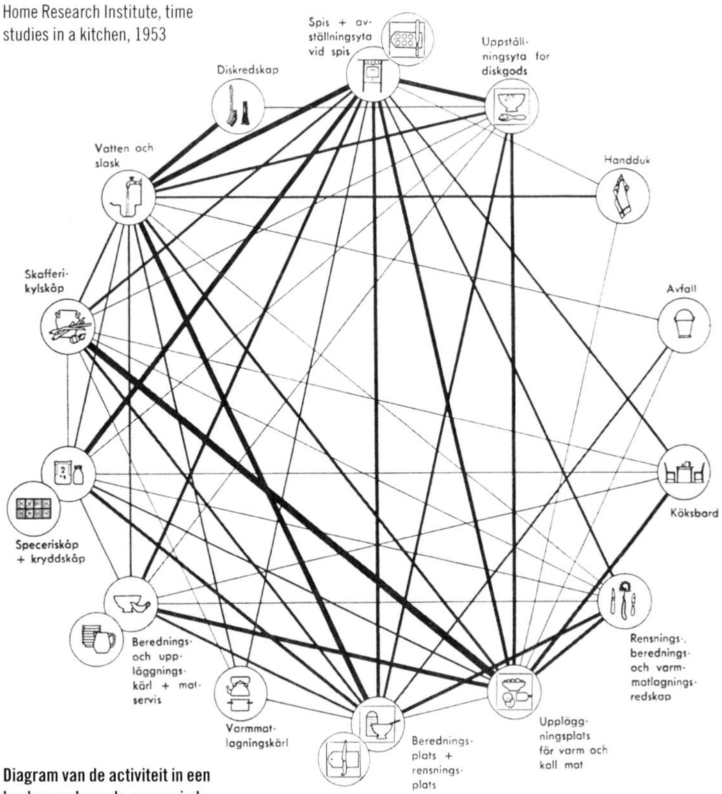

Diagram van de activiteit in een keuken gedurende een periode van vier weken, 1950
Diagram representing the activity in a kitchen over a period of four weeks, 1950

Lennart Holm, 'Zo ziet naar verwachting het gezinshuis van de jaren 1960 eruit'; plattegrond van een driekamerappartement, tentoonstelling 'Zonder Grenzen', 1957

Lennart Holm, 'This is how it is thought that the family home of the 1960s will look'; floor plan for a three-room apartment, exhibition 'Without Borders', 1957

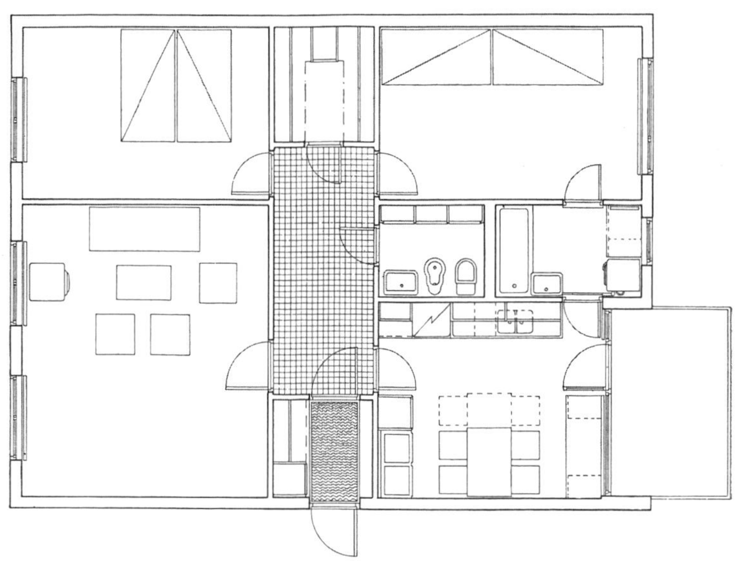

Tussen 1945-1960 was het overheidsbeleid met subsidies voor huishoudens met een laag inkomen, overheidsleningen en huisvestingsonderzoek verantwoordelijk voor een ongekende toename van het aantal woningen en een sterke verbetering van de kwaliteit van de woningbouw in Zweden. In deze periode konden dankzij het systeem van leningen 700.000 extra nieuwe woningen worden gebouwd, wat neerkomt op meer dan een derde van het totale aantal wooneenheden in het land. Geleidelijk aan verdween het oude, uit één kamer en een keuken bestaande model – de traditionele woonomgeving van arbeidersgezinnen. Het werd vervangen door twee- of driekamerappartementen die net zomin als die van Lennart Holm met iets nieuws kwamen, maar desondanks aan de hoogste woonnormen van Europa voldeden.

Goed wonen vandaag?

Met de kennis van nu kan men het Zweedse naoorlogse huishoudelijke onderzoek afdoen als vluchtig en achterhaald. Het onderzoek naar manieren van wonen en woningontwerpen tijdens de opkomst van de verzorgingsstaat was vooral relevant voor de ontwikkeling van bouwvoorschriften ten behoeve van inwoners van Zweden, die nu niet meer bestaan. Veel van de woningbouwnormen uit die periode zijn vandaag de dag echter nog steeds van toepassing. Als we kijken naar Zwedens huidige woningtypologieën en woonprogramma's dan lijkt het dat de culturele en sociale verbetering van de levensomstandigheden in de afgelopen decennia geen doel is geweest van het woningontwerp. Opvallende veranderingen in de woningplattegrond, zoals de opening van de keuken naar de woonkamer, waren eerder een reactie op de toenemende roep van de bouwbedrijven en de overheid om de kosten te verlagen, dan een aanpassing aan de evolutie van woonomstandigheden.

Tegenwoordig representeert het Zweedse huisvestingssysteem niet langer dat keurig gedefinieerde sociaal-democratische model, maar een zeer complex hybride systeem waarin neoliberale elementen zijn vermengd met de oude gereguleerde erfenis.[23] Op dit moment staat de woningproductie in hoge mate onder controle van bouwbedrijven en woningbouwverenigingen. Zij lijken weinig belangstelling te hebben voor experimenten. Hun belangrijkste argumenten verwijzen naar de complexiteit van woonfenomenen en het gebrek aan economische levensvatbaarheid van nieuwe oplossingen. Aan de andere kant staat een overheid die niet geneigd is hedendaags onderzoek in te zetten om snel te kunnen reageren op het nijpende woningtekort. De huidige huisvestingscrisis in Zweden – een land dat de ambitie heeft om jaarlijks 80.000 nieuwe wooneenheden te bouwen – creëert kansen om de traditionele woningstandaard te verbeteren. In een maatschappij die zó fundamenteel en zó snel verandert, spoort een terugblik op het naoorlogse huisvestingsonderzoek dringend aan tot herbezinning op de rol die de architect, de onderzoeker en de gebruiker spelen in de hervorming van de huishoudelijke sfeer.

Good Housing Today?

From our current position, most of the knowledge gained during the Swedish post-war domestic experiment may seem ephemeral and outdated. Research into living habits and housing design in the welfare state period was especially relevant for the development of building regulations for a Swedish dweller that no longer exists. However, many of the residential standards from that period still apply today. Looking at the present housing typologies and programmes in Sweden, the cultural and social upgrading of living conditions does not seem to have been an important objective for housing design in the last decades. Significant changes in the dwelling layouts, such as the opening of the kitchen towards the living room, were more a response to the increasing demands of cost reduction from construction companies and public authorities than an adaptation to the evolution of dwellers' living habits.

Nowadays, the Swedish housing system no longer represents that neatly defined sociodemocratic model, but is a highly complex hybrid system that blends neoliberal elements with the old regulated legacy.[23] In this current situation, housing production is controlled to a great extent by construction and housing companies. They have proven to show little interest in experimentation, with their main arguments being the complexity of living phenomena and the lack of economic viability of new housing solutions. At the other end of the system, the public authorities avoid approaching contemporary research in light of the need of a quick response to the pressing housing shortage. The current housing crisis in Sweden, a country that has the ambition to build 80,000 new housing units every year, constitutes an opportunity for upgrading the traditional housing standards. In a society that is changing so fundamentally and so fast, to revisit the post-war housing research calls for an urgent reflection on the roles of the architect, the researcher and the user in the process of reshaping domesticity.

Noten

1 Ola Nylander, *Svensk bostadsarkitektur: utveckling från 1800-tal till 2000-tal* (Lund: Studentlitteratur, 2018), 113.
2 Daniel Movilla Vega, 'Constructing Folkhemmet', in: Daniel Movilla Vega (red.), *99 Years of the Housing Question in Sweden* (Lund: Studentlitteratur, 2017), 43-46.
3 Ingeborg Wærn Bugge en Kjerstin Göransson-Ljungman, *Bostad och hushållsorganisation. Studie över ett aktuellt rationaliseringsproblem: staden, landet* (Stockholm: Kooperativa förbundets bokförlag, 1936).
4 Brita Åkerman, *Familjen som växte ur sitt hem* (Stockholm: Hyresgästernas förlagsbolag, 1941).
5 Deelnemers vanuit de bond van architecten: Erik Dahlberg, Carl Melin, Helge Zimdal en vanuit de vereniging van industrieel ontwerp: Gotthard Johansson, Harald Rosenberg, Olof Thunström.
6 In de werkgroep zaten: Erik Dahlberg, Gotthard Johansson, Sten Lindegren. Experts waren o.a. Brita Åkerman, Carin Boalt, Lena Larsson.
7 Svenska Arkitekters Riksförbund och Svenska Slöjdföreningens Bostadsutredning, *Bostadsvanor och bostadsnormer: Bostadsvanor i Stockholm under 1940-talet* (Stockholm: Kooperativa förbundets bokförlag, 1964).
8 Svenska Arkitekters Riksförbunds och Svenska Slöjdföreningens Bostadsutredning, *Möbelmarknaden* (Stockholm: Bröderna Lagerström, 1941).
9 Utredningen för hem- och familjefrågor, *Betänkande angående familjeliv och hemarbete* (Stockholm: Statens offentliga utredningar, 1947), 46). Signe Höjer, bestuurslid sociaal-democratische vrouwenvereniging, leidde het onderzoek; Brita Åkerman werd benoemd tot secretaris. Overige leden: o.a. Gertrud Wiklund (secretaris van de Vereniging van Huisvrouwen), Hanna Rydh (voorzitter van de Fredrika Bremer-vereniging) en verschillende deskundigen die ook bij het Huisvestingsonderzoek betrokken waren, zoals Carin Boalt, Greta Bergström en Greta Kastman.
10 Edith Anrep, *Från Aktiv hushållning och Hemmens forskningsinstitut 1940-1956 till Statens institut för konsumentfrågor* (Stockholm: Statens institut för konsumentfrågor, 1957), 10.
11 Uit de statuten van het Onderzoeksinstituut wonen, deel F IV, 1. Vertaald door de auteurs.
12 In de statuten werd voorgesteld verschillende secties op te richten die specifiek gericht waren op de verkenning van economische, technische, sociaalpsychologische of hygiënische kwesties. Zie: Britta Lövgren, *Hemarbete som politik. Diskussioner om hemarbete, Sverige 1930-40-talen, och tillkomsten av Hemmens forskningsinstitut* (Stockholm: Almqvist & Wiksell international, 1993), 147.
13 Hemmens forskningsinstitut, *HFI-meddelanden* (Stockholm: Hemmens forskningsinstitut, 1946-1954).
14 Hemmens forskningsinstitut, 'Mor och barn från morgon till kväll', in: *HFI-meddelanden* 3/2 (1948-1949).
15 Hemmens forskningsinstitut, *Bra hushållsredskap* (Stockholm: Hemmens forskningsinstitut, 1948-1954).
16 Ing-Marie Berg, Carin Boalt en Lennart Holm, *Kök: planering, inredning* (Stockholm: Hemmens forskningsinstitut, 1952).
17 Lennart Holm, *Familj och bostad: en redovisning av fem fälstudier i moderna svenska familjebostäder 1951-1954* (Stockholm: Hemmens forksningsinstitut, 1955).
18 *Utredningen för hem- och familjefrågor*, op. cit. (noot 7), 299-300.
19 Minimale eisen voor de afmetingen van appartementen en huizen die worden gebouwd met behulp van tertiaire overheidsleningen. Sigurd Westholm, *Minimifordringar å storleken av bostadslägenheter i hus avsedda att uppföras med stöd av statligt tertiärlån* (Stockholm: Meddelanden från Statens byggnadslånebyrå, 1942).
20 Bostadsstyrelsen, *God bostad* (Stockholm: Kungl. Bostadsstyrelsens, 1954). *Goed wonen* verscheen voor het eerst in 1954 en werd meerdere malen herzien.
21 Kooperativa förbundet, *Utan gränser: utställning arrangerad på Mosebacke terrasser av Kooperativa förbundet i anslutning till Internationella Kooperativa Alliansens kongress i Stockholm 1957* (Stockholm: Kooperativa förbundet, 1957). Zie voor een beschrijving van het appartement binnen de context van de tentoonstelling en voor afbeeldingen van het tentoongestelde appartement: Helena Mattsson, 'Designing the Reasonable Consumer: Standardisation and Personalisation in Swedish Functionalism", in: Helena Mattsson en Sven-Olov Wallenstein (red.), Swedish Modernism: Architecture, Consumption and the Welfare State (Londen: Black Dog Publishing, 2010), 94-97.
22 Gregor Paulsson, 'Utan gränser', *Byggmästaren*, A 11 (1957), 234-239.
23 Brett Christophers, 'A Monstrous Hybrid: The Political Economy of Housing in early Twenty-first Century Sweden', *New Political Economy* 18/6 (2013), 885-911.

Notes

1 Ola Nylander, *Svensk bostadsarkitektur: utveckling från 1800-tal till 2000-tal* (Lund: Studentlitteratur, 2018), 113.
2 Daniel Movilla Vega, 'Constructing Folkhemmet', in: Daniel Movilla Vega (ed.), *99 Years of the Housing Question in Sweden* (Lund: Studentlitteratur, 2017), 43-46.
3 Ingeborg Wærn Bugge and Kjerstin Göransson-Ljungman, *Bostad och hushållsorganisation: Studie över ett aktuellt rationaliseringsproblem: staden, landet* (Stockholm: Kooperativa förbundets bokförlag, 1936).
4 Brita Åkerman, *Familjen som växte ur sitt hem* (Stockholm: Hyresgästernas förlagsbolag, 1941).
5 Members from the SAR: Erik Dahlberg, Carl Melin and Helge Zimdal, and from the SSF: Gotthard Johansson, Harald Rosenberg and Olof Thunström.
6 The working committee consisted of: Erik Dahlberg, Gotthard Johansson and Sten Lindegren. Experts were, among others, Brita Åkerman, Carin Boalt and Lena Larsson.
7 Svenska Arkitekters Riksförbund och Svenska Slöjdföreningens Bostadsutredning, *Bostadsvanor och bostadsnormer: Bostadsvanor i Stockholm under 1940-talet* (Stockholm: Kooperativa förbundets bokförlag, 1964).
8 Svenska Arkitekters Riksförbunds och Svenska Slöjdföreningens Bostadsutredning, *Möbelmarknaden* (Stockholm: Bröderna Lagerström, 1941).
9 Utredningen för hem- och familjefrågor, *Betänkande angående familjeliv och hemarbete* (Stockholm: Statens offentliga utredningar, 1947), 46. Signe Höjer, member of the board of the Social Democratic Women's Association, led the research; Brita Åkerman acted as secretary. Other members included: Gertrud Wiklund (secretary of the Association of Housewives), Hanna Rydh (chairperson of the Fredrika Bremer Association) and various experts who took part in the Housing Investigation, including Carin Boalt, Greta Bergström and Greta Kastman.
10 Edith Anrep, *Från Aktiv hushållning och Hemmens forskningsinstitut 1940-1956 till Statens institut för konsumentfrågor* (Stockholm: Statens institut för konsumentfrågor, 1957), 10.
11 From the statutes of the Home Research Institute, vol F IV:1.Translation by the authors.
12 The first statues proposed several different sections, each of them specifically aimed at exploring economic, technical, sociopsychological and hygiene issues. See: Britta Lövgren, *Hemarbete som politik: Diskussioner om hemarbete, Sverige 1930-40-talen, och tillkomsten av Hemmens forskningsinstitut* (Stockholm: Almqvist & Wiksell international, 1993), 147.
13 Hemmens forskningsinstitut, *HFI-meddelanden* (Stockholm: Hemmens forskningsinstitut, 1946-1954).
14 Hemmens forskningsinstitut, 'Mor och barn från morgon till kväll', in: *HFI-meddelanden* 3/2 (1948-1949).
15 Hemmens forskningsinstitut, *Bra hushållsredskap* (Stockholm: Hemmens forskningsinstitut, 1948-1954).
16 Ing-Marie Berg, Carin Boalt and Lennart Holm, *Kök: planering, inredning* (Stockholm: Hemmens forskningsinstitut, 1952).
17 Lennart Holm, *Familj och bostad: en redovisning av fem fälstudier i moderna svenska familjebostäder 1951-1954* (Stockholm: Hemmens forksningsinstitut, 1955).
18 *Utredningen för hem- och familjefrågor*, op. cit. (note 7), 299-300.
19 Minimum size requirements for apartments and houses built using tertiary government loans. Sigurd Westholm, *Minimifordringar å storleken av bostadslägenheter i hus avsedda att uppföras med stöd av statligt tertiärlån* (Stockholm: Meddelanden från Statens byggnadslånebyrå, 1942).
20 Bostadsstyrelsen, *God bostad* (Stockholm: Kungl. Bostadsstyrelsens, 1954). *Good Housing* was first published in 1954 and went through serveral revisions.
21 Kooperativa förbundet, *Utan gränser: utställning arrangerad på Mosebacke terrasser av Kooperativa förbundet i anslutning till Internationella Kooperativa Alliansens kongress i Stockholm 1957* (Stockholm: Kooperativa förbundet, 1957). For a description of the apartment within the context of the exhibition, as well as pictures from the exhibited apartment, see Helena Mattsson, 'Designing the Reasonable Consumer: Standardisation and Personalisation in Swedish Functionalism", in Helena Mattsson and Sven-Olov Wallenstein (eds.), Swedish Modernism: Architecture, Consumption and the Welfare State (London: Black Dog Publishing, 2010), 94-97.
22 Gregor Paulsson, 'Utan gränser', *Byggmästaren*, A 11 (1957), 234-239.
23 Brett Christophers, 'A Monstrous Hybrid: The Political Economy of Housing in Early Twenty-first Century Sweden', *New Political Economy* 18/6 (2013), 885-911.

Mark Swenarton

Een nieuwe kijk op wonen in de stad
A New Vision of Urban Housing

Neave Brown en Sydney Cook in Camden
Neave Brown and Sydney Cook at Camden

Alexandra Road, straat/street

In de jaren 1960 waren Europese en Noord-Amerikaanse architecten op zoek naar een nieuwe manier om stadswoningen te bouwen. De wereldwijde bloei na de Tweede Wereldoorlog was op zijn hoogtepunt; de westerse cultuur was vol ondernemend optimisme, net als de architectuur. Er heerste een afkeer van het type stedenbouw (bijvoorbeeld Le Corbusier's Ville Radieuse of het Charter van Athene van CIAM), dat de eerste generatie moderne architecten tussen de twee wereldoorlogen had ontwikkeld en dat in de naoorlogse jaren over de hele wereld werd omarmd. Voor de woningbouw betekende dit dat de dominantie van hoogbouw, de 'stad van torens', ter discussie werd gesteld en dat werd gezocht naar alternatieven die de straat centraal stelden.

Als de nieuwe manier van denken ergens grondig werd gedemonstreerd en uitgeprobeerd, dan was het wel in de nieuwgevormde Londense deelgemeente Camden in de jaren 1960. Gemeentearchitect Sydney Cook was vastbesloten met nieuwe ideeën te komen voor woonruimte in deze centraal gelegen deelgemeente. Hij verzamelde daartoe enkele van de knapste jonge koppen uit de Londense architectuurwereld om zich heen: Neave Brown (1929-2017) en verder Peter Tábori (1940-), Gordon Benson en Alan Forsyth (beide 1944-). Samen produceerden deze architecten een oeuvre dat tot op de dag van vandaag de aandacht trekt. In dit essay zal ik vooral aandacht besteden aan Neave Brown.[1]

In de decennia na de Tweede Wereldoorlog, de hoogtijdagen van de verzorgingsstaat, produceerden Britse plaatselijke overheden vooral woningbouw als *mixed development* (een menging van laag- en hoogbouw).[2] Hoogbouwflats in blokken of torens werden afgewisseld met boven- en benedenwoningen in middelhoogbouw – meestal twee gestapelde maisonnettes boven elkaar in een blok van vier lagen, waarbij beide woningen direct toegang hadden tot een privétuin (de bovenwoning via een trap vanaf het balkon/terras). *Mixed development* – een samensmelting van nieuwe ideeën over wonen in hoogbouw met de traditionele voorkeur voor wonen in een huis met een tuin – was de officiële overheidsstrategie, gepromoot in het *Housing Manual* uit 1949. De menging van laag- en hoogbouw was in de praktijk te vinden in de onder de London County Council (LCC) ressorterende wijken Akroydon (1950) en Alton East (Roehampton, 1951). Daarna zou het in de Londense gemeentebesturen allemaal *mixed development* worden wat de klok sloeg.[3] Een typisch voorbeeld is de buurt die de gemeenteraad van Hampstead (Londen, 1964) liet bouwen: torens van 15 lagen, flatgebouwen van vijf lagen en maisonnettes aan Fleet Road.

Het concept *mixed development* is gebaseerd op een theorie over de bezetting van de verschillende woningtypen in wijken, de zogenaamde 'gebruikerscyclus'. Volgens deze theorie woont een jong stel zonder kinderen in een torenflat; als er kinderen komen verhuizen ze naar een maisonnette, zodat de kinderen veilig in de tuin kunnen spelen; als de kinderen zijn opgegroeid en de ouderlijke woning hebben verlaten, verhuist het stel terug naar een flat. Maar dit veronderstelde een niveau van proactief beheer door huisvestingsafdelingen van plaatselijke overheden, dat verre van haalbaar was: het gebeurde gewoon niet. Aan het begin van de jaren 1960 constateerde men dat de gebruikerscyclus een fictie was.[4] Gezinnen met jonge kinderen woonden net zo vaak in een torenflat als in elk ander type woning, met ernstige gevolgen voor de ontwikkeling van de kinderen en de geestelijke gezondheid van de ouders.[5] Men besefte vol afschuw dat het type woning waaraan zoveel nationale middelen werden besteed (tussen 1946 en 1965 lieten plaatselijke overheden 3,1 miljoen van zulke woningen bouwen), ongeschikt was voor de mensen die er kwamen wonen.[6]

The 1960s was the decade when architects in Europe and North America sought to establish a new format for urban housing. This was the period when the global post-war boom that followed the end of the second world war was at its peak and when a spirit of can-do optimism pervaded Western culture – architecture included.

Central to these new developments was a rejection of the urbanism developed between the World Wars by the first generation of modern architects – Le Corbusier's Ville Radieuse and the CIAM's Charter of Athens – and implemented in many cities across the world in the post-war years. In terms of housing, this meant challenging the hegemony of high-rise – the 'city of towers' – and searching for an alternative based on the primacy of the street.

The place where this new thinking was set out and tested most thoroughly was at the newly formed London Borough of Camden from 1965, under the direction of Sydney Cook (1910-1979). Cook was determined to come up with new ideas for housing in this inner-London borough and to this end assembled around him some of the brightest young talent of the London architectural world: first and foremost Neave Brown (1929-2017) and then Peter Tábori (b. 1940) and Gordon Benson and Alan Forsyth (both b. 1944). Together these architects produced a body of work that continues to command attention today. In this essay I will focus primarily on Neave Brown.[1]

The predominant type of urban housing produced by British local authorities in the decades that followed the Second World War – the heyday of the welfare state – was 'mixed development'.[2] Flats in high-rise blocks, either slabs or towers, were combined with duplex (two-storey) units in low-rise blocks – typically one duplex above another in a four-storey block, with both homes having direct access to their own garden (the upstairs dwelling via a staircase from the balcony/terrace). An amalgamation of new ideas about high-rise living with the longstanding native attachment to 'a house with a garden', mixed development was official government policy, promoted by the *Housing Manual* of 1949 and demonstrated on the ground by the Akroydon (1950) and Alton East (Roehampton, 1951) estates, designed in 1950 and 1951 respectively under the auspices of London County Council (LCC). After this, mixed development became the orthodoxy for London councils.[3] A typical example was the estate built by the council in Hampstead (London, 1964) comprising 15-storey towers and five-storey blocks of flats and duplexes on Fleet Road.

Mixed development was predicated on a theory about the occupation of the different dwelling types on each estate, called the 'users cycle'. When couples were young and had no children they would live in a flat in one of the towers; when they had children, they would move to one of the duplexes, so that the children could play in safety in the garden; and then when the children had grown up and left home, the couple would move back into a high-rise flat. But this presumed a level of proactive management by the local authority housing department far beyond anything that was feasible: it simply didn't happen. By the early 1960s it was becoming clear that the users cycle was a fiction.[4] Families with young children were just as likely to be living in a high-rise block as in any other type of housing, with serious consequences for the children's development and the mental health of the parents.[5] It was realized with horror that the kind of housing in which so much national resource was being spent (3.1 million dwellings built by local authorities between 1946 and 1965) was unsuited for the people who were going to live there.[6]

Cook and Camden

It was in this context that the borough of Camden was set up in 1965, as part of the reorganization of London's government. The LCC was

Cook en Camden

Tegen deze achtergrond werd in 1965 tijdens de reorganisatie van het Londense stadsbestuur de deelgemeente Camden gevormd. De LCC werd vervangen door een nieuw orgaan dat ook een groter gebied ging bestrijken, de Greater London Council (GLC). Tegelijkertijd werden de bestaande stadsdelen van Londen in aantal teruggebracht en vergroot: gemiddeld werden er telkens drie 'oude' stadsdelen samengevoegd tot één nieuwe deelgemeente. De LCC droeg veel van zijn bevoegdheden over aan deze machtige, nieuwe deelgemeenten.

Een van de nieuwe, uit de drie 'oude' stadsdelen St Pancras, Hampstead en Holborn bestaande deelgemeenten, was Camden. St Pancras stond bekend om zijn radicale, linkse politiek en was daar erg trots op. In Hampstead heerste een keurig conservatisme met hooggestemde maatschappelijke idealen. En Holborn was weliswaar piepklein en er woonden maar weinig mensen, maar strekte zich uit tot aan New Oxford Street en Shaftesbury Avenue, en bevatte dus de duurste grond van Londen. Dankzij de inkomsten uit lokale belastingen was Camden een van de rijkste lokale overheden van niet alleen Londen, maar van het hele land. Daarom had deze deelgemeente niet alleen de ambitie, maar ook de financiële middelen om het paradepaardje onder de deelgemeenten te worden.

Een van de urgentste problemen van Camden was het woningtekort: er stonden meer dan 10.000 huishoudens op de wachtlijst. De persoon die werd aangesteld om het woningbouwprogramma van de gemeente vlot te trekken, was de deelgemeentearchitect Sydney Cook (1910-1979). Cook was een gemeenteambtenaar in hart en nieren, de volmaakte bureaucraat. Als gemeentelijk ontwerper van Holborn was hij vanaf 1947 verantwoordelijk geweest voor een reeks gebouwen, waaronder de centrale bibliotheek in Theobalds Road en het Oasis-zwembad in Covent Garden, die uitgebreid in de pers waren besproken. Zijn grootste gave was echter niet zijn ontwerptalent, maar zijn oog voor de kwaliteit van zowel ontwerpen als ontwerpers. Zijn vermogen om verstandig te oordelen, bleek ook uit zijn afwijzing van 'systeembouw' – in het midden van de jaren 1960 probeerde de nationale overheid plaatselijke overheden er via de National Building Agency (NBA) toe te dwingen om dergelijke gepatenteerde constructiesystemen te gaan gebruiken. Cook verzette zich tegen deze trend om te standaardiseren en meende dat ontwerp en bouw altijd het resultaat moesten zijn van een specifieke opdracht en dito ontwerpvisie: 'Ik wil best gestandaardiseerde plannen gebruiken, als er iemand een gestandaardiseerde bouwlocatie voor me kan vinden.'[7] De wijsheid van deze aanpak zou duidelijk worden na de ineenstorting van de Ronan Point-torenflat in Oost-Londen in 1968: Cook kon de bezorgde leden van de deelgemeenteraad verzekeren dat dit soort systemen nergens in Camden waren gebruikt.

Cook realiseerde zich dat hij, om de soort woningen te bouwen die hij wilde bouwen, nieuw talent en nieuwe ideeën nodig had. In 1967 liet hij in een openbare toespraak weten dat de nieuwe dienst voor Camden was 'gericht op het produceren van ideeën, met de nadruk op jonge mensen'.[8] Hij rekende daarbij op het architectonisch talent dat in Londen zo overvloedig beschikbaar was, niet in de laatste plaats bij een instelling die op slechts 10 minuten loopafstand van zijn kantoor in Camden was gevestigd: de Architectural Association.

Van centraal belang voor de uitvoering van deze architectonische slagvaardigheid was Neave Brown, die in januari 1966 naar Camden kwam. Brown was een volwaardig lid van de architectonische aristocratie. Hij had gestudeerd aan de Architectural Association en zat in een jaar waartoe ook Kenneth Frampton, Patrick Hodgkinson en John Miller behoorden. Hij had bij Lyons Israel Ellis gewerkt, waar James Stirling en James Gowan hem voorgingen. Hij had lesgegeven aan

replaced by a new body, the Greater London Council (GLC), covering a wider area. At the same the existing boroughs in London were reduced in number and increased in size, with typically three 'old' boroughs being amalgamated to form one new one. Many of the powers of the LCC were transferred to these powerful new boroughs.

Camden was one of these new boroughs, formed from three old boroughs – St Pancras, Hampstead, and Holborn. St Pancras had a long tradition of radical and left-wing politics, of which it was extremely proud. Hampstead was home to a genteel conservativism with high civic ambitions. And Holborn was tiny, with a very small population, but extending as it did to New Oxford Street and Shaftesbury Avenue, it contained some of the most valuable land in London. The income received from this land, in the form of local taxation, made Camden one of the richest local authorities not just in London, but in the country as a whole. As a result Camden had not just the ambition, but also the financial resources, to become the 'flagship borough'.

One of the most pressing issues facing the new borough was the shortage of housing, with more than 10,000 households on the waiting list. The person appointed to take charge of delivering the council's housing programme was the borough architect, Sydney Cook (1910-1979). Cook was a local government official through and through – the perfect mandarin. As borough architect of Holborn from 1947, he had been responsible for a series of buildings, most notably the central library on Theobalds Road and the Oasis swimming pool complex in Covent Garden, which received widespread press coverage. His greatest skill, however, was not as a designer but as a judge of quality – of both designs and designers. His sound judgement was also evident in his rejection of the 'system building' – proprietary construction systems – that in the mid-1960s the government, acting through the National Building Agency (NBA), was pressing local authorities to use. Against this drive for standardization, Cook believed that design and construction should always be purpose-made: 'I'll use standardised plans if you can find me a standardised site.'[7] The wisdom of this approach would become apparent following the collapse of the Ronan Point tower in east London in 1968, when Cook was able to reassure the worried councillors that none of the Camden schemes used systems of this sort.

Cook realized that, to deliver the kind of housing he wanted, he would have to bring in new talent and new ideas. As he put it in a public address in 1967, the department that he created at Camden 'was geared . . . to producing ideas and the emphasis was on youth'.[8] For this he looked to the wealth of architectural talent available in London, not least at an institution only ten minutes' walk from the Camden offices: the Architectural Association.

The central figure in the import of this architectural prowess was Neave Brown, who joined Camden in January 1966. Brown was a fully-fledged member of the architectural aristocracy. He had studied at the Architectural Association, in a year group that included Kenneth Frampton, Patrick Hodgkinson and John Miller. He had worked at Lyons Israel Ellis, where James Stirling and James Gowan preceded him. He had taught at the top architecture schools on both sides of the Atlantic. He had the reputation, and the connections, to attract other bright young architects to Camden. And he was just finishing a group of houses, coincidentally in Camden, that demonstrated his thinking.

Neave Brown and Winscombe Street

The Winscombe Street project consisted of five houses built by Brown for himself and his friends – all young artistic/professional couples with young children – who set up a cooperative to undertake the project. Under legislation introduced in the early 1960s, it was possible to form a

Winscombe Street, straatgevel/front

Winscombe Street, tuingevel/
garden front

Winscombe Street, kinderkamers/
children's bedrooms

Winscombe Street, plattegronden en doorsnede/
plans and section

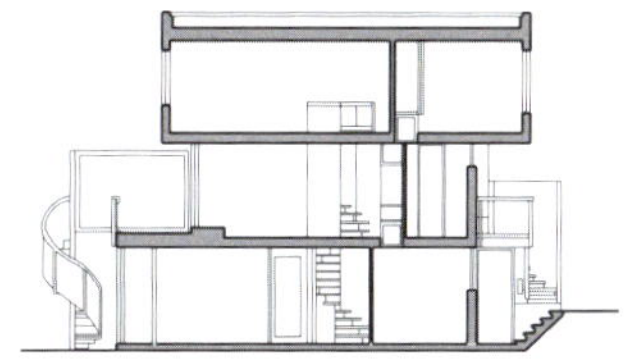

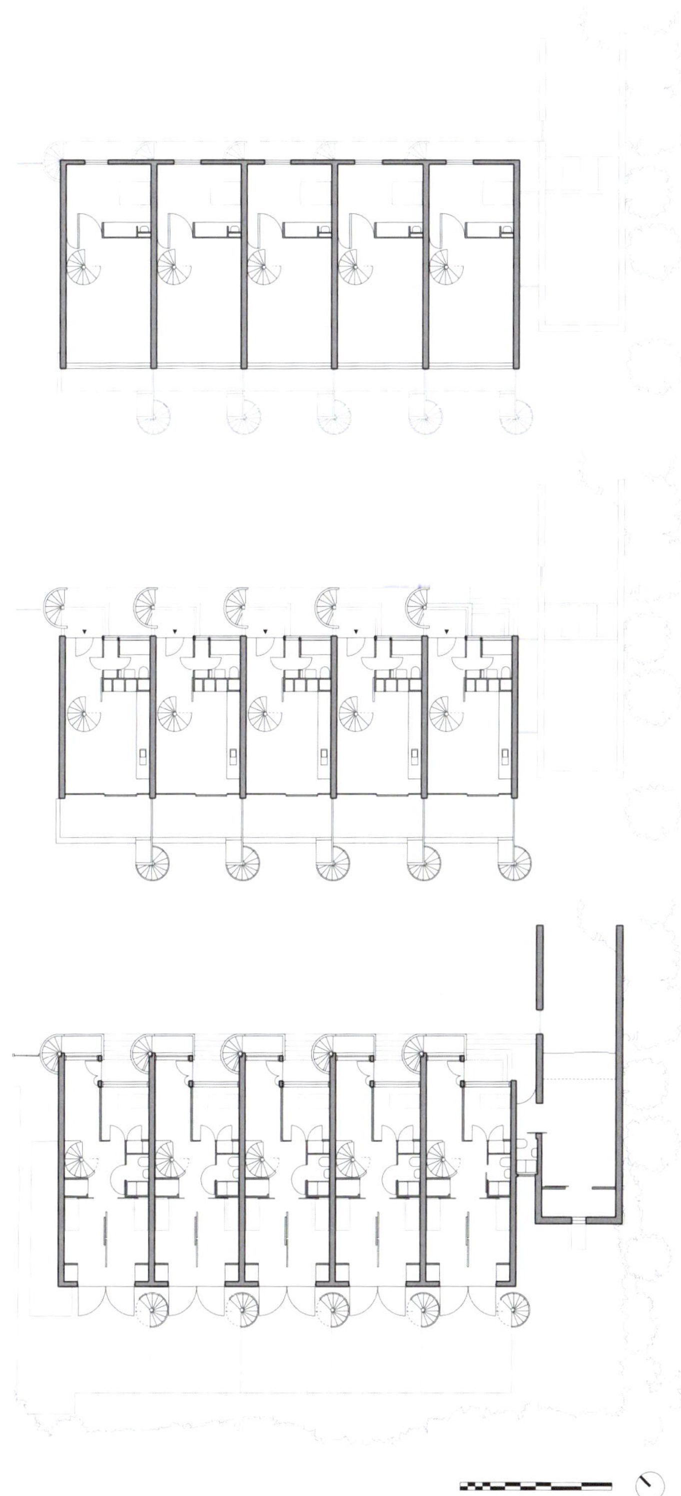

eersteklas architectuuropleidingen aan beide zijden van de Atlantische Oceaan. Hij had de reputatie, en de connecties, om andere intelligente jonge architecten naar Camden te lokken. En hij was net een groep huizen aan het afwerken, toevallig in Camden, die zijn denkwijze demonstreerden.

Neave Brown en Winscombe Street

Het Winscombe Street-project bestond uit de vijf huizen die Brown bouwde voor zichzelf en zijn vrienden. Het ging om jonge, artistieke, werkende stellen met jonge kinderen die een coöperatie hadden opgericht. Dankzij wetgeving uit begin jaren 1960 was het namelijk mogelijk om via een coöperatie een maximale hypotheek van de gemeente te krijgen om daarmee niet alleen de aankoop van grond, maar ook bouw- en beroepskosten te financieren. Voor een jonge architect zonder opdrachtgevers was dit een perfecte regeling. Maar om de financiering veilig te stellen, moesten de huizen wel voldoen aan dezelfde bouwvoorschriften voor de afmeting van ruimten ('Parker Morris') en kostenplaatjes (*cost yardstick*) waaraan gemeentelijke huurwoningen moesten voldoen.

Neave Brown besloot de huizen in Winscombe Street in zones op te delen, in plaats van de traditionele indeling van een huis met woonkamers beneden en slaapkamers boven. Hij werkte daarvoor de ideeën van Chermayeff en Alexander in hun boek *Community and Privacy* uit 1963 verder uit. De kinderzone was op de begane grond en had schuurdeuren die vanuit de kinderkamers naar de kleine privétuin en de gemeenschappelijke tuin daarbuiten leidden. De zone voor volwassenen was op de bovenverdieping, met de ouderslaapkamer en de woonkamer. Op de tussenverdieping ontmoetten de twee groepen elkaar. Hier waren de keuken en het eetgedeelte, met over de volledige breedte en hoogte schuiframen die uitkwamen op een balkon over de volle breedte van de woning, dat via een wenteltrap was verbonden met de kinderzone.

Brown wilde binnen de beperkte toegestane ruimte woningen ontwerpen die weliswaar niet groot waren, maar wel goed als gezinswoning zouden functioneren. Dus moest hij ruimteverspilling ten koste van alles vermijden en ruimte die normaal gesproken voor circulatie werd gebruikt, nuttiger inzetten. Vanaf de verdieping voor volwassenen komt de wenteltrap direct in de woonkamer uit. In de kinderzone kunnen de wanden tussen het halletje en hun slaapkamers worden weggeschoven, waardoor een anders 'loze' circulatieruimte een speelplek wordt, die nog verder kan worden uitgebreid door de schuifwanden tussen de twee slaapkamers te openen. Via dergelijke ingrepen was er op een vloeroppervlak dat anders drie slaapkamers en een badkamer zou hebben bevat, plaats voor vier slaapkamers en twee badkamers – een voorbeeld van efficiënte indeling die later ook zijn plannen voor Camden zou kenmerken.

Fleet Road No. 2

Het eerste woningbouwproject dat Brown in opdracht van Cook in Camden realiseerde was Fleet Road No. 2. De bouwlocatie lag in Hampstead bij het recent voltooide Fleet Road No. 1. Aangezien de vereiste netto woningdichtheid identiek was (395 personen/ha) verwachtte de dienst Stedenbouw dat Brown's ontwerp eveneens zou bestaan uit een mix van hoog- en laagbouw.[9] Maar Brown had andere plannen. In plaats van 15 verdiepingen de lucht in, ontwierp hij blokken van één tot drieënhalve laag.

Hoe ging dat in zijn werk? Brown nam de woonruimten die anders hoog de lucht in zouden zijn gestapeld en rolde ze uit – als deeg onder een deegroller – zodat ze het hele terrein tot aan de randen bedekten.

cooperative and secure a 100 per cent loan from the council, to cover not just land purchase but also construction and professional fees – an ideal arrangement for a young architect with no client base. But to secure funding, the houses had to conform to the space standards ('Parker Morris') and cost limits ('cost yardstick') of normal local authority housing.

At Winscombe Street, rather than following the traditional format of a London house, with living rooms downstairs and bedrooms above, Brown organized the houses in 'zones', developing ideas set out by Chermayeff and Alexander in their 1963 book *Community and Privacy*. The children's zone was on the bottom floor, with barn doors leading out from the children's bedrooms to the small private garden and the much larger communal garden zone beyond. The adult zone was on the top floor, with the parents' bedroom and the living room. On the middle floor was the intermediate zone where the two groups interacted. Here was the kitchen and dining area, with full-height full-width sliding windows opening out onto a full-width balcony, overlooking the children's zone and linked to it by a spiral staircase.

Within the tight space limits permitted, Brown wanted to design houses that, although not large, would make good family homes. This meant avoiding wasted space at all costs and using space that would otherwise have gone into circulation to function more usefully. In the adult zone the circular stair rises directly into the living room. In the children's zone the walls between the lobby and their bedrooms can be pulled back, turning what would otherwise be 'dead' circulation space into a play area – which could be expanded further if the sliding partitions between the two spaces were pulled back as well. By these and other devices the floor area that would otherwise have contained three bedrooms and one bathroom was made to hold four bedrooms and two bathrooms – a demonstration of the efficiency in planning that was also to be a hallmark of Brown's Camden schemes.

Fleet Road No. 2

The first housing project that Cook asked Brown to undertake at Camden was Fleet Road No. 2. The site was close to Hampstead's recently completed Fleet Road no. 1 scheme and, since the net residential density required was the same (395 persons per hectare) the expectation from the planning department was that the design would likewise comprise a mix of high- and low-rise.[9] Brown, however, had other ideas. Instead of building 15 storeys into the sky, his design comprised blocks between one and three and a half storeys high.

How was this done? Essentially Brown took the accommodation that would otherwise have been stacked high into the sky and rolled it out – like dough under a rolling pin – so that it covered the site, extending right to the edges. From this 'mat' of building, covering the entire site, was then excavated the open space – of the individual and communal gardens and the access routes leading to the front doors. The figure-ground relationship of the mixed development typology was thus reversed: instead of the buildings forming the 'figure' and the open space forming the 'ground', the buildings now formed the 'ground' the open space formed the 'figure'. And, because the accommodation was being spread so thinly over the site, every centimetre of the site had to be made to work hard: as with the internal planning at Winscombe Street, there could be no wasted space.

The design comprised three linear blocks aligned north-south, separated by two strips of private and communal gardens. In keeping with government requirements pedestrians were separated from vehicles, with underground parking beneath the twin strips of gardens. The duplexes overlooking the communal garden were a condensed version of Winscombe Street: bedrooms on the lower level opened out into a

Fleet Road, laaggelegen steeg/
lower alley

Fleet Road, plattegrond en doorsnede/plan and section

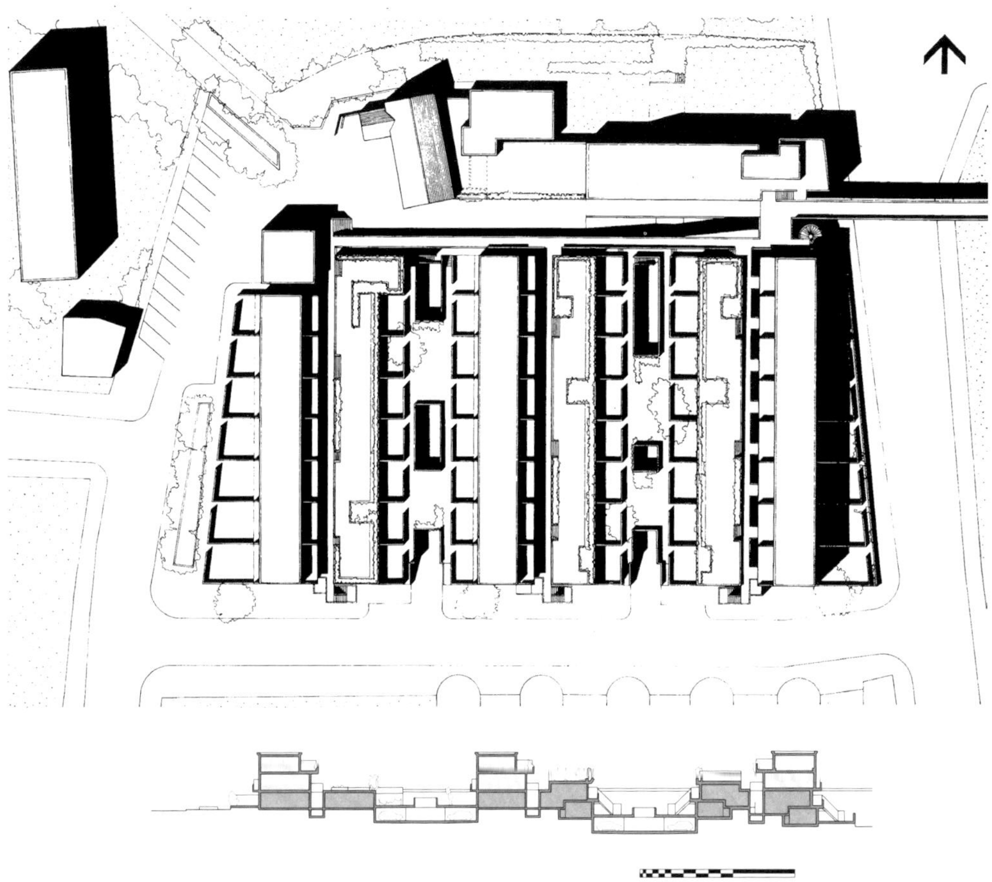

Fleet Road, gezien vanuit het zuidwesten/view from the south-west

Fleet Road, interieur/interior

Fleet Road, hoger gelegen voetgangersstraat/upper walkway

Fleet Road

Uit deze 'mat' van gebouwen sneed hij vervolgens de open ruimte – de individuele en gemeenschappelijke tuinen en de toegangswegen naar de voordeuren. Hij keerde de *figure-ground* relatie van de mengingstypologie dus om: in plaats dat de gebouwen de *figure* en de open ruimte de *ground* vormden, waren de gebouwen hier de *ground* en de open ruimte de *figure*. En omdat de woonruimte zo dun over het terrein werd verspreid, moest hij uit elke centimeter het maximum halen: net als bij het interieur van het Winscombe Street-project kon hij het zich niet veroorloven, ruimte te verspillen.

Het ontwerp bestond uit drie lineaire, noord/zuid georiënteerde blokken, gescheiden door twee stroken met private en gemeenschappelijke tuinen. In overeenstemming met de eisen van de overheid werden voetgangers en voertuigen gescheiden; onder de twee tuinstroken lag een ondergrondse parkeergarage. De gestapelde maisonnettes met uitzicht op de gemeenschappelijke tuin waren compacte versies van de woningen in Winscombe Street. De slaapkamers op de begane grond kwamen uit op een privétuin; de verdieping had een balkon over de volle breedte van de woonkamer, met een trap naar de tuin. Alle woningen keken uit over de gemeenschappelijke tuin, die, net zoals in Bloomsbury en andere delen van het achttiende-eeuwse Londen, collectief was, dus niet openbaar. Midden door elk blok liep een smalle voetgangersroute van 1,8 m breed, om de tegenover elkaar gelegen voordeuren van de benedenwoningen te ontsluiten. Een hoger gelegen steeg ontsloot de voordeuren van de bovenwoningen. Deze straatjes waren verbonden met het stratensysteem van de stad, zodat je – net als in een traditionele straat met rijtjeshuizen – bij het openen van de voordeur meteen buiten stond, op de openbare weg die deel uitmaakte van de stad, en er niet van gescheiden werd door een extra binnenruimte, zoals in een hoogbouwblok.

Binnen waren de woningen volgens dezelfde principes ingedeeld als in Winscombe Street. Je kwam de vierpersoonsmaisonnette met twee slaapkamers binnen op de bovenverdieping; direct aan de voorkant leidde een trap naar de slaapkamers en de badkamer op de benedenverdieping. Tussen hal en keuken bevond zich een schuifwand over de volledige hoogte en daarachter leidde een halve trap naar de hoger geleden woonkamer. Dankzij net zo'n schuifwand tussen woonkamer en eetkamer konden de ruimten verbonden of gescheiden worden, en dankzij de besparing op de circulatieruimte was de keuken groot genoeg om er een eettafel te zetten, zodat de eetkamer ook als kinderspeelkamer, studeerkamer of tv-kamer kon worden gebruikt. Net als in Winscombe Street meende Brown dat de woning, ook al was ze klein, dankzij de flexibele plattegrond en de efficiënte indeling heel goed als moderne gezinswoning kon functioneren.

Het Fleet Road-project zorgde voor een doorbraak. Het bleek mogelijk om, in een project met woningwetwoningen, een hoge dichtheid (370 mensen/ha) te combineren met laagbouw (maximaal vier lagen), terwijl alle voordeuren op de openbare weg uitkwamen en de woningen bovendien een eigen buitenruimte hadden die niet onder een balkon lag. Het ontwerp werd gepubliceerd in een speciale 'Housing Primer' over laag- en middelhoogbouw die in september 1967 werd uitgegeven door het tijdschrift *Architectural Design*, samen met de tekst 'The Form of Housing', waarin Brown de principes van laagbouwwoningen met een hoge dichtheid uiteenzette.[10]

Alexandra Road

Onmiddellijk nadat Brown het Fleet Road-project had voltooid, vroeg Cook hem een veel groter en complexer project in Alexandra Road te ontwerpen. In plaats van de 72 woningen van Fleet Road ging het hier om meer dan 500 woningen, plus bijbehorende voorzieningen:

private garden, leading to the communal garden beyond; a full-width balcony to the living room on the upper level overlooked the garden, with a staircase leading down to each garden; and the communal gardens were overlooked by all the dwellings adjoining – as in the gardens of Bloomsbury and other parts of eighteenth-century London they were communal, not public. Running up the middle of each block was a narrow pedestrian alley, 1.8 m wide, accessing the dwellings on either side, with a second alley above accessing the upper-level dwellings. These alleys connected directly with the street system of the city, so that – as in a traditional street of row houses – when you opened your front door, you were immediately in an open-air public route that formed part of the city, not separated from it by an intermediate interior zone, as in a high-rise block.

Internally, the arrangement of the dwellings followed the principles of Winscombe Street. The two bedroom/four-person duplex was entered on its upper floor, with stairs directly in front leading down to the two bedrooms and bathroom on the lower level. A full-height sliding partition from the entrance lobby led into the kitchen, with a half-flight of stairs leading up to the living room beyond. A full-height sliding partition between the living room and the dining room meant that the rooms could be connected or separated as desired, and the savings in circulation space meant that the kitchen was big enough to take a dining table, so that the 'dining room' could become a children's playroom, or study, or TV room, as desired. As at Winscombe Street, the thinking was that, although this was a small dwelling, through flexible planning and efficiencies in layout it could be made to work well as a family home for modern life.

Fleet Road was a break-through project. It showed that a council housing project could combine high-density (370 persons per hectare) and low-rise (maximum four storeys), and at the same time give every dwelling both a front door opening onto an open-air public route and its own external space not overhung by a balcony above. The design was published in a special 'Housing Primer' on low- and medium-rise housing produced by *Architectural Design* magazine in September 1967, along with a text 'The Form of Housing' in which Brown set out the principles of low-rise high-density layout.[10]

Alexandra Road

Immediately after completing the design of Fleet Road, Brown was asked by Cook to take on a far larger and more complex project. Instead of Fleet Road's 72 dwellings, Alexandra Road comprised over 500 dwellings, plus a whole range of associated uses – a 1.6 hectare park, school, shops, pub, light industrial units, a community centre, plus the incorporation of an existing LCC 1950s estate of six-storey flats – a 'piece of city', as Brown termed it. His approach nonetheless was essentially the same: to 'spread' the buildings over the site as a mat, going right to the edge (the railway line to the north, the LCC estate to the south), and then excavate from that the open space – the pedestrian street serving block A and block B, the linear park between block B and block C, and the second pedestrian street serving block C and the existing LCC estate. Connecting the various routes was the main square at the east end of the site, containing the main public and communal buildings (shops, school, community centre, etcetera).

As in all Brown's projects, the section was the key to the design.

- Beneath the main pedestrian street and below block A was the vehicular circulation and parking.
- Block A (6.5 storeys), cantilevering towards the railway, contained at the bottom a one and a half-storey duplex; in the middle three layers

een park van 1,6 ha, een school, winkels, een café, eenheden voor lichte industrie en een wijkcentrum. Daarnaast moest er ook een bestaande wijk met flats van zes verdiepingen van de LCC uit 1950 in het plan worden geïntegreerd – 'een stuk stad', zoals Brown het noemde. Zijn aanpak was echter in wezen dezelfde: hij rolde de gebouwen als een mat over het terrein uit, helemaal tot aan de grens (in het noorden de spoorlijn, in het zuiden de woonwijk van LCC) en sneed daar vervolgens de open ruimte uit – de voetgangersstraat voor blok A en blok B; het langwerpige park tussen blok B en blok C, en de tweede voetgangersstraat voor blok C en de LCC-wijk. Aan de oostkant lag een groot plein waaraan de belangrijkste openbare en gemeenschappelijke gebouwen (winkels, school, wijkcentrum) lagen en dat de verschillende routes verbond.

Zoals in al Brown's projecten vormde de doorsnede de sleutel tot het ontwerp.

- Onder de belangrijkste voetgangersstraat en blok A bevond zich de verkeersweg en de parkeergarage.
- Blok A (6,5 laag), dat uitkraagde in de richting van het spoor, bevatte onderin een maisonnette van anderhalve laag, in het midden drie lagen met appartementen die elk een privéterras hadden met uitzicht op de straat; bovenin een tweelaagse maisonnette die toegankelijk was via een luchtcorridor boven de ruimtelijke 'kloof' van de straat.
- Blok B bestond uit gestapelde beneden- en bovenwoningen: de bovenste hadden een dakterras met uitzicht op de straat en de onderste een balkon en een tuin die uitkeken op het park. Ze hadden allemaal een eigen voordeur die uitkwam op de straat en die toegankelijk was via een groot aantal trappen.
- Blok C bestond uit huizen van drie verdiepingen bovenop een parkeerlaag, die toegankelijk waren vanaf de tweede voetgangersstraat.

Op een foto van Martin Charles uit 1979 zijn alle belangrijke elementen in doorsnede te zien: vanaf de rechterkant, blok A, de voetgangersstraat, blok B, het park, blok C en, net zichtbaar, de bestaande woonwijk van de LCC. De foto is genomen vanaf het grote plein, met rechts de winkels en de plek waar het café zou komen en links de trap naar het wijkcentrum (met de school eronder); op de voorgrond staan banken en is er iets van een plantsoen.

Als hij over het Alexandra Road-project sprak, deed Brown altijd alsof het in de Londense traditie van 'straten en pleinen' stond, zoals het achttiende-eeuwse Bloomsbury en het negentiende-eeuwse Belgravia.[11] Maar terwijl het ontwerp herkenbaar afstamt van de straten en pleinen van het Londen uit de tijd van de Georges, zou niemand in Alexandra Road abusievelijk denken zich in Bloomsbury Square of Belgravia te bevinden. In Alexandra Road is de straat weliswaar een enkele ruimtelijke eenheid (een soort 'kloof'), gevormd door zich herhalende cellen van rijtjeshuizen en ja, de voordeuren bevinden zich direct aan de straat, maar deze straat, en dit plein, lijken in niets op zijn achttiende-eeuwse voorouders.

Centraal in het ontwerp lag het park. Brown zag dit als het hart van het project, 'het centrum van een aaneengesloten voetgangersarchitectuur' en, net als in het achttiende-eeuwse Londen, als een foto, omlijst door de harde rand van aangrenzende bebouwing – in dit geval het wijkcentrum aan de noordkant. Langs de zuidelijke rand van het terrein liep de tweede voetgangersstraat ten dienste van, en ruimtelijk afgebakend door, blok C en de bestaande LCC-wijk.

Binnen vertonen de woningen dezelfde ruimtelijke efficiëntie en flexibele indeling als de eerdere projecten. De onderste eenheid in blok A, een vijfpersoons maisonnette met drie slaapkamers, heeft een

of flats, each with a private terrace overlooking the street; and at the top a two-storey duplex, accessed by a high-level walkway contained within the spatial canyon of the street.
- Block B comprised stacked duplexes, the upper one with a roof terrace overlooking the street and the lower one with a balcony and garden facing the park. All had their front doors opening onto the street, accessed by a large number of staircases.
- Block C consisted of three-storey houses, sitting over a level of parking, accessed from the second pedestrian street.

Martin Charles's 1979 photograph shows all the main sectional elements: from the right, block A, the pedestrian street, block B, the park, block C and, just visible, the existing LCC estate. The photograph is taken from the main square, with shops to the right, the site of the unrealized pub to the left and the stairs leading up to the community centre (with the school underneath) and in the foreground public seats and planting.

Whenever he spoke about Alexandra Road, Brown talked of it as being in the London tradition of 'streets and squares', as in eighteenth-century Bloomsbury and nineteenth-century Belgravia.[11] But while recognizably descended from the streets and squares of Georgian London, nobody standing here would think they were in Bloomsbury Square or Belgravia. At Alexandra Road the street is still a single spatial unit (a 'canyon') formed by the repetitive cells of row housing, and the front doors open directly into the street. But this was a street, and a square, unlike its eighteenth-century forebears.

At the centre of the layout was the park. Brown conceived of this as the heart of the project, 'the centre of a continuous pedestrian urban architecture' and, as in eighteenth-century London, the 'picture in the frame' formed by the hard edge of the adjacent buildings – in this case, the community centre at the north end. And running along the southern edge of the site is the second pedestrian street, serving and spatially defined by block C and the existing LCC estate.

Internally the dwellings display the same spatial efficiency and flexible planning as the earlier projects. The bottom unit in block A, a three-bedroom/five-person duplex, has a one and a half-storey living space (complete with external terrace) facing the street; behind it at lower level are the bedrooms and bathroom and at upper level the dining area and kitchen, with a sliding partition separating them from the living space. In block B the upper duplex (two-bedroom/three-person) is entered on the bedroom level, from where the stairs ascend to the living/dining/kitchen level, with roof terrace facing the pedestrian street. As at Winscombe Street, the stairs open directly into the living room, while a full-height sliding partition can separate the dining/kitchen area from the living room, or not, as desired.

The Continuation

Following the publication of Fleet Road in 1967, other bright young architects were attracted to Camden by Brown's example and produced their own version of his street-based typology, notably Peter Tábori at Highgate New Town and Benson and Forsyth at Branch Hill. For various reasons, however, all these projects were beset by delays in construction and it was not until the end of the 1970s that they were completed.
But just at this point the political landscape was transformed. The 1979 election victory of Margaret Thatcher presaged a drive to cut back the welfare state and within two years local authority housing starts were down to one fifth of what they had been in the mid-1970s.[12] By the mid-1980s, with virtually no housing projects being initiated, the architecture departments in most local authorities had closed down. In this context there was no opportunity for other local authorities to follow in the foot-

Alexandra Road, plein en straat/
square and street

Alexandra Road, doorsnede/
section

Alexandra Road, situatie/site plan

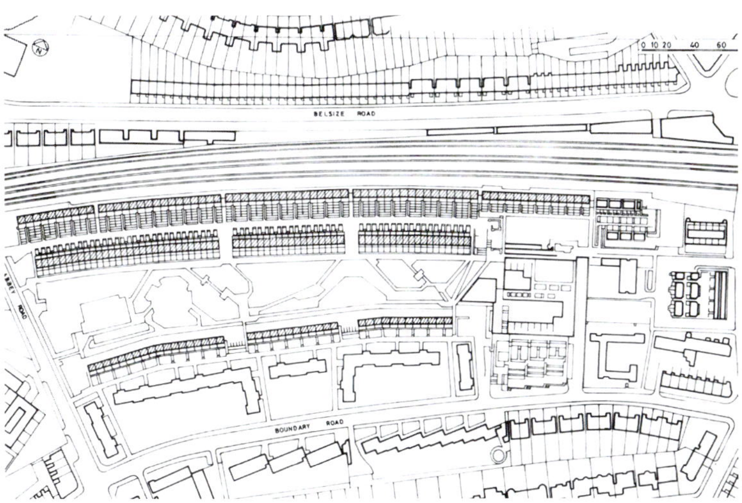

Alexandra Road, trap vanaf centraal plein/stairway leading from central square

Alexandra Road, kruispunt met Abbey Road/junction of street and Abbey Road

dubbelhoge woonruimte (compleet met buitenterras) met uitzicht op de straat; daarachter bevinden zich op de benedenverdieping de slaapkamers en de badkamer en op de bovenverdieping het eetgedeelte en de keuken die door een schuifwand zijn gescheiden van de woonruimte. In blok B bevindt de voordeur van de bovenste driepersoons maisonnette met twee slaapkamers zich op slaapkamerniveau; van daaruit leidt een trap naar de woon-, eet- en keukenverdieping, die een dakterras heeft dat uitkijkt op de voetgangersstraat. Net als in Winscombe Street leidt de trap direct naar de woonkamer, terwijl een schuifwand over de volledige hoogte het eet- en keukengedeelte kan scheiden van de woonkamer.

Het vervolg

Na verschijning van de publicatie over Fleet Road in 1967 voelden andere jonge, gretige ontwerpers zich dankzij Brown's voorbeeld aangetrokken tot Camden en begonnen zij hun eigen versies van zijn op de straat georiënteerde typologie te ontwikkelen, bijvoorbeeld Peter Tábori in Highgate New Town en Benson en Forsyth in Branch Hill. Om verschillende redenen werden al deze projecten echter met vertraging uitgevoerd en het duurde tot eind jaren 1970 voordat ze voltooid werden. Maar juist op dat moment veranderde het politieke landschap. Na de verkiezingsoverwinning van Margaret Thatcher in 1979 werden de verworvenheden van de verzorgingsstaat losgelaten en binnen twee jaar was het aantal gemeentelijke huurwoningen teruggebracht tot een vijfde van wat het in het midden van de jaren 1970 was geweest.[12] Midden jaren 1980 werden er vrijwel geen woningbouw-

Alexandra Road, interieur/interior

projecten meer gestart en waren de ontwerpafdelingen van de meeste lokale overheden gesloten. Andere (deel)gemeenten waren niet langer in staat het voorbeeld van Brown in Camden te volgen en Brown zelf kreeg niet meer de kans in Groot-Brittannië vervolgprojecten op te zetten. Hij richtte zijn aandacht op Nederland waar hij eerst, in de jaren 1980, aan een groot project in Scheveningen in Den Haag werkte (met David Porter, niet gerealiseerd) en vervolgens, in de jaren 1990, in Eindhoven de Medina realiseerde – zijn laatste meesterwerk.

In het Camden van Cook was te zien hoe architecten zich verzetten tegen de vigerende vorm van huisvesting die in de mode was gekomen toen de verzorgingsstaat nog in de kinderschoenen stond, hoe zij de gebreken ervan benoemden en met een alternatieve typologie trachten te komen. De woningproductie van de verzorgingsstaat was indertijd in volle gang – in de jaren 1960 werden in Groot-Brittannië jaarlijks tussen de 110.000 en 190.000 woningbouwprojecten gestart – en toch werden gezinnen met jonge kinderen gehuisvest in woningen die fundamenteel ongeschikt voor hen waren. Dat vereiste alternatieven.

Het doel van Neave Brown was om een formule voor woningbouw te vinden, die de volgens hem bedrieglijke 'stad van torens' zou weten te omzeilen en in plaats daarvan een moderne architectonische vorm van modern stedelijk wonen mogelijk maakt. Hoewel Brown de architect Le Corbusier vereerde, verwierp hij categorisch diens ideeën over stedenbouw. Zoals hij in 1966 schreef: 'Door de straat te verwerpen ten gunste van de toren en de schijf, hebben we een hele manier van leven verworpen waarvan we de complexiteit en de waarde volstrekt onvoldoende begrepen.'[13]

In Camden zien we een terugkeer naar 'voordeuren aan de straat' – met andere woorden: de afwijzing van 'de afwijzing van de straat' die het centrale motief van het twintigste-eeuwse modernisme was. In plaats van straatpatronen te negeren, gebruikte Brown de straat als basis voor zowel de stedelijke vorm als de gebouwdoorsnede. De straat is in de Camden-projecten echter niet de straat zoals we die kennen uit de negentiende eeuw, maar eerder een opnieuw vormgegeven, verbeelde en uitgevonden straat.

Noten

1 Voor een uitgebreidere behandeling van het onderwerp en meer informatie over bronnen verwijs ik naar mijn boek: Mark Swenarton, *Cook's Camden: The Making of Modern Housing* (Londen: Lund Humphries, 2017).
2 Zie: Mark Swenarton, Tom Avermaete en Dirk van den Heuvel (red.), *Architecture and the Welfare State* (Abingdon: Routledge, 2014); Stefan Muthesius en Miles Glendinning, *Towers for the Welfare State* (Edinburgh: Scottish Centre for Conservation Studies, 2017).
3 Swenarton, *Cook's Camden,* op. cit. (noot 1), 15-17.
4 Walter Segal, 'Changing Trends in Site Layout', *Architectural Association Journal* 81/900 (1966), 234, geciteerd in: Swenarton, *Cook's Camden,* op. cit. (noot 1), 17.
5 Joan Maizels, *Two to Fives in High Flats* (Londen: The Housing Centre, 1961).
6 Stephen Merrett, *State Housing in Britain* (Londen: Routledge & Kegan Paul, 1981), 320-321.
7 S. Games, 'Cook's Camden', *RIBAJ* 86/11 (1979), 485.
8 *Camden Chronicle,* 18 november 1966, 7, geciteerd in: Swenarton, *Cook's Camden,* op. cit. (noot 1), 29.
9 De zone-dichtheid van 100 *persons/acre* kwam overeen met een netto woningdichtheid van 150 *persons/acre* of meer: Swenarton, *Cook's Camden,* op. cit. (noot 1), 23.
10 *Architectural Design* 37/9 (1967); herdrukt als bijlage 2 van: Swenarton, *Cook's Camden,* op. cit. (noot 1).
11 Ibid., 102.
12 Paul Balchin en Maureen Rhoden, *Housing: the Essential Foundations* (Londen: Routledge, 1998), 53, tabel 3.3; Swenarton, *Cook's Camden,* op. cit. (noot 1), 320.
13 *Architectural Design* 48/8-9 (1978), 523.

steps of what Brown had done at Camden or for Brown himself to undertake follow-on projects in the UK. Instead he turned his attention to the Netherlands, where he worked first on a major project in Scheveningen in The Hague (with David Porter, unrealized) in the 1980s and then in the 1990s in Eindhoven, The Medina – his final masterwork.

With Cook's Camden we see architects reacting against the prevailing form of housing that had been adopted when the welfare state was in its prime, identifying its defects and coming up with an alternative typology. Housing production by the welfare state was in full swing, with housing starts in Great Britain of between 110,000 and 190,000 every year during the 1960s – yet families with young children were being housed in dwellings fundamentally unsuited to them. Some alternative had to be found.

For Neave Brown the goal was to find a format for housing that bypassed what he regarded as the fantasy of the City of Towers and offered instead a modern architectural format for modern urban living. Although Brown revered Le Corbusier as an architect, he categorically rejected his ideas on urbanism. As he wrote in 1966: 'In rejecting the street for the tower and the slab, we threw away a whole pattern of life with a quite inadequate understanding of its complexity and value.'[13]

In Camden we see a return to 'front doors on streets' – in other words, the rejection of the 'rejection of the street' that had been a central trope of twentieth-century modernism. Instead of ignoring street patterns, Brown made the street the basis of both the urban figure and the building section. But in the Camden projects the street is not the street as the nineteenth century had known it: rather it is the street recast, reimagined and reinvented.

Notes

1 For a fuller treatment of the subject and more information on sources, please see my book: Mark Swenarton, *Cook's Camden: The Making of Modern Housing* (London: Lund Humphries, 2017).
2 See: Mark Swenarton, Tom Avermaete and Dirk van den Heuvel (eds.), *Architecture and the Welfare State* (Abingdon: Routledge, 2014); Stefan Muthesius and Miles Glendinning, *Towers for the Welfare State* (Edinburgh: Scottish Centre for Conservation Studies, 2017).
3 Swenarton, *Cook's Camden*, op. cit. (note 1), 15-17.
4 Walter Segal, 'Changing Trends in Site Layout', *Architectural Association Journal* 81/900 (1966), 234, quoted in: Swenarton, *Cook's Camden*, op. cit. (note 1), 17.
5 Joan Maizels, *Two to Fives in High Flats* (London: The Housing Centre, 1961).
6 Stephen Merrett, *State Housing in Britain* (London: Routledge & Kegan Paul, 1981), 320-321.
7 S. Games, 'Cook's Camden', *RIBAJ* 86/11 (1979), 485.
8 *Camden Chronicle*, 18 November 1966, 7, quoted in: Swenarton, *Cook's Camden*, op. cit. (note 1), 29.
9 The zoned density of 100 persons per acre equated to net residential densities of 150 persons per acre or more: Swenarton, *Cook's Camden*, op. cit. (note 1), 23.
10 *Architectural Design* 37/9 (1967); reprinted as appendix 2 of Swenarton, *Cook's Camden*, op. cit. (note 1).
11 Swenarton, *Cook's Camden*, op. cit. (note 1), 102.
12 Paul Balchin and Maureen Rhoden, *Housing: The Essential Foundations* (London: Routledge, 1998), 53, Table 3.3; Swenarton, *Cook's Camden*, op. cit. (note 1), 320.
13 *Architectural Design* 48/8-9 (1978), 523.

Virginia Mannering

De Small Homes Service (SHS)
The Small Homes Service (SHS)

Australië 's flexibele vorm van naoorlogse woningbouw
A Fluid Australian Model for Post-War Housing

Huiseigenaren die gebruik maakten van de SHS, werkten vaak na afloop van de werkdag aan hun huis. Dit gezin ging nog een stap verder door een tent op te zetten op de plek van hun toekomstige woning en daar in te leven, terwijl het huis rondom hen in aanbouw was

SHS owner-occupants often worked on their homes once they had finished their 'day jobs'. Here, a family extended the relationship by living in a tent set up on their future home's frame while the building was constructed around them

De Australische architect, pleitbezorger en bekende figuur Robin Boyd werd in 1919 in Melbourne geboren. Al tijdens zijn studententijd bleek dat Boyd in staat was invloed uit te oefenen. De vroege teksten die hij schreef zijn kritisch, zelfverzekerd, geestig en aantrekkelijk geïllustreerd. Als jonge activist sprak hij echter alleen een klein publiek aan, dat bovendien vertrouwd was met de architectonische invalshoek en terminologie. Pas later zou hij een veel groter publiek weten te bereiken. Zo publiceerde hij in 1960 een invloedrijk boek, *The Australian Ugliness*, waarin hij de nationale architectuurproductie afdeed als totaal ongeschikt voor zowel het klimaat als de cultuur – bovendien één en al pastiche, oppervlakkig, warrig en onbeduidend. Ook trad Boyd op als gastheer van televisieprogramma's en stond hij tot aan zijn dood in 1971 aan het hoofd van een invloedrijk architectenbureau.

Hoewel hij werd geboren als lid van een rijke, artistieke familie met goede connecties,[1] was Boyd's werk gericht op de ambities en mogelijke invloed van de middenklasse. Dit geldt ook voor een van zijn opmerkelijkste vroege initiatieven: de Small Homes Service (SHS). Aanvankelijk bedoeld om het naoorlogse woningtekort te verlichten, bestond de SHS meer dan 30 jaar, en ontwikkelde de naam zich tot een merk dat synoniem was met de bouw en het geromantiseerde beeld van de suburbs van Melbourne. Het project maakte de mensen warm voor nieuwe vormen van huisvesting en manieren van leven, en stelde zowel 'eigenaar-bouwers' als architecten en aannemers in staat competenties en ervaring op te doen. Het wist daarnaast een aantal tegenstrijdige en conflicterende krachten in het naoorlogse Australische stadslandschap met elkaar te verenigen, door een benadering van de huisvestingsproblematiek die markt, overheid en gemeenschap met elkaar verbond.

Naast de aandacht voor Boyd als persoon richt het artikel zich op de positie van de opdrachtgever-bouwer, die andere hoofdrolspeler in het SHS-project, aangevuld met persoonlijke verhalen en herinneringen van de medewerkers van de SHS, en van de woningbezitters en hun families. Deze zijn in 2019 door middel van interviews en ander onderzoek verzameld door studenten van Monash University.

Bouwen voor de collectieve opdrachtgever

De stedelijke groei na de Tweede Wereldoorlog werd gekenmerkt door een keten van tekorten. Binnen deze context presenteerde een aantal ontwerpbureaus, soms ondersteund door de overheid, experimentele woningbouwmodellen die kansrijk waren, maar in de praktijk niet werden opgepakt. Aan de andere kant was er de markt, gesubsidieerd via min of meer verborgen fondsen als The National Highway of de GI. Bill of Rights, die een afkeer had van radicale experimenten en met typologieën kwam die de voorkeur van de consument zouden genieten.

De demobilisatie vond plaats in een periode van grote onzekerheid in de bouw over aansturing en levering. Er was maar een beperkt palet aan materialen en woningtypen beschikbaar, en dit vroeg om een soort opportunistische innovatie, waarbij de standaarddichotomie van woningbouw door de markt óf door de overheid werd verlaten. Tegelijkertijd is het belangrijk te beseffen dat de sterke klassen-, arbeids- en rassenkwesties die de vernieuwingen in de woningbouw in Europa en Noord-Amerika kenmerkten, hier minder speelden. Het naoorlogse Australië was gemiddeld welvarend, maar radicale stromingen beschikten niet over het benodigde politieke kapitaal om steden grootschalig aan te pakken, terwijl tegengestelde stromingen niet het materiële kapitaal bezaten om het principe van *tract housing* [een wijk met één woningtype, vrijstaand op het perceel, red.] en de bijbehorende infrastructuur, naar het model van Amerikaanse suburbs, één op één na te bouwen.

Robin Boyd, Australian architect, advocate and personality, was born in Melbourne in 1919. Even as a student, Boyd's ability to influence was apparent. His early writings were confidently critical, supported by witticisms and appealing graphics. But these early advocacies were in dialogue with a narrower audience already familiar with an architectural turn and terminology. Much later he would direct these criticisms at as broad an audience imaginable – producing a seminal book, *The Australian Ugliness*, in 1960 that decried a national architectural output that was climatically and culturally unsuited, riddled with pastiche or 'featurism', confused and unsophisticated. Boyd also hosted television shows and directed an influential practice until his death in 1971.

Although he was born into a wealthy, well-connected and artistic family,[1] Boyd's work often focussed on the aspirations and impacts of the suburban class, and it is within this territory that one of his notable first projects – the Small Homes Service (SHS) – emerges. Conceived as one way to alleviate post-war housing shortages, the SHS lasted for over 30 years and over time developed into a 'brand' synonymous with the construction and the romanticized image of Melbourne's suburbs. It created both an appetite for a new form of housing and living, as well as set of competencies and expertise in both 'owner-builders' and architecture and building practitioners. It also managed to mediate a number of conflicting and contradictory forces in the post-war Australian urban landscape, mapping out a housing approach that linked market, state, and community forces.

Besides Boyd's personal history, this article shifts focus and aims to cast the client/homebuilder as another chief protagonist in the story. The text is supplemented by the personal stories and recollections of SHS staff, owners and their families, collected through interviews and other research undertaken by Monash University students in 2019.

Housing the Collective Client

City growth following the Second World War was curtailed by linked shortages. Within this context, some state-sponsored design bureaus assembled experimental housing models for implementation. On the other hand the market, subsidized by concealed support armatures like The National Highway and the GI Bill of Rights that often baulked at experimental approaches, assembled typologies that were dictated by apparent consumer preference.

Demobilization occurred at a time of uncertainty around modes of governance and delivery in the building sector. There were limited materials and typologies available, and a level of opportunistic innovation outside of the standard dichotomy of market versus state provision of housing was required. At the same time, it is important to realize that the strong class, labour and race issues that characterized housing innovations in Europe and North America were less prevalent here. Post-war Australia was a space of moderate plenty – radical forces did not have the political capital for wholesale reshaping of cities, while countervailing forces did not have the material capital for the immediate transplantation of tract housing and the infrastructural apparatus of American suburbia.

This implied rethinking the procurement, delivery and above all communication of architectural models, rather than the radical potentials of a design, or the application of emerging techno-social solutions. This Australian context involved constructing new relationships between client and architect, and building new appetites, literacies and understandings in both the client-as-consumer and the architect as designer-and-producer. It was a mode with decidedly 'hands-off' approaches that nevertheless engaged with the market to trial various possibilities.

Australian state and federal governments and other organizations[2]

Dit betekende dat het gesprek vooral moest gaan over architectonische modellen in plaats van over een potentieel radicaal ontwerp of de toepassing van nieuwe techno-sociale ontwikkelingen. Er moest een nieuw soort relatie tussen opdrachtgever en architect komen: er moesten nieuwe voorkeuren, communicatiemiddelen en overlegstructuren tussen de opdrachtgever-als-consument en de architect-als-ontwerper-en-maker worden ontwikkeld. Zo kon men op een uitgesproken ongebonden manier toch actief zijn op de markt en verschillende mogelijkheden uitproberen.

De Australische staats- en federale overheden en andere organisaties[2] reageerden op verschillende manieren op de tekorten, onder meer via de poëtisch getitelde *Operation Snail* (Operatie Slak),[3] die ten minste twee tekorten tegelijk probeerde op te lossen door 'voorgezaagde' huizen uit Groot-Brittannië te importeren en Schotse en Engelse migranten uit te nodigen om, met hun huis 'op de rug'[4] op dezelfde schepen over te komen. Andere lokaal geprefabriceerde prototypen, zoals de huizen van Beaufort en Myer, bundelden hun krachten met de vliegtuigfabrikanten en gebruikten overtollig oorlogsmaterieel om compacte, technisch georiënteerde prefab huizen te bouwen. Die waren weliswaar ambitieus en vernieuwend, maar zijn vanwege de genoemde tekorten en politieke spanningen nooit gangbaar geworden.[5]

Daarnaast ontstonden diverse kleinere verenigingen en verbanden, die tussen overheid en markt laveerden om plannen te ontwikkelen, buiten de bekende consumentenvoorkeuren om. Deze werden vaak ondersteund door de professionele architectuurorganisaties van de Australische staten, die weliswaar van overheidswege waren opgericht, maar gefinancierd werden uit de contributies en betalingen van de leden. Een organisatie tussen overheid en markt in, zoals de SHS in de staat Victoria, leverde een belangrijke bijdrage aan de productie en verspreiding van huisvestingsalternatieven.

De constructie van 'de grote Australische droom'

In Melbourne was de periode na de Tweede Wereldoorlog een tijd van groot optimisme, verandering en groei. Militairen keerden terug naar het burgerleven en wilden graag huizen bouwen en gezinnen stichten. Maar mensen die een huis wilden bouwen, vonden veel struikelblokken op hun weg. De Australische woningbouwsector had last van de naweeën van bijna twee decennia van economische depressie en oorlogen, en was niet in staat te voorzien in het soort en grote aantal woningen dat deze nieuwe, snelgroeiende bevolking van kerngezinnen nodig had.

In reactie op deze omstandigheden stelde het *Royal Australian Institute of Architects* (RAIA) vast dat er behoefte was aan een door architecten geïnitieerde oplossing voor de woningbouw, die 'permanenter' was dan de prototypische geprefabriceerde opties.[6] Overheidsafdelingen van het RAIA, zoals het in Melbourne gevestigde *Royal Victorian Institute of Architects* (RVIA), zagen een gelegenheid om niet alleen bij te dragen aan een alternatieve woningvoorraad, maar ook om de architectuur bredere bekendheid te geven bij het grote publiek en zo meer opdrachten te genereren.[7]

In de media werd destijds gesuggereerd dat Australische architecten zich aangevallen voelden door de aanzwellende kritiek die vooral was gericht op de buitensporige bedragen die ze in rekening brachten.[8,9] De RVIA, die wellicht een betere en meer genuanceerde rol voor de architect als aanspreekbare, toegankelijke overheidsdienaar voor zich zag, lanceerde vervolgens in samenwerking met Melbourne's grootste krant *The Age* in juli 1947 de Small Homes Service.[10] De SHS bestond uit twee delen: een kantoor annex 'winkel' en een wekelijkse column getiteld *Small Homes Section* in *The Age*. De architect, schrijver en

responded to these shortages in a multitude of ways, including the poetically named 'Operation Snail',[3] which attempted to address at least two of the shortfalls by importing 'pre-cut' houses from Britain, and inviting Scottish and English migrants to sail on the same ships with their homes 'on their backs'.[4] Other local prefabricated prototypes such as the Beaufort and Myer homes joined forces with aircraft manufacturers and used surplus wartime infrastructures to create compact, technologically-focussed prefabricated dwellings. These were ambitious and innovative, but the aforementioned shortages and political tensions meant the schemes never moved into the mainstream.[5]

Besides this, a variety of smaller associations and bodies emerged to mediate the relationship between state and market, to prompt possibilities beyond the known appetites of consumers. These services were often supported by the professional architectural bodies in each Australian state, entities enabled by the government but supported by professional members' dues and fees. Sitting in this third space between policy and market provider, organizations such as the Victorian Small Homes Service (SHS) provided important venues for the production and dissemination of housing alternatives.

Constructing the 'Great Australian Dream'

The period following the Second World War was a time of great optimism, change and growth in Melbourne. Servicepeople returned to civilian life, eager to build homes and start families. But prospective homebuilders faced many challenges. The Australian housing industry was hobbled by nearly two decades of depression and war and was in no shape to provide the type and sheer number of housing required by this new, booming population of nuclear families.

Responding to this charged environment, the Royal Australian Institute of Architects (RAIA) identified the need for architect-led mass-housing solutions, and in particular, responses that appeared more 'permanent' than prototyped prefabricated options.[6] In addition to providing alternate housing stock, state branches of the RAIA, such as the Melbourne-based Royal Victorian Institute of Architects (RVIA), saw an opportunity to generate further work via the *marketing* of architecture to a broader public base.[7]

Media at the time suggested that Australian architects were stung by the increasing criticism, especially around claims of excessive architects' fees.[8, 9] Envisaging, perhaps, a revised and more nuanced role as approachable, accessible architect-as-public servant, the RVIA, partnering with Melbourne's major newspaper *The Age*, launched the Small Homes Service in July 1947.[10] The service comprised two parts: a bureau-shopfront and an accompanying weekly column in *The Age* named the 'Small Homes Section'. Robin Boyd, architect, writer and critic, was appointed the operation's first editor-director.[11]

The SHS was fluid in its implementation and upended the traditional relationship between architect and client. Through the newspaper column, a loyal and interested potential client base was built supplemented by an ever-refreshed selection of around 250 plans.[12] A maximum of 50 sets of each plan (25 each for city and country) could be sold, ensuring some sense of individuality. The plans cost £5, equivalent to a week's salary,[13] so while not inexpensive, this price made constructing an architect-designed solution more accessible than an entirely bespoke model. The scheme drew on a large pool of talented up-and-coming designers who were invited to submit designs to the SHS. They received small royalties for each sale, but designs were not sacrosanct, with customers able to modify plans as they wished.[14] Basic technical details and other specifications were also provided to assist both small commercial builders and the high number of owner-builders using the SHS.

criticus Robin Boyd werd benoemd tot de eerste uitgever-directeur van de organisatie.[11]

De SHS ging flexibel te werk en wist ook de traditionele relatie tussen architect en opdrachtgever om te buigen. Via de krantencolumn werd een loyaal en geïnteresseerd potentieel klantenbestand opgebouwd; de selectie van ongeveer 250 bouwplannen werd doorlopend aangevuld en ververst.[12] Van elk ontwerp konden er maximaal 50 stuks (25 voor de stad en 25 voor het platteland) worden verkocht, wat de koper verzekerde van enige originaliteit. De ontwerpen kostten £5; dit stond gelijk aan een weeksalaris[13] en was dus niet goedkoop, maar deze prijs maakte het bouwen van een onder architectuur ontworpen woning wel veel haalbaarder dan het bouwen van een volledig op maat gemaakt ontwerp. De SHS maakte gebruik van de diensten van een grote groep getalenteerde beginnende ontwerpers, die werden uitgenodigd om hun ontwerpen bij de organisatie in te dienen. Zij ontvingen een klein bedrag aan royalty's voor elke verkoop, maar de ontwerpen waren niet onaantastbaar en de opdrachtgevers konden ze naar wens aanpassen.[14] De ontwerpen bevatten ook technische basisdetails en andere specificaties, om zowel kleine commerciële bouwers als het grote aantal eigenaar-bouwers dat gebruik maakte van de SHS, te helpen.

De ontwerpen werden gepresenteerd als consumptieartikelen – elk woningtype kreeg een code toegewezen die informatie gaf over het bouwmateriaal, het aantal slaapkamers en de reeks SHS-ontwerpen waartoe het behoorde.

Eenvoudige vormen, complexe ambities

Vanwege het grote aantal betrokken architect-auteurs gingen de woningtypen op verschillende manieren om met lokale beperkingen, administratieve regels en de ambities van de opdrachtgever – hoewel ze allemaal aan een aantal essentiële eisen moesten voldoen. Voor elk bouwwerk moest ministeriële goedkeuring worden verkregen. Van deze regel waren projecten met een bruto oppervlakte minder dan 115 m^2 uitgezonderd, dus de vroege SHS-woningen waren gebaseerd op die minimale plattegrond en voorzagen daarnaast in ontwerpspecificaties voor latere uitbreidingen.[15] De vroege T110 bijvoorbeeld was minimalistisch ontworpen en had een compacte plattegrond, geen hal en maar één slaapkamer. Bij het ontwerp hoorde echter een aantal aanwijzingen voor een toekomstige tweede slaapkamer. Geheel in lijn met de algemene geest van spaarzaamheid waren de kasten voorzien van deuren óf kostenbesparende gordijnen, en waren de ramen zo gedetailleerd getekend dat 'een amateur ze kon maken, zodat kostbaar timmerwerk niet nodig was'.[16] Hier kwamen de kernambities van de SHS goed uit de verf: het was duidelijk noodzakelijk om de kosten in de hand te houden, maar er heerste ook een sterk verlangen om veranderingen in de buitenwijken te stimuleren. Dit bleek uit de ontwerpen: die waren voor bouwwerken waar de amateur-bouwer het wel een tijdje mee kon doen en later kon afbouwen.

Niet alle ontwerpen van de SHS waren ruimtelijk even experimenteel, maar er waren wel veel pogingen om huizenbouwers te verleiden met ontwerpen die geschikt waren voor zowel de naoorlogse familie als voor de Australische – in plaats van een getransplanteerde koloniale – context. Een vroeg voorbeeld kwam ter sprake in een column getiteld 'A House Divided', waarin Boyd reclame maakte voor ontwerp T22. Met zijn eenvoudige, maar sterk gearticuleerde vormen, zonering en potentieel voor uitbreiding naarmate de familie groeide, was T22 een goed voorbeeld van de benadering van de SHS. In zijn bespreking van het ontwerp benadrukte Boyd de vrijheid die de opzet het moderne gezin bood. Hij merkte op dat de scheiding tussen wonen en slapen de

The designs were presented as products designed for consumption – each house type was allocated a code that provided information on its construction material, number of bedrooms and place in the sequence of SHS designs.

Simple Geometries with Complex Ambitions

Due to the multiple architect-authors involved, house types varied in the ways they addressed site constraints, bureaucratic requirements, and client ambitions – although they had to meet key, common issues. Ministerial approval was required for all buildings. However, exemptions existed for projects that had gross areas of less than 115 m^2, so early SHS houses aimed to meet that minimum footprint, with a design specification for later expansion.[15] For example, the early T110 was designed with absolute restraint; it had a compact plan, no hall, and only one bedroom. However, the plan came with indicative instructions for a future second bedroom. In the overall spirit of parsimony, its cupboards were specified with either doors or cost-saving curtains, and the windows were detailed so that 'an amateur could make them up on the job, reducing costly joinery'.[16] It was here that the SHS's core ambitions were witnessed: there was a clear necessity to reduce costs, but there was also a strong desire to prompt change in the suburbs through schemes that the amateur builder could first countenance and then ultimately construct.

While not all SHS plan types were highly spatially experimental, there were many attempts to entice homebuilders with plans that were appropriate for both the post-war family and the Australian – rather than a transplanted colonial – context. An early example can be seen in a column entitled 'A House Divided', in which Boyd promoted the T22 plan. In his review of the plan, Boyd emphasized the freedom the plan's composition provided for the modern family. He noted that the clear division of living and sleeping allowed children to play without disturbing their parents, and that socializing could occur without intruding into the private space of the bedrooms. The house's parti is particularly strong with a glazed intermediary space bookended by solid social and private wings. The architect of T22 is not known, but it is a potential prototype for Boyd's own, celebrated Walsh Street home in Melbourne's inner city. The Walsh Street house is larger and structurally more sophisticated, but both homes' similarly straightforward geometries mask a complex change in familial lifestyle and organization.

The alphanumeric coding system – which broke the design down into material, scale and series – worked well for the consumer, who could either take the plan as it had been designed or be empowered to mix and match, sampling and stitching components from the range. They could flip, mirror, cut and augment to create homes that suited their land, their families and their aspirations. The SHS column served to educate interested consumers about a new type of housing: residences that managed to be both mass-designed and bespoke for the block.

Also evident in SHS plans was an emerging shift in understanding the Australian climate: vernacular approaches were formalized into a kind of regional modernism. For example, some designs included provisions for a future 'sleepout', providing a breezy, semi-outdoor sleeping space during hot weather. Others were designed to maximize sunlight in winter with eaves calculated for shade protection in summer. Boyd used his column to promote the use of new types of roof forms, noting: 'The high, steep, sloping roof with numerous gables and corners is sheer extravagance when applied to Australian conditions. It belongs to the regions of heavy snowfall, not to a land of sunshine.'[17]

De SHS had een voor het publiek toegankelijk afdeling in het centraal gelegen Myer-warenhuis dat hier is afgebeeld
The SHS had a publicly accessible bureau in the centrally located Myer department store, pictured here

T366 was een modern huis met een patio – een ongebruikelijke keuze voor een volk dat gewend was aan de luxe van uitgestrekte voor- en achtertuinen
T366 was a modern design that featured an internal courtyard space. This was an unusual addition for a nation that traditionally enjoyed the expanses of front and back yards

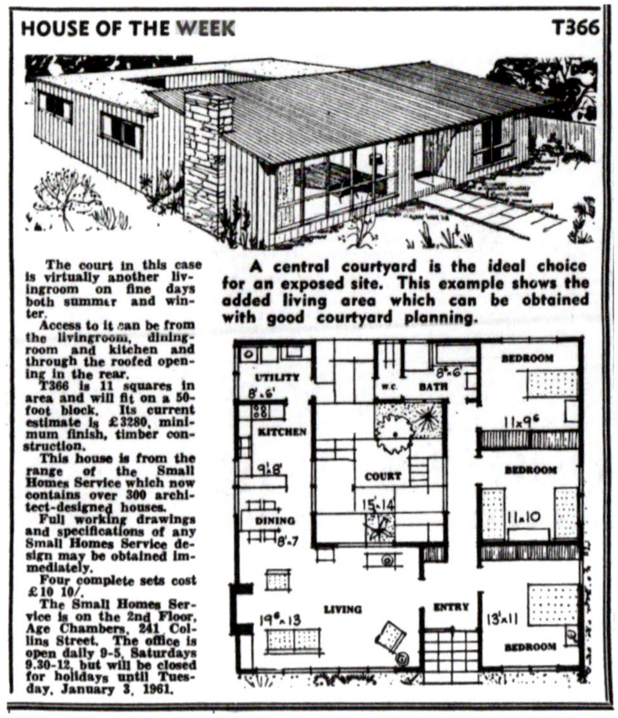
HOUSE OF THE WEEK T366

A central courtyard is the ideal choice for an exposed site. This example shows the added living area which can be obtained with good courtyard planning.

The court in this case is virtually another livingroom on fine days both summer and winter.

Access to it can be from the livingroom, diningroom and kitchen and through the roofed opening in the rear.

T366 is 11 squares in area and will fit on a 50-foot block. Its current estimate is £3280, minimum finish, timber construction.

This house is from the range of the Small Homes Service which now contains over 300 architect-designed houses.

Full working drawings and specifications of any Small Homes Service design may be obtained immediately.

Four complete sets cost £10 10/.

The Small Homes Service is on the 2nd Floor, Age Chambers, 241 Collins Street. The office is open daily 9-5, Saturdays 9.30-12, but will be closed for holidays until Tuesday, January 3, 1961.

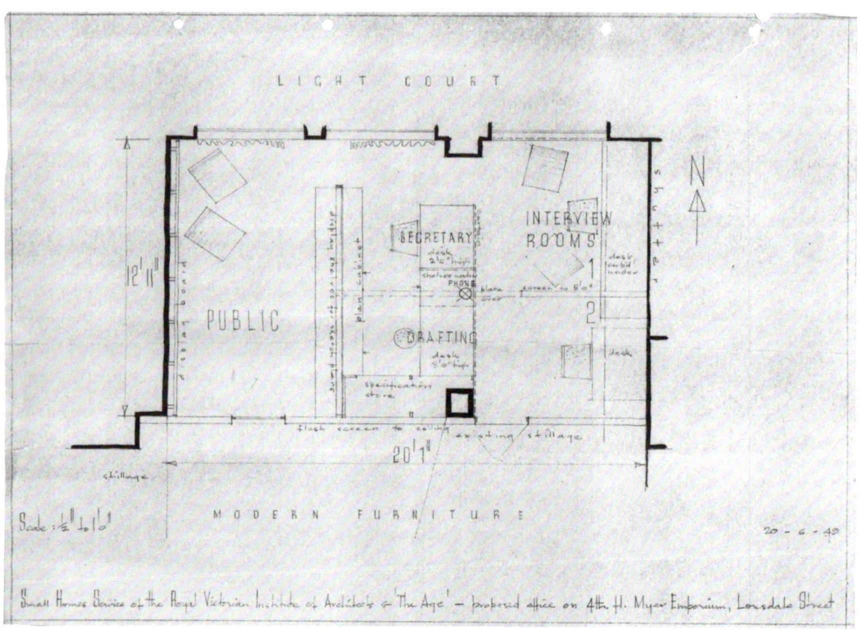

Op het kantoor van de SHS konden toekomstige huiseigenaren woningontwerpen bekijken en mogelijke aanpassingen bespreken
The SHS bureau offered prospective homeowners a chance to examine house plans and discuss potential modifications to each design

Dit huis typeert de aanpak van de SHS: de kopers pasten twee oorspronkelijke ontwerpen aan hun behoeften aan. Ze combineerden het vlinderdak van de T341 met de patio van de T366
This home typifies the SHS approach – the clients modified two original plans to suit their needs, collaging the butterfly roof of the T341 with the courtyard plan of the T366

Zoals veel woningen van de SHS maakte de configuratie van de T320 het een gemakkelijk huis om te bouwen, terwijl het in sociaal-ruimtelijk opzicht modern was ingedeeld
Like many SHS residences, the T320's geometries allowed for easy construction, but modern spatiosocial arrangements

De T320 in aanbouw, familie Denheld
The T320 home under construction, Denheld Family

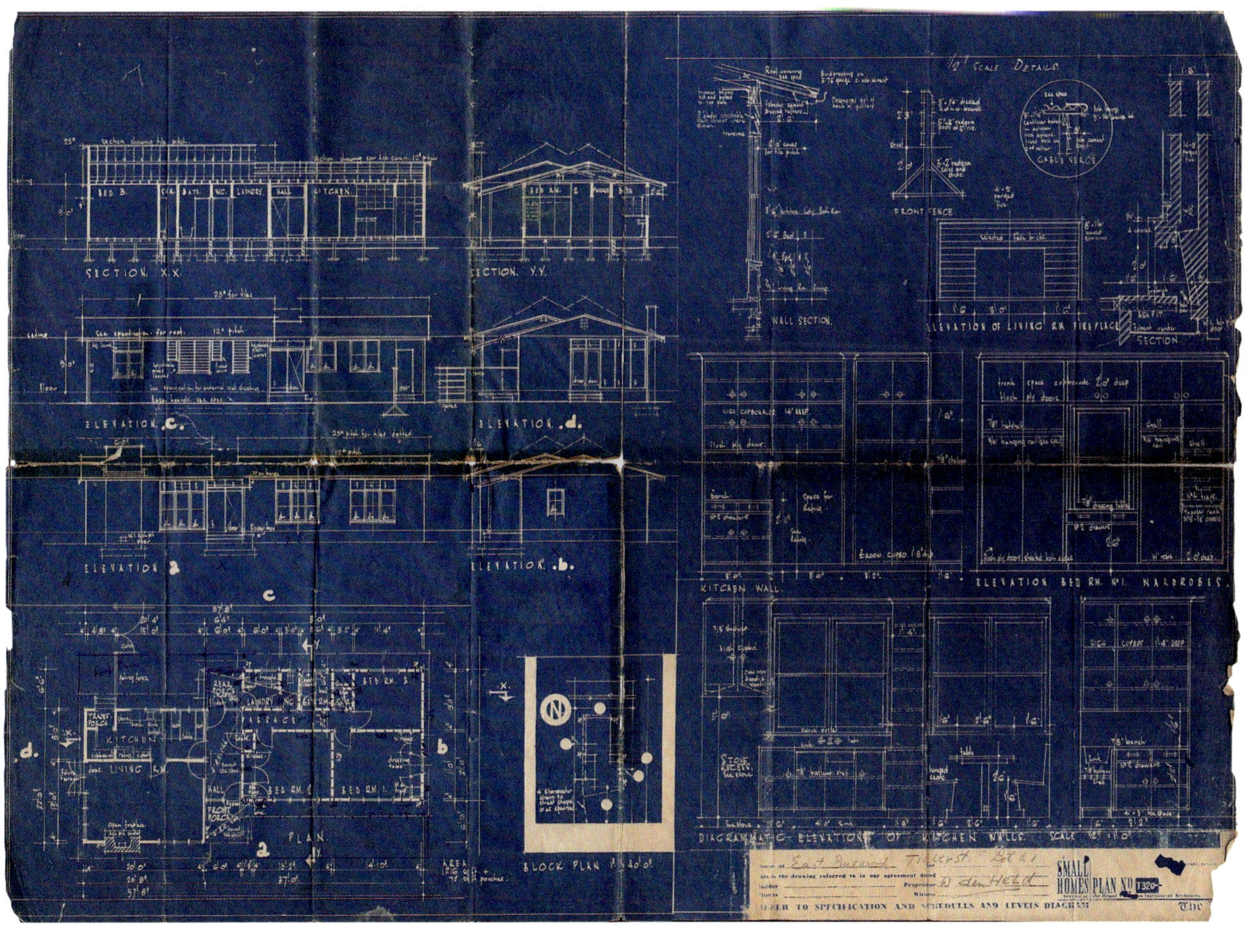

Potentiële eigenaars betaalden £5 voor een door een architect ontworpen woning. De blauwdrukken (hier afgebeeld) en specificatiebladen met materiaalkeuzes waren bij de prijs inbegrepen
Prospective owners could pay £5 for an architect-designed house plan. Included in the price were blueprints (pictured here) and spec sheets that outlined material choices

kinderen in staat stelde te spelen, zonder hun ouders te storen en dat er zo gasten konden worden ontvangen, zonder de privéruimte van de slaapkamers te hoeven betreden. De entree van het huis, een tussenruimte met veel ramen die door stevige woon- en privé slaapgedeelten wordt geflankeerd, is vooral sterk. De architect van T22 is onbekend, maar het zou het prototype kunnen zijn geweest van een populair huis dat Boyd zelf in Walsh Street in de binnenstad van Melbourne heeft gebouwd. Het huis in Walsh Street is groter en constructief verfijnder, maar de eenvoudige geometrie van de huizen maskeert in beide gevallen een complexe verandering in de levensstijl en organisatie van het gezin.

Het alfanumerieke coderingssysteem – dat het ontwerp verdeelde in de categorieën bouwmateriaal, schaal en serienummer – was zeer consumentvriendelijk. Kopers konden een ontwerp gebruiken zoals het was, elementen uit het aanbod mixen en matchen, er delen van gebruiken of erop voortborduren. Door om te keren, te spiegelen, te knippen en uit te breiden konden ze huizen creëren die pasten bij hun perceel, hun gezin en hun ambities. De SHS-column diende om geïnteresseerde consumenten voor te lichten over een nieuw type huisvesting: huizen die erin slaagden zowel in massa ontworpen als op maat gemaakt te zijn.

Uit de SHS-ontwerpen bleek ook een verschuiving in de opvattingen over het Australische klimaat: de vernaculaire stijl werd geformaliseerd tot een soort regionaal modernisme. Zo zijn er in sommige ontwerpen voorzieningen getroffen voor een 'buitenslaapkamer', een semi-openlucht slaapplek voor warme nachten. Andere huizen zijn ontworpen om het zonlicht in de winter te maximaliseren en hebben dakranden die bedoeld zijn om de woning in de zomer van schaduw te voorzien. Boyd gebruikte zijn column om de toepassing van nieuwe dakvormen te stimuleren, waarbij hij bijvoorbeeld opmerkte dat 'het hoge, steile, puntdak met talrijke hoeken een pure extravagantie is als het wordt toegepast in de Australische omstandigheden. Het hoort thuis in regio's met zware sneeuwval, niet in een land met veel zon'.[17]

Activeren en publiceren – de belangrijke samenwerking met *The Age*

Veel huizen van de SHS werden aan de rand van de stad gebouwd op percelen die uiteindelijk deel zouden gaan uitmaken van wat nu welvarende en gewilde buitenwijken zijn. In tegenstelling tot de individuele bouwwerken van bij naam genoemde architecten, hebben de uitgestrekte rijen SHS-woningen nooit erfgoedstatus verworven. Sommige huizen zijn ongemerkt verdwenen, vervangen door grotere woningen of door de aanleg van snelwegen en winkelcentra. Daarbij bleek het sloopgemak het spiegelbeeld van het bouwgemak. Een van de meest tastbare en toegankelijke delen van de nalatenschap van de SHS is dan ook een archief vol krantencolumns.

De columns, die een wekelijks thema hadden, zorgden voor een voortdurende dialoog tussen architect, publiek en opdrachtgever en maakten een informele, maar doelgerichte discussie mogelijk over zaken als oriëntatie en materiaalgebruik. Daarnaast werd de column gebruikt, zoals Boyd zei, 'om het publiek te herinneren aan het bestaan [van de SHS, red.] en om nieuwe ontwerpen te promoten'.[18] Groepen die vernieuwing in de weg stonden – zoals de planningsinstanties van de overheid en federale en lokale besturen – werden bekritiseerd. De columns gingen ook vaak over het draagvlak voor (of de populariteit van) bepaalde woningtypen of eigenschappen, of kozen en bejubelden *The People's Favourite House*, of het populairste onderdeel van een ontwerp. In een andere column, getiteld 'Democratically Elected House: SHS Clients Design a Home', werd aandacht besteed aan een

Advocate and Advertise: A Critical Partnership with *The Age*

Many SHS houses were built on the fringes of the city, plots that eventually became parts of Melbourne's now affluent and sought-after middle-ring suburbs. Unlike individual examples by named architects, the vast tracts of SHS homes have not been granted heritage status. Some have disappeared unnoticed, replaced by larger residences and infrastructure such as freeways and shopping centres, with their ease of construction being mirrored by their ease of demolition. One of the most tangible and accessible legacies of the SHS is therefore its archived newspaper columns.

The themed weekly columns created an ongoing dialogue among architect, audience and client, allowing an informal but targeted discussion of issues such as orientation and material choices. And, as Boyd noted, the column 'could remind the public of its [the SHS's, ed.] existence and could advertise some new plans'.[18] Groups that stood in the way of innovation – such as the planning bodies of state, federal and local governments – were critiqued. Columns also often touched on the support or popularity of certain house types or features, identifying or celebrating 'The People's Favourite House' or the most requested feature of a plan. Another column, titled 'Democratically Elected House: SHS Clients Design a Home', featured a house plan derived from the purchasing public's most requested features, a collage of the essentials.[19] This type of column further emphasized the participation and empowerment of the public in the project. Readers could write in and ask questions, framing a debate, but also critically positioning themselves as participants in a larger project. Prior homebuilders were revisited, with Boyd using their narratives and experiences to frame larger issues for the SHS.[20]

The SHS was notable because it attempted to establish new modes of design development and delivery. This was most visible in its early years, but continued in some part until the end of the newspaper column in 1968. By this time it had morphed into the 'House of the Week' column that continued to discuss home design, albeit with expanded footprints, a looser set of objectives and far less of an emphasis on the owner-builder.

Hats, Hosiery and Houses

The SHS's first office was located in the State Electricity Commission's office block, in Melbourne's city centre. The space acted as a bureau where Boyd and others wrote the column and produced drawing sets, and a shopfront where customers could seek advice and purchase the packets of plans. In 1949 the SHS moved to a more public and more commercial space on the fourth floor of the Myer Emporium department store. Boyd had connections with the store, having previously worked there as an architect and store designer, and he knew members of the Myer family.[21] With a natural talent for marketing, he recognized the value of shifting to a consumer-focussed environment, while also leveraging the social and cultural capital the Myer store had historically held in the city.[22]

The bureau-shopfront attracted walk-in customers, such as young married couples with recently purchased plots of land. After a design was selected, slight adjustments could be made on the spot if necessary, addressing the orientation of the house on its site, its relation to landscape elements, its materials and finishes, and interior modifications to meet the particular needs of each family. The ability to have some control in an otherwise rationed and legislated environment was important.[23] Likewise, the design of the physical shopfront challenged the implicit hierarchy between expert and consumer – levelling the playing field and structuring a more democratic set of relationships. A former employee

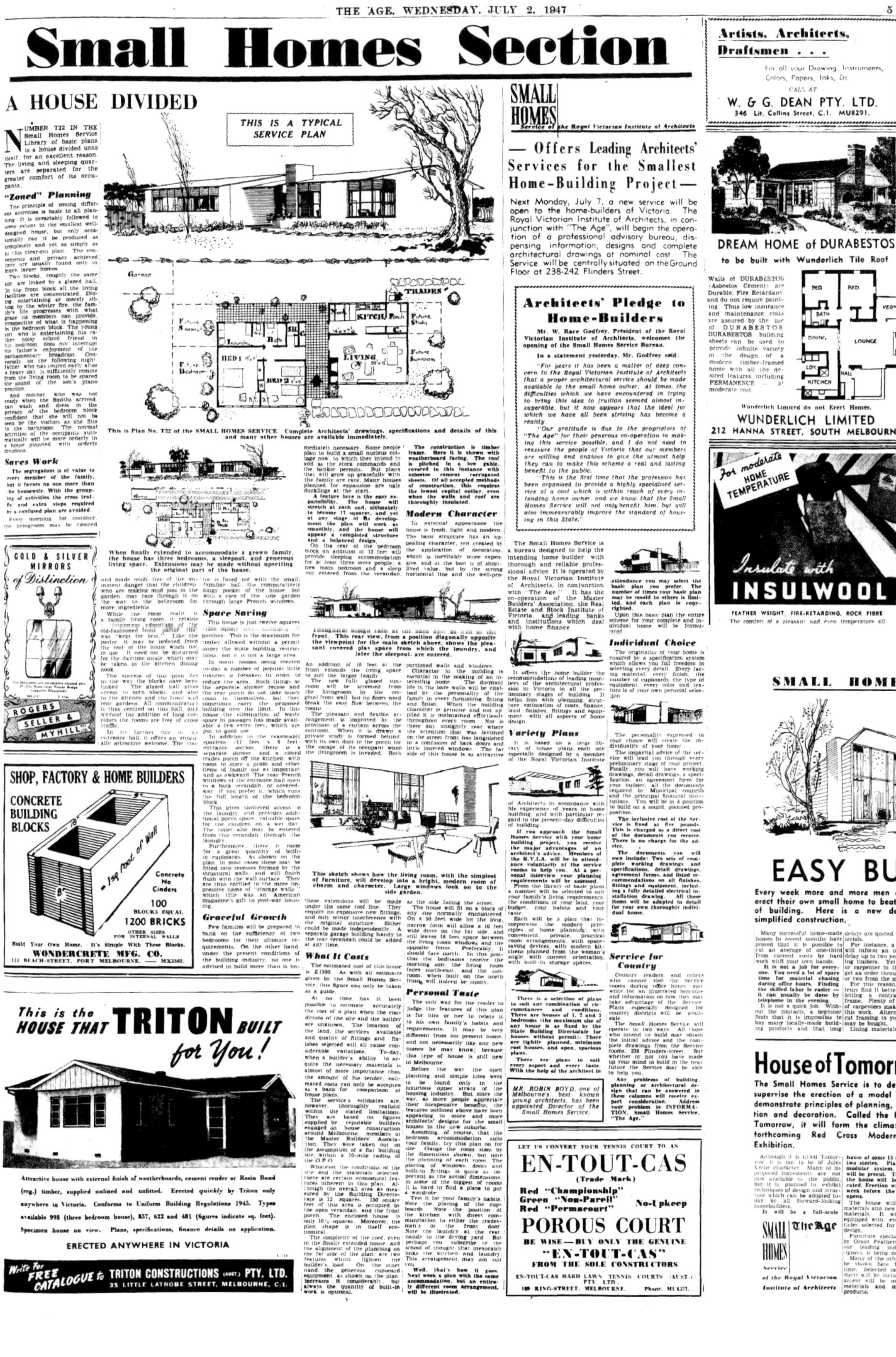
THE AGE, WEDNESDAY, JULY 2, 1947 — 5

Small Homes Section

A HOUSE DIVIDED

THIS IS A TYPICAL SERVICE PLAN

This is Plan No. T22 of the SMALL HOMES SERVICE. Complete Architects' drawings, specifications and details of this and many other houses are available immediately.

SMALL HOMES — Service of the Royal Victorian Institute of Architects

— Offers Leading Architects' Services for the Smallest Home-Building Project —

Next Monday, July 7, a new service will be open to the home-builders of Victoria. The Royal Victorian Institute of Architects, in conjunction with "The Age", will begin the operation of a professional advisory bureau, dispensing information, designs and complete architectural drawings at nominal cost. The Service will be centrally situated on the Ground Floor at 238-242 Flinders Street.

Architects' Pledge to Home-Builders

Artists, Architects, Draftsmen . . . For all your Drawing Instruments, Colors, Papers, Inks, &c. CALL AT W. & G. DEAN PTY. LTD. 346 Lit. Collins Street, C.1. MU8291.

DREAM HOME of DURABESTOS to be built with Wunderlich Tile Roof

WUNDERLICH LIMITED 212 HANNA STREET, SOUTH MELBOURNE

For moderate HOME TEMPERATURE — Insulate with INSULWOOL

This is the HOUSE THAT TRITON BUILT for You!

Write for FREE CATALOGUE to TRITON CONSTRUCTIONS (AUST.) PTY. LTD. 35 LITTLE LATROBE STREET, MELBOURNE, C.1.

SHOP, FACTORY & HOME BUILDERS — CONCRETE BUILDING BLOCKS — WONDERCRETE MFG. CO.

GOLD & SILVER MIRRORS of Distinction — ROGERS SELLER & MYHILL

EN-TOUT-CAS — POROUS COURT

MR. ROBIN BOYD, one of Melbourne's best known young architects, has been appointed Director of the Small Homes Service.

Het nieuwe driedelige ontwerp van de T22. In het ontwerp van de T22 zijn privé- en sociale ruimten van elkaar gescheiden door een patio met lichtgewicht kozijnen. Dit ontwerp vertoont enige gelijkenis met het beroemde, latere huis van Robin Boyd in Walsh Street

The novel tripartite plan of the T22. The T22's plan separated private and social spaces via a lightweight glazed courtyard. This plans bears some similarity to Robin Boyd's celebrated and later Walsh St home

Ontwerp en perspectieftekening van de T110. De T110 draaide aanvankelijk om efficiëntie en kostenbesparing, maar het huis kon in een later stadium worden vergroot

Plan and perspective drawing of the T110. The T110 was built for initial efficiency and cost-saving, allowing for later-stage growth

SMALL HOMES SECTION — HOUSE NO. T110

EASY BUILDING

Every week more and more men decide to erect their own small home to beat the cost of building. Here is a new design for simplified construction.

New Nuclear House

House of Tomorrow

The Small Homes Service is to design and supervise the erection of a model house to demonstrate principles of planning, construction and decoration. Called the House of Tomorrow, it will form the climax of the forthcoming Red Cross Modern Home Exhibition.

SMALL HOMES SERVICE PLAN NO. T110

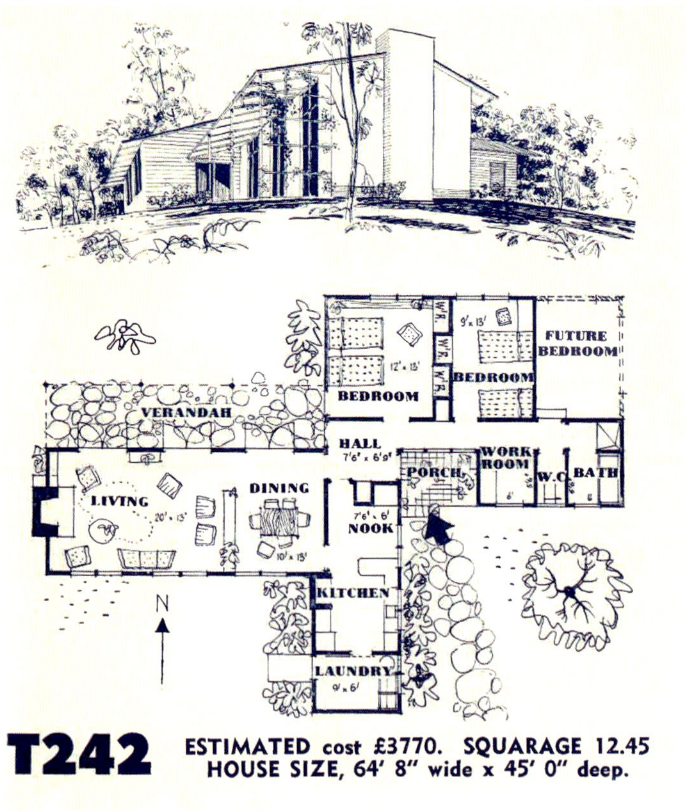

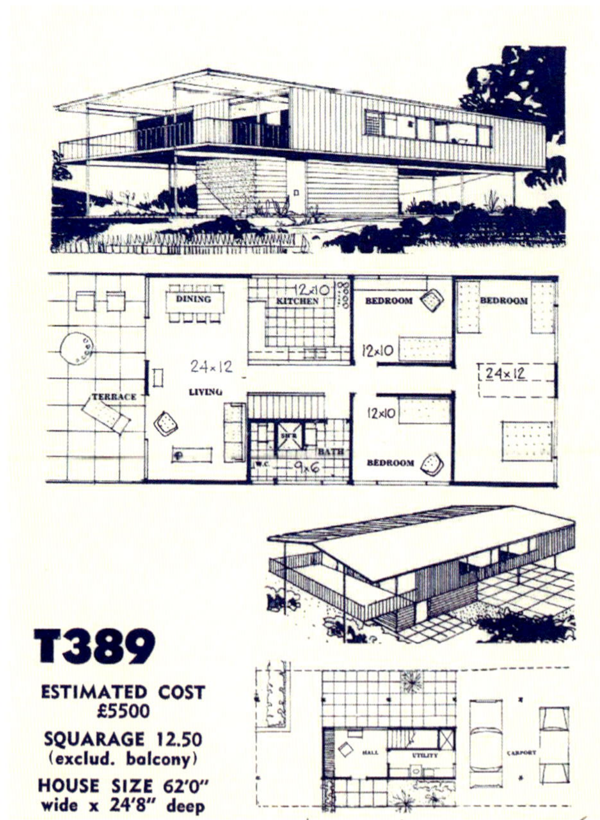

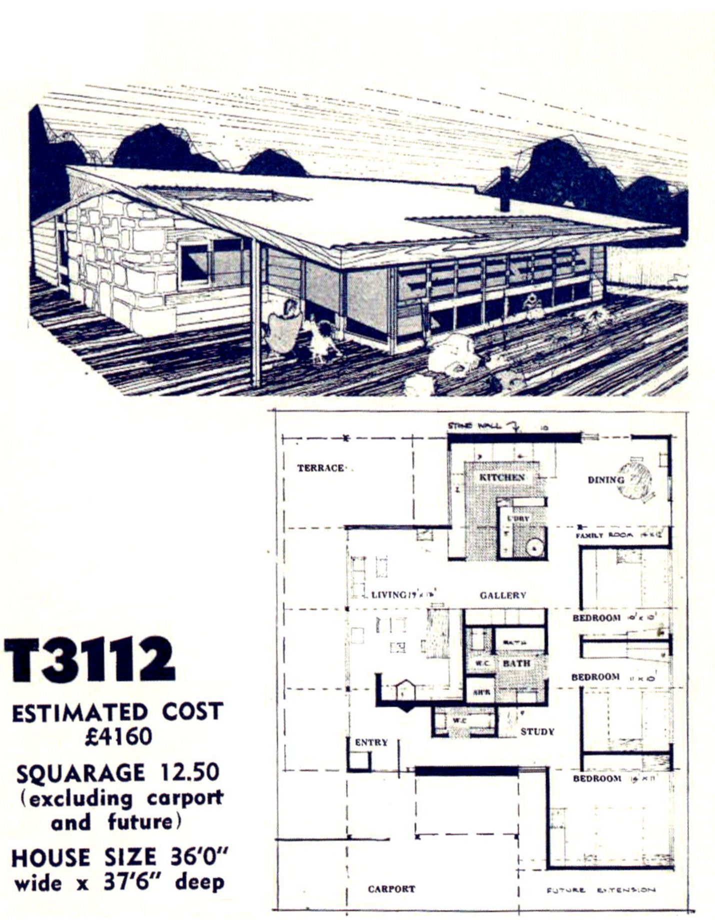

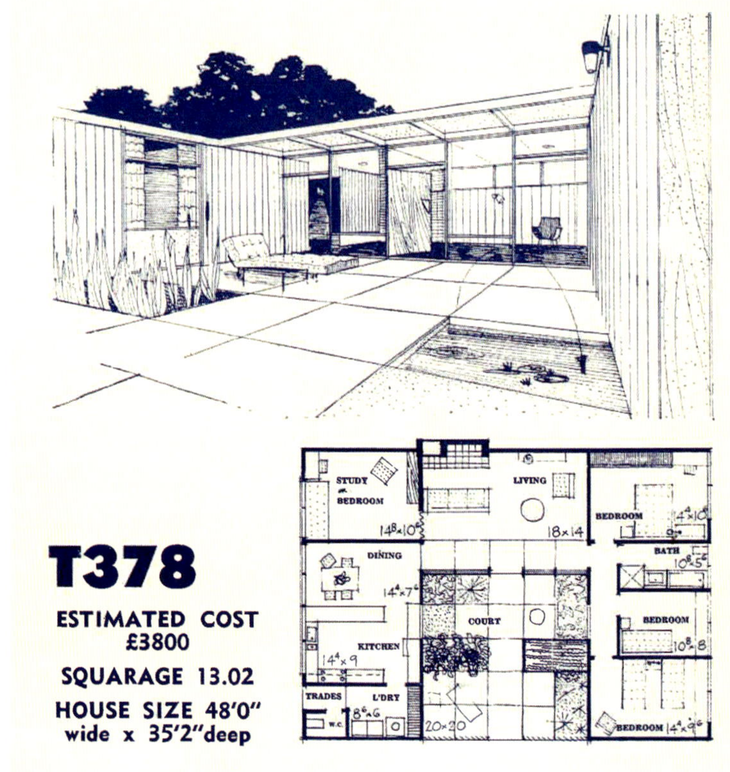

Ontwerpvel 27. Potentiële huiseigenaars konden een groot vel aanschaffen met daarop een overzicht van de woningontwerpen die de SHS aanbood

Plan Folder 27. This large sheet of house plans could be purchased by potential homeowners and provided an overview of the designs the SHS offered

woningontwerp dat was gebaseerd op de onder consumenten populairste woningkenmerken – een collage van essentiële elementen van het SHS-huis.[19] Zulke columns benadrukten nog maar eens de participatie en *empowerment* van de deelnemers aan het project. Lezers konden schrijven en vragen stellen en zo een debat starten, maar zich ook kritisch positioneren als deelnemers aan een groter project. Eerdere woningbouwers werden opgespoord, zodat Boyd hun verhalen en ervaringen kon gebruiken om belangrijke SHS-thema's aan de orde te stellen.[20]

De SHS viel op doordat de organisatie probeerde nieuwe ontwikkelingen in ontwerp en uitvoering te stimuleren. Dit was het meest zichtbaar in de beginjaren, maar ging tot op zekere hoogte door tot in 1968 de laatste krantencolumn verscheen. Tegen die tijd was de column veranderd in een *House of the Week*- artikel dat nog steeds woningontwerpen – zij het met grotere voetafdrukken – besprak, maar op basis van ruimer geformuleerde doelstellingen en met veel minder nadruk op de eigenaar-bouwer.

Recente foto's van woningontwerp V444
Recent photographs of house plan V444

Hoeden, kousen en huizen

Het eerste kantoor van de SHS was gevestigd in het gebouw van de *State Electricity Commission* in het centrum van Melbourne. De ruimte fungeerde als een plek waar Boyd en anderen de column konden schrijven en tekeningen konden produceren, en als een 'winkel' waar opdrachtgevers advies konden inwinnen en de ontwerppakketten konden kopen. In 1949 verhuisde de SHS naar een toegankelijker, commercieel aantrekkelijker ruimte op de vierde verdieping van warenhuis Myer Emporium. Boyd had banden met het warenhuis, werkte er eerder als architect en winkelontwerper en kende leden van de familie Myer.[21] Met zijn natuurlijke flair voor marketing zag hij de waarde in van een verschuiving naar een consumentgerichte omgeving, terwijl hij ook gebruik maakte van het sociale en culturele kapitaal dat Myer van oudsher in de stad bezat.[22]

De winkel-annex-kantoor trok inloopklanten aan, zoals jonge echtparen die recent een stuk land hadden gekocht. Nadat een ontwerp was gekozen, konden eventueel direct kleine aanpassingen plaatsvinden waarbij de oriëntatie van het huis op het terrein, de relatie met het landschap, de materialen en afwerking en eventuele aanpassingen in het interieur aan de specifieke behoeften, aan de orde kwamen. In een voor het overige gerantsoeneerde en aan wetten onderworpen situatie was het belangrijk voor mensen om enige controle te kunnen uitoefenen.[23] Ook het ontwerp van de winkel zelf ondermijnde de impliciete hiërarchie tussen expert en consument – het speelveld was er gelijk en relaties waren er democratischer. Een oud-medewerker die herinneringen ophaalde aan het persoonlijke karakter van de winkel en het personeel, vertelde dat het publiek ondanks de gedeeltelijke sterrenstatus van de directeuren, vooral Boyd en Neil Clerehan, rechtstreeks met hen kon spreken om de ontwerpen en de eventuele aanpassingen die zij wilden doorvoeren door te nemen.[24]

De Small Homes Service van de toekomst

In plaats van een groot en generiek klantenbestand te voorzien van in massa gebouwde woningen, stelde de SHS potentiële eigenaar-bouwers in staat om rechtstreeks met een architect te overleggen en te kiezen uit een scala van geanonimiseerde ontwerptypen. Op deze manier ondermijnde de SHS het gangbare model van grootschalige woningbouw. Op het gebied van de huisvesting onderscheidde de SHS zich ook door een ecosysteem van bouwpraktijken te bevorderen. Eigenaar-bouwers werkten in vertrouwde coöperaties, er werden werkuren geruild en de financiering werd geregeld via coöperatieve

modellen.[25] De SHS fungeerde als een spiegel voor de snelle ontwikkeling van de Australische suburb en kon als experimenteel worden beschouwd, maar niet vanwege het technische of infrastructurele model dat nodig was om de bouw te realiseren. Het experimentele zat hem in de uitgebreide en vloeibare omgeving van betrokken relaties en hiërarchieën, het gemak van eenvoudige uitvoering en het omarmen van de ontluikende marketingindustrie. De actuele nalatenschap van de SHS kun je zien als de consequentie van een *perfect storm* die al vanaf het begin van zijn bestaan voortraast. Met in zijn vaart economische en logistieke uitdagingen die slimheid en nieuwe modellen voor huisvesting noodzakelijk maakten, benaderbare directeuren opleverden en de steun kregen van stedelijke instellingen en een groeiende middenklasse die geïnteresseerd waren in nieuwe architectonische ideeën.[26]

Er is, wellicht door de toenemende bereikbaarheid van woningen en de druk op het milieu, veel belangstelling om de SHS te vertalen naar de eenentwintigste eeuw. De SHS ontwikkelde zich in een bepaalde tijd en elke poging de organisatie nieuw leven in te blazen zou gericht moeten zijn op de houding ervan, niet op rivaliteit. De les van Boyd en zijn medereizigers is dat fundamentele verschuivingen in het aanbod van woningen fundamentele verschuivingen in de wensen en verwachtingen van zowel de woningbouw als de huiseigenaar vereisen. Er moet een vertrouwensrelatie worden opgebouwd tussen ontwerpers, industrie, overheid en consument. Boyd en de SHS konden dit doen door de inzet van een geavanceerd media-apparaat, maar dit was op een moment dat de media- en cultuurlandschappen relatief samenhangend waren. Een nieuw soort SHS zou begrip moeten opbrengen voor de uiteenlopende en vaak tegenstrijdige krachten van het huidige Australische landschap, de materiaalbeperkingen, de milieudruk, de klimaatverandering en de demografische verschuiving. Er is echter één element dat vermoedelijk hetzelfde zal blijven en dat is de onderliggende humor en de bereidheid om in tijden van crisis, minder ambitieuze en visionaire krachten ter verantwoording te roepen.

recalled the personable nature of the shopfront and its staff, noting that despite the partial celebrity status of the directors, in particular Boyd and Neil Clerehan, members of the public could speak directly with them, talking through the plans and any adjustments they wished to make.[24]

A Small Homes Service for the Future

Instead of providing mass housing to a large and generic client base, the SHS allowed potential owner-builders to speak directly with a bureau of architects, choosing from a range of anonymized plan types. In this way it subverted typical models of large-scale procurement. In terms of housing provision, the SHS differed from purely state-based, or market-led experiments in its fostering of an ecosystem of building practices. Owner-builders worked in trusted collectives, labour was pooled and finance was secured through co-operative models.[25] The SHS acted as a mirror for the rapid development of the Australian suburb. Thus the service could be regarded as experimental, not because of the technological or infrastructural modelling required to complete construction, but because of the expanded and fluid range of relationships and hierarchies involved, the straightforward ease of implementation and its embracing of the nascent marketing industry.

The SHS's ongoing legacy can be viewed as a consequence of a 'perfect storm' in effect from the time of its inception; economic and logistic challenges that forced ingenuity and new models for housing, the approachability of the bureau's directors, the support of city institutions and a growing middle class, interested in novel architectural propositions.[26]

Perhaps due to increasing housing affordability and environmental pressures, much interest has focussed on the potential for a translated SHS of the twenty-first century. The SHS was built in a particular time, and any revived solution should focus around an attitude rather than an emulation. The lesson from Boyd and his fellow travellers is that fundamental shifts in the provision of housing require fundamental shifts in the desires and expectations of both the housing provider and the homeowner. A relationship of trust needs to be built among designers, industry, government and the end consumer. Boyd and the SHS achieved that through the employment of a sophisticated media apparatus, but this was at a point of comparative cohesion in the media and cultural landscape. Any new type of SHS would need to understand the divergent and often contradictory forces at play in the current Australian landscape, the scarcity of materials, environmental pressure, climate change and demographic shift. But one element that one suspects will remain is an underlying attitude of humour and a willingness to hold to account forces that are less ambitious and less visionary in a period of crisis.

Noten

1 Geoffrey Serle, *Robin Boyd a Life* (Carlton: Melbourne University Press, 1996).
2 David Wixted, Suzanne Zahra en Simon Reeves, 'Post War Study – Volume 1' https://www.heritage.vic.gov.au/__data/assets/pdf_file/0019/61471/Post_War_Study_volume_1.pdf.
3 'The House on their Back', *The Herald*, 2 augustus 1949.
4 'Victoria's Operation Snail Brings Migrants with Houses', *The Australian Women's Weekly*, 26 augustus 1950.
5 John Archer, *The Great Australian Dream: the History of the Australian House* (Pymble: Angus & Robertson, 1996), 187-189.
6 The Royal Australian Institute of Architects, N.S.W. Chapter, 'Presidential Address', *Construction*, 29 december 1948.
7 'Architects Will Help Homes Builders', *The Age*, 8 oktober 1947.
8 'Architects' Fees', *The Sun*, 26 augustus 1946.
9 'Housing Overhead Highest in N.S.W.', *The Sun*, 21 augustus 1946.
10 Robin Boyd, *Australia's Home: its Origins, Builders and Occupiers* (Carlton: Melbourne University Press, 1952) 207.
11 Uitgever-directeur Boyd ging in 1953 met pensioen en werd opgevolgd door zijn goede vriend en collega Neil Clerehan (1954-1961). De SHS zou 33 jaar blijven bestaan, later onder leiding van Jack Clarke (1962-1964), Daryl Jackson (1965-1969), Graham Whitford (1969-1971), John Barker (1971-1979) en Dennis Carter (1979-1980). De organisatie en de column veranderden in een soort elitekorps dat het evenwicht wist te bewaren tussen een sfeer van continuïteit en de persoonlijkheid en stem van elke directeur en elk tijdperk.
12 Project Monash University, interview met R.M., 2019.
13 Australian Bureau of Statistics, Victorian Year Book - 1947- 48, https://www.abs.gov.au/AUSSTATS/abs@.nsf/DetailsPage/1301.21947-48.
14 Boyd, *Australia's Home*, op. cit. (noot 14), 207. Wanneer alle 50 ontwerpen voor een woning verkocht waren, kwam de architect in aanmerking voor de maximaal beschikbare royalty's: £75. Dit, zo merkte Boyd op, was beduidend minder dan het standaardhonorarium van een architect: £222.
15 1250sq foot – Council and the Legislative Assembly of Victoria, 'Building Operations and Building Materials Control Act', 1946.
16 'New Nuclear House: Small Homes Section', *The Age*, 21 september 1949.
17 'The Architect's Fee, *The Age*, 12 november 1947.
18 Boyd, *Australia's Home*, op. cit. (noot 14), 207.
19 'Democratically Elected House Small Homes Service Clients Design a Home: Small Homes Section', *The Age*, 8 oktober 1947.
20 'New Home Builds on Sound Economic Basis: Small Homes Section', *The Age*, 1 oktober 1947.
21 Brenda Niall, *The Boyds: A Family Biography* (Melbourne: Monash University Publishing, 2007), 263. Zowel Robin Boyd als de latere directeur Neil Clerehan werkte een tijd als huisarchitect bij warenhuis Myer en er bestond naar mag worden aangenomen een productieve relatie.
22 Sue Ebury, *The Many Lives of Kenneth Myer* (Carlton: Miegunyah Press, 2008). Australische steden hebben van oudsher een sterk geconsolideerd commercieel centrum; grote warenhuizen, zoals warenhuis Myer, vormden het hart van zo'n hoogtepunt van culturele productie en consumptie. Myer Emporium wordt beschouwd als 'van esthetisch, architectonisch, historisch en sociaal belang voor de staat Victoria', https://vhd.heritagecouncil.vic.gov.au/places/2518 c.
23 Project Monash University, interview met de familie Denheld, 2019.
24 Project Monash University, interview met F.W., 2019.
25 Deze woningbouwcoöperaties bestonden uit elkaar onderling steunende eigenaar-bouwers en stelden woningbouwers in staat een tegoed aan werkuren te verzamelen voor de bouw van hun eigen huis. Zie: 'Self-Help is Clob Motto: Small Homes Section', *The Age*, 10 oktober 1950.
26 Judith O'Callaghan en Charles Pickett, *Charles & the Powerhouse Museum, Designer Suburbs: Architects and Affordable Homes in Australia* (Sydney: University of New South Wales, 2012), 43.

Notes

1 Geoffrey Serle, *Robin Boyd a Life* (Carlton: Melbourne University Press, 1996).
2 David Wixted, Suzanne Zahra and Simon Reeves, 'Post War Study – Volume 1', heritage.vic.gov.au/__data/assets/pdf_file/0019/61471/Post_War_Study_volume_1.pdf.
3 'The House on Their Back', *The Herald*, 2 August 1949.
4 'Victoria's Operation Snail Brings Migrants with Houses', *The Australian Women's Weekly*, 26 August 1950.
5 John Archer, *The Great Australian Dream: The History of the Australian House* (Pymble: Angus & Robertson,1996), 187-189.
6 The Royal Australian Institute of Architects, N.S.W. Chapter, 'Presidential Address', *Construction*, 29 December 1948.
7 'Architects Will Help Homes Builders', *The Age*, 8 October 1947.
8 'Architects' Fees', *The Sun*, 26 August 1946.
9 'Housing Overhead Highest in N.S.W.', *The Sun*, 21 August 1946.
10 Robin Boyd, *Australia's Home: Its Origins, Builders and Occupiers* (Carlton: Melbourne University Press, 1952), 207.
11 Boyd retired as editor-director in 1953, and was succeeded by his close friend and colleague Neil Clerehan (1954-1961). The SHS continued for 33 years and was led, later, by Jack Clarke (1962-1964), Daryl Jackson (1965-1969), Graham Whitford (1969-1971), John Barker (1971-1979) and Dennis Carter (1979-1980). The organization and the column took on a sense of the exquisite corpse, balancing a sense of continuity with the personality and voice of each director and era.
12 Project Monash University, interview with R.M., 2019.
13 Australian Bureau of Statistics, *Victorian Year Book - 1947-48*, abs.gov.au/AUSSTATS/abs@.nsf/DetailsPage/1301.21947-48.
14 Boyd, *Australia's Home*, op. cit. (note 14), 207. If all 50 plans of one house type sold, the authoring architect was eligible for the maximum royalties available of £75. This, Boyd noted, was significantly less than the architect's standard fee of £222.
15 1250 sq foot – Council and the Legislative Assembly of Victoria, 'Building Operations and Building Materials Control Act', 1946.
16 'New Nuclear House: Small Homes Section', *The Age*, 21 September 1949.
17 'The Architect's Fee, *The Age*, 12 November 1947.
18 Boyd, *Australia's Home*, op. cit. (note 14), 207.
19 'Democratically Elected House Small Homes Service Clients Design a Home: Small Homes Section', *The Age*, 8 October 1947.
20 'New Home Builds on Sound Economic Basis: Small Homes Section', *The Age*, 1 October 1947.
21 Brenda Niall, *The Boyds: A Family Biography* (Melbourne: Monash University Publishing, 2007), 263. Both Robin Boyd and later director Neil Clerehan worked for a time as in-house architects at the Myer Emporium, and a productive connection is assumed.
22 Sue Ebury, *The Many Lives of Kenneth Myer* (Carlton: Miegunyah Press, 2008). Australian cities have traditionally had a strongly consolidated central commercial district, and large department stores, such as the Myer Emporium, formed the heart of a nexus of cultural production and consumption. The Myer Emporium is recognized as having 'aesthetic, architectural, historical and social significance to the State of Victoria', vhd.heritagecouncil.vic.gov.au/places/2518 c.
23 Project Monash University, interview with Denheld family, 2019.
24 Project Monash University, interview with F.W., 2019.
25 These housing cooperatives consisted of mutually supporting owner-builders and allowed homebuilders to accumulate a credit of work hours for the construction of their own homes. See: 'Self-Help Is Clob Motto: Small Homes Section', *The Age*, 10 October 1950.
26 Judith O'Callaghan and Charles Pickett, *Charles & the Powerhouse Museum, Designer Suburbs: Architects and Affordable Homes in Australia* (Sydney: University of New South Wales, 2012), 43.

Fernando Altozano, Esperanza Campaña Barquero, Carmen Espegel

Praktische vernieuwing
Practical Innovation

De Spaanse stadswoning onder de dictatuur van Franco
Spanish Urban Housing under Franco's Dictatorship

Historische foto van de binnentuin van El Taray
Historical photograph of the inner courtyard of El Taray

De meeste hieronder besproken voorbeelden werden gebouwd in het midden en aan het einde van Franco's dictatuur – een periode van hevige scheuring en verandering in de Spaanse geschiedenis. Vanaf eind jaren 1950 tot begin jaren 1960 kregen de verschillende maatschappelijke klassen met ingrijpende veranderingen te maken en dit zou voortduren tot in de jaren 1970; Vidal-Beneyto noemde deze periode de *gran mutación española*, de grote Spaanse verandering.[1]

Vóór het uitbreken van de Spaanse burgeroorlog (1936-1939) onderhield de internationale avant-garde goede betrekkingen met jonge Spaanse architecten die internationaal waren georiënteerd. In 1939, aan het einde van de burgeroorlog en de start van de dictatuur van Franco die tot 1978 zou duren, werden de decentrale overheden ontmanteld en de meeste van die jonge architecten hadden de keuze tussen emigreren of blijven waar ze waren en de moeilijke tijden het hoofd bieden. Deze situatie duurde tot 1955; dat jaar was een keerpunt in het opnieuw aanknopen van internationale betrekkingen.[2] Aansluitend werd in 1959 de Spaanse economie gemoderniseerd via een *Plan Nacional de Estabilización Económica* (nationaal plan voor de stabilisering van de economie). Het kapitaal hiervoor was voornamelijk afkomstig van toerisme, buitenlandse investeringen en geld dat naar huis werd gestuurd door emigranten. De sterke toename van de emigratie ging gepaard met een vlucht van het platteland, die werd gestimuleerd door de grote vraag naar arbeidskrachten in de steden.

In de jaren 1960 hadden de grote toename van de stedelijke bevolking en de sterke economische groei aanleiding kunnen zijn om te experimenteren met volkshuisvesting. De bestaande instellingen waren echter niet groot genoeg, ze beschikten niet over voldoende grond en waren niet in staat de grote aantallen benodigde sociale huurwoningen te bouwen. De overheid stimuleerde echter speculatie door mensen aan te moedigen nieuwbouwwoningen te kopen. Zo werd het horizontale eigendomsrecht bevorderd en de huurmarkt letterlijk afgestraft, doordat de huurprijzen bij wet werden vastgelegd. Het gevolg was dat alle Spanjaarden, rijk of arm, oud of jong, huiseigenaar werden. Dit eigenwoningbezit was de sleutel tot het politieke conformisme, dat in een nieuw uitgebreid conservatisme resulteerde: een soort *high-density American landlordism*.[3]

In zekere zin bestonden er gedurende deze periode drie belangrijke en radicaal verschillende maatschappelijke stromingen naast elkaar: het katholicisme, het falangisme (een Spaanse versie van het Italiaanse fascisme, tot op zekere hoogte) en het communisme. Deze waren het echter interessant genoeg (en nogal paternalistisch) eens over de keuze van een gezamenlijk middel om hun verschillende doelen te bereiken: huisvesting voor de arbeidersklasse. Het nieuwe paradigma bood een aantal kleine middenklasse gemeenschappen die geïnspireerd waren door het werk van bekende architecten, een kans om coöperaties voor de verbetering van hun eigen huisvesting op te richten. Ze maakten daarbij gebruik van moderne systemen en methoden om een nieuw type woning binnen bereik te brengen.

De vraag naar woningen werd door jonge, internationaal georiënteerde architecten aangegrepen om satellietwijken te ontwerpen, die het begin van een nationale radicale architectuur aankondigden. Dit werd alleen maar toegestaan vanwege het wijdverbreide en groeiende probleem van de sloppenwijken. In de jaren 1950 verschenen er overal in het land grote aantallen van deze stadsuitbreidingen. Tamelijk beruchte voorbeelden waren de *poblados de absorción* (absorptiedorpen) en de *poblados dirigidos* (doeldorpen) in de periferie van Madrid, evenals de nieuw gecreëerde plattelandskolonies genaamd *pueblos de colonización* (kolonisatiedorpen), die een mix van lokale traditie en moderne architectuur waren.

Most of the examples discussed below were built in the middle and final years of Franco's dictatorship, a period in Spanish history characterised by major ruptures and changes. The end of the 1950s and beginning of the 1960s represented a time of substantial transformations for the different social classes, which lasted until the 1970s; Vidal-Beneyto called this period the *gran mutación española*, the great Spanish mutation.[1]

Before the Spanish Civil War (1936-1939), there was a fluent relationship between the international avant-garde and some Spanish groups of young architects who worked internationally. In 1939, at the end of the war, the decentralized governments were dismantled and most of those young architects had to either face emigration or hard times in the new local situation. This lasted until 1955, when new international relations where reconsidered.[2] In 1959, the Spanish economy was modernized according to the *Plan Nacional de Estabilización Económica* (national stabilization plan), whose financial capital came mainly from tourism, foreign investment and remittances sent by emigrants. The great increase in emigration was accompanied by the rural exodus promoted by labour demand in the cities.[2]

The large increase of the urban population in the 1960s and the great economic growth could have been an opportunity for experimentation in public housing. The existing institutions, however, were not large enough, had insufficent land tenure and were unable to develop large amounts of social rental housing. However, the government promoted speculation by encouraging the process of acquiring newly built homes, thereby promoting the horizontal property law and literally penalizing the rental market by legally blocking rent prices. As a result, every Spaniard, rich or poor, old or young, became a homeowner. Housing ownership was the key to the political conformism that resulted in a new extended conservatism: a kind of 'high-density American landlordism'.[3]

In a certain way, three main and radically different social sensibilities coexisted during this entire period: Catholics, falangists (more or less the local version of Italian fascism) and communists. Interestingly enough (and rather paternalistically) they converged in the consideration of a common means for their different purposes: housing for the working class. This paradigm shift offered some small middle-class communities, inspired by the work of well-known architects, the opportunity to establish cooperatives for the promotion of their own housing. Modern systems and methods were employed to bring them closer to a new type of housing.

The need for housing was taken as an opportunity by young architects with an international orientation to develop satellite neighbourhoods that reflected the beginning of a national radical architecture. This was only allowed in the context of a widespread and growing problem of slums. In the 1950s, many of these urban extensions where built across the country. Rather notorious examples of these efforts were the *poblados de absorción* (absorption settlements) and the *poblados dirigidos* (target settlements) on the outskirts of Madrid, as well as the newly created rural colonies called *pueblos de colonización*, with a mix of local tradition and modern architecture.

The extraordinary developments in housing described here were the result of the enormous effort of various communities that, in Elviña and in the cooperatives of Taray and Coll del Portell, were subject to the government in different ways. They were influenced by the building and housing adventures of architects who believed in a certain utopia, and somehow managed to make it understandable and therefore affordable. There are other well-known examples, but in our opinion these three deserve to be addressed in the context of this publication.

De hier beschreven, buitengewone ontwikkelingen in de woningbouw waren het resultaat van de enorme inspanningen van verschillende gemeenschappen die, in Elviña en in de coöperaties van Taray en Coll del Portell, op verschillende manieren onder de overheid ressorteerden. Zij lieten zich meeslepen door de bouw- en woningavonturen van architecten die in een bepaalde utopie geloofden en deze op de een of andere manier begrijpelijk en daardoor betaalbaar wisten te maken. Er zijn er meer bekend, maar volgens ons verdienen juist deze drie projecten het om op dit moment en in de context van deze publicatie te worden belicht.

Elviña

In 1960, 17 jaar voordat in Spanje voor het eerst democratische verkiezingen plaatsvonden, was José Antonio Corrales een van de leden van het team dat verantwoordelijk was voor het nieuwe algemene uitbreidingsplan voor A Coruña (Galicië), dat onder meer uit een nieuwe grote buitenwijk in het zuiden bestond. De wijk werd vernoemd naar een lokale Romaanse kerk, San Vicente de Elviña. Corrales kreeg opdracht om een gedeelte van het strategisch plan te ontwerpen, *Unite 3*, dat bestond uit 400 woningen, commerciële ruimte, een kleuterschool en een parkeerplaats. Het masterplan van Elviña is sowieso interessant vanwege zijn grote dichtheid en de verbindingen met de omgeving via gemeenschappelijke, semi-openbare galerijen. Maar *Unite 3* is, vanwege zijn radicale ontwerp, de horizontale en verticale verbindingen, en de manier waarop de grote gebouwen in het glooiende terrein zijn verankerd, nog steeds een van de meest boeiende voorbeelden van Spaanse rationele woningbouw. Het ensemble is zo ontworpen dat er zoveel mogelijk zonlicht binnenvalt en het zo min mogelijk last heeft van wind.

Elviña is de Spaanse versie van het Charter van Athene. Het werk van José Antonio Corrales was sterk gerelateerd aan de Europese stedenbouw van die tijd: woningen met een noord-zuid oriëntatie, lineaire blokken van grote hoogte en – waarschijnlijk het meest interessante kenmerk – een sterk gemeenschapsgevoel dat bleek uit de collectieve onderdelen.

Unite 3 bestaat uit drie grote schijfvormige gebouwen, drie kleine torens en een rijtje eengezinswoningen. De gevels van de hoofdblokken liggen net als in de rest van het stedenbouwkundig plan op het noorden en zuiden. Ze spelen een spel met een beheerst systeem van visuele fragmentatie, met als doel het ensemble aan te passen aan het glooiende terrein en een tussenschaal in de ruimten tussen de blokken te creëren, omdat die er anders overmaats zouden hebben uitgezien. Corrales heeft de verschillende gebouwtypen aan gemeenschappelijke richtlijnen onderworpen en houdt het grote volume in de hand door middel van een expressieve controle over de uiteindelijke vorm.

Wie naar de blokken kijkt, ziet per blok twee boven elkaar liggende volumes die worden gescheiden door een in de gevel uitgespaarde, open galerij op de zesde verdieping, die de drie blokken tot een eenheid smeedt. De zesde verdieping, gezien vanaf het lagere deel van het terrein, neemt dezelfde positie in als de begane grond, maar dan bovenin het gebouw. Dit is de belangrijkste verkeersruimte van het complex, een verlengstuk van de bovenstraat die naar de particuliere woningen leidt. Zo zijn alle negen verdiepingen van het complex toegankelijk, zonder dat een interne lift nodig was. Alleen de drie liften bij de gemeenschappelijke loopbruggen, die uitsluitend op het open dek tussen de blokken stoppen, zorgen voor een toegangs- en ontruimingsroute voor de wooneenheden op de maximaal drie verdiepingen die boven de bovenstraat liggen en per trap bereikbaar zijn. De kleine torens zijn als enige volledig met trappen ontsloten tot aan de vijfde verdieping (het maximaal mogelijke volgens de toenmalige regelgeving).

Elviña

In 1960, 17 years before the first democratic elections, José Antonio Corrales was one of the members of the team in charge of the new general urban plan for A Coruña (Galicia), which included a new large expansion district towards the south. The place took its name from the local Romanesque church, San Vicente de Elviña. Corrales was commissioned to develop part of the strategic plan, *Unite 3*, which included 400 housing units, commercial spaces, a nursery school and a parking lot. The master plan for Elviña is in itself interesting because of its high density and its connections with the surroundings via shared, semi-public galleries. But *Unite 3* still stands as one of the most interesting examples of Spanish rational housing developments for its radicalism, its horizontal and vertical relational systems and the way the large buildings are anchored in the sloping ground. The ensemble is designed in a way that guarantees the optimum use of solar incidence and the best possible wind protection.

Elviña is the Spanish version of the Athens Charter. José Antonio Corrales's work was deeply linked to the European urbanism of the time: housing with a north-south orientation, linear blocks of great height and a strong sense of community in the collective elements, which is probably its most interesting feature.

Unite 3 is composed of three large slabs, three small towers and a short row of single-family houses. The façades of the main blocks, like the rest of the strategic plan, have a north-south orientation. They play with a controlled system of visual fragmentation in order to adapt to the highly uneven terrain and to introduce an intermediate scale in the spaces between blocks, which would otherwise have resulted in an oversized appearance. Corrales enforced common guidelines for the different types of buildings and mastered the great volumetry by means of the expressive control of the final form.

When facing the blocks, we can distinguish two superimposed volumes per block, separated by an open gallery on the sixth level that combines the three blocks into a single unit. The sixth level, as seen from the lower part of the terrain, coincides with the ground level at the top. This is the most important traffic connection in the compound, extending the upper street into the private volumes. It makes the entire nine-level complex accessible, without employing an internal lift. Only the three lifts to the shared walkways, which stop only at the open deck between the blocks, provide an access and evacuation route for the 400 housing units with a maximum of three levels up or down. Only the small towers are fully accessible by stairs up to the fifth floor (the maximum possible according to the regulations of the time).

The gallery system works best with narrow housing units to ensure its intensive use. The lower volume of the building is one bay deeper than the upper one, which steps back in the south façade. The narrow shape of the big apartments in the lower volume is compensated by quite a large depth of 14.45 m. The small room standard at the time forced the introduction of third bay for rooms and services in the bigger units. In order to ventilate the internal kitchens, a set of patios was introduced on the south in the second bay. These patios penetrate the constructed volume from the gallery downwards; they are visible in the façades.

This building belongs to that modern tradition, in which dwellings were arranged around a common space that lends access to the apartments (for instance the Hansaviertel by O. Niemeyer of 1957 or Pedregulho by A. E. Reidy of 1952). When used in sloping plots, these common spaces become civil and public, like in *Unite 3* or in our next example, found in a very different urban situation.

Plattegrond van Elviña
Floor plan of Elviña

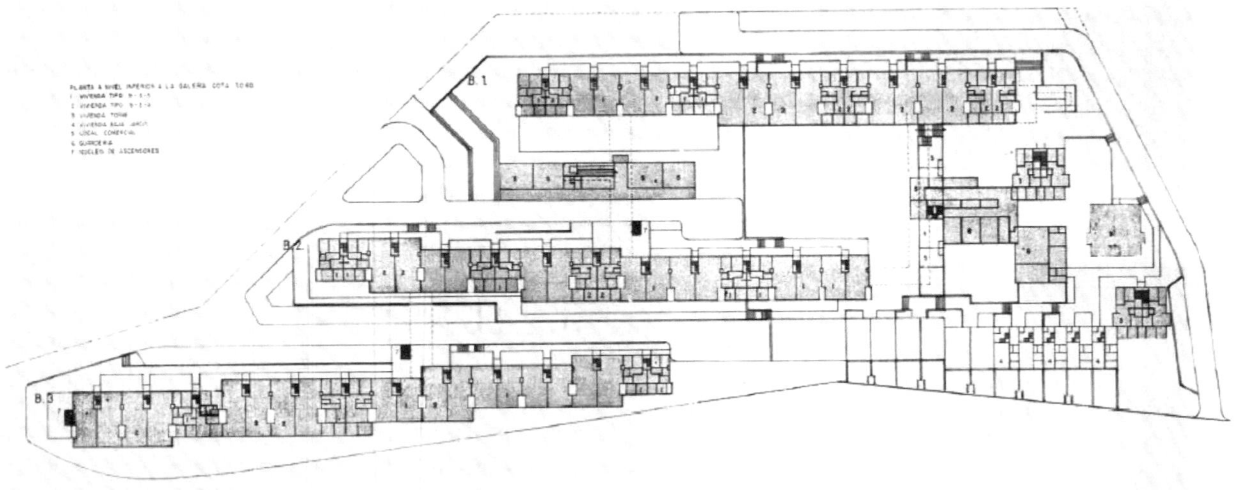

Dwarsdoorsneden en gevelaanzichten van Elviña
Cross section and elevation drawings of Elviña

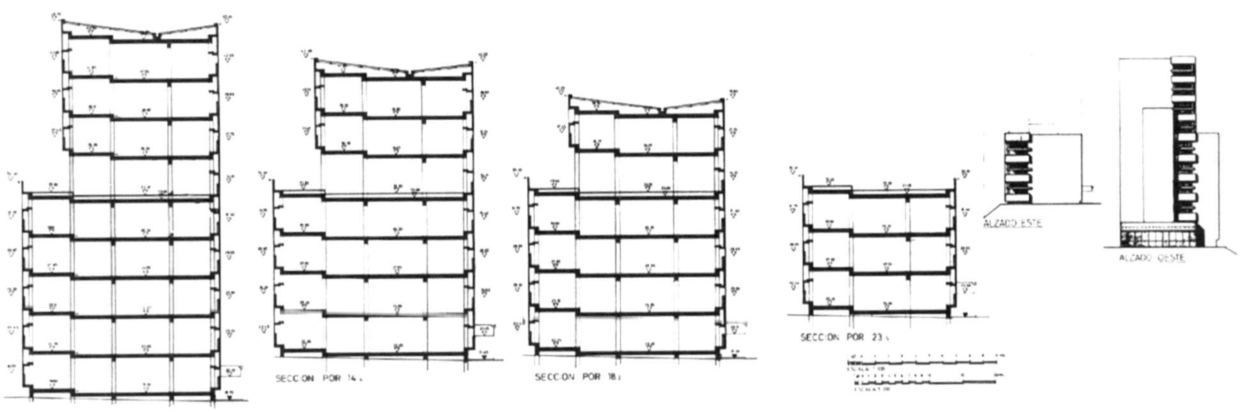

Foto van Elviña tijdens de bouw
Photo of Elviña during its construction

Elviña zoals gezien vanaf de straatkant
Elviña, as seen from the street

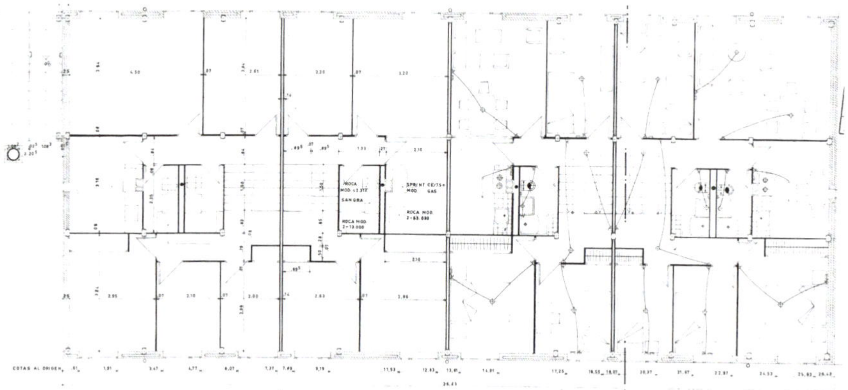

Plattegrond van de tweede verdieping van blok III van El Taray
Floor plan of the second floor of block III of El Taray

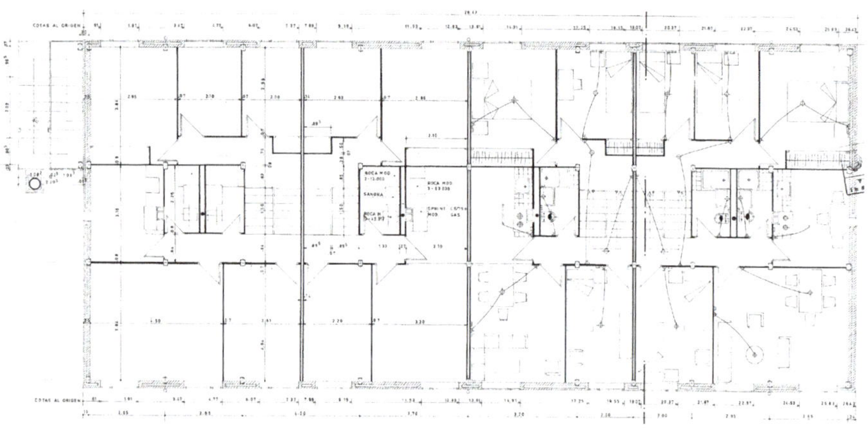

Plattegrond van de derde verdieping van blok III van El Taray
Floor plan of the third floor of block III of El Taray

Dwarsdoorsnede van blok III van El Taray
Cross section of block III of El Taray

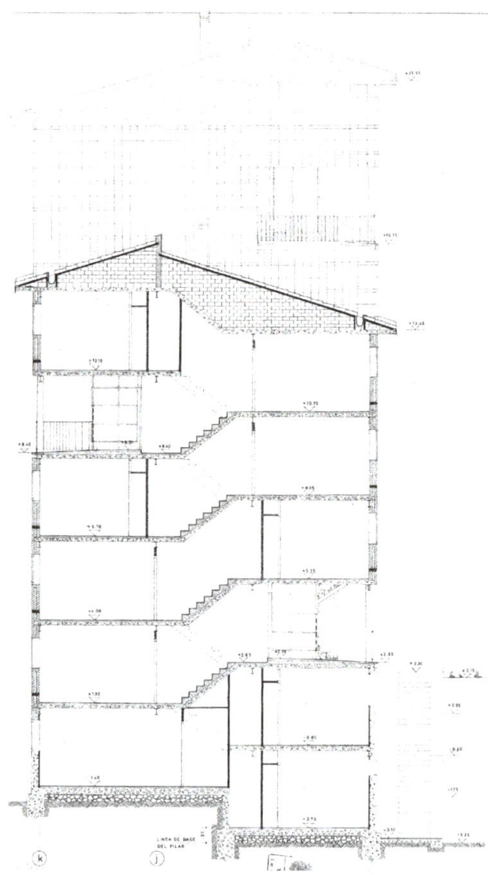

Historische foto van de lage galerij van blok V van El Taray met halfhoge keuken- en badkamerramen en schermen van de wasruimten
Historical photo of the lower gallery of the block V of El Taray with half-height windows of kitchens and bathrooms and the laundry spaces screens

Recente foto van een gedeelde galerij van El Taray. Bewoners hebben de galerij aangekleed met planten
Recent photo of a shared gallery of El Taray. Residents have decorated the gallery with plants

Het galerijsysteem werkt het beste bij smalle wooneenheden, omdat er dan intensief gebruik van wordt gemaakt. Het onderste volume van het gebouw is een travee dieper dan het bovenste volume dat in de zuidgevel terugspringt. De smalle vorm van de grote appartementen in het onderste volume wordt gecompenseerd door een tamelijk grote diepte van 14,45 m. Vanwege de standaard kleine ruimten uit die tijd, moesten voor de grotere woningen kamers en dienstruimten in een derde travee worden ondergebracht. Om de inpandige keukens te ventileren, werden in de tweede travee aan de zuidkant patio's gemaakt. De patio's lopen vanaf de galerij naar beneden door het bouwvolume heen; ze zijn zichtbaar in de gevels.

Dit gebouw staat in de moderne traditie, waarbij woningen om een centraal gelegen gemeenschappelijke ruimte zijn gearrangeerd, die toegang geeft tot de appartementen (bijvoorbeeld Hansaviertel van O. Niemeyer uit 1957 of Pedregulho van A. E. Reidy uit 1952). Toegepast op een hellend perceel kan deze gemeenschappelijke ruimte ook openbare ruimte zijn, zoals in *Unite 3* of zoals in het volgende voorbeeld, dat zich in een heel andere stedelijke omgeving bevindt.

El Taray

Wie noordwaarts door de historische stad Segovia loopt, kan het ontgaan dat de straat op een zeker moment ophoudt, straat te zijn. Vlak boven het hoofd van de wandelaar verschijnt een plafond en het stedelijk landschap verandert en wordt opener. Een geavanceerd stelsel van trappen en loopbruggen, nodigt uit de helling af te dalen naar het lagere gedeelte buiten de stadsmuren. De wandelaar is zonder het te beseffen het wooncomplex El Taray binnengelopen. De woonbuurt heet eigenlijk Pío XII, maar staat bekend als El Taray, naar een van de omliggende straten. Hij ligt op Segovia's noordelijke helling en de entree bovenaan ligt 15 m hoger dan de entree onderaan. Het is een van de weinige voorbeelden van een split-level woongebouw in Spanje. Ook in Europa is El Taray een uitzondering: een goed onderhouden en dito beheerd sociaal woningbouwcomplex dat via een galerij in directe verbinding staat met de stad.

Op het eerste gezicht doet El Taray misschien een beetje rustiek aan, ten einde zich te onderwerpen aan de strenge regels die gelden voor het historische centrum van Segovia; een tweede blik onthult echter een scala aan details die het complex aan de radicale kant van een gemaskeerde moderniteit situeren.

Naast de driedimensionale brugverbinding met de stad heeft El Taray 114 woningen van anderhalve verdieping verdeeld over vijf blokken die toegankelijk zijn vanaf royale galerijen; de galerijen zijn op verspringende hoogte om de tweeëneenhalve verdieping in de langsgevels aangebracht.

Dit ambitieuze, unieke en genereuze complex is het resultaat van een samenwerking tussen een arbeiderscoöperatie en een vooruitstrevende groep architecten onder leiding van José Joaquín Aracil Bellod, en met Luis Miquel Suárez-Inclán en Antonio Viloria García (1963).

Op de plattegrond is het standaard woningtype als volgt ontworpen: woon- en slaapkamers langs de buitengevel en een centrale voorzieningenkern voor badkamer en keuken; ventilatie vindt plaats via de 'split-level' galerij.

Sommige kunststukjes in dit project blijven echter moeilijk te verklaren, zoals het feit dat alle galerijen die het complex met de stad verbinden als openbare ruimte worden gebruikt, of de manier waarop de bewoners omgaan met het keukenraam aan de gevel dat twee appartementen bedient (de enige manier om via de galerij te ventileren). Uit alles blijkt dat de bewoners grote waardering hebben voor de architectuur. Wie door het complex loopt, ziet hoe de architectonische kracht van een

El Taray

When walking northwards through the historical city of Segovia, it is possible not to notice that the street stops being a street at some point. A ceiling appears above your head and the urban landscape changes and opens up. An advanced system of stairs and footbridges invites you to descend the slope towards the lower part outside the city walls. Without realizing it, you have entered the residential complex El Taray.

The neighbourhood is actually called Pío XII, but is known as El Taray, after one of its surrounding streets. It covers a 15-meter drop between its upper and lower access on the northern slope of Segovia. It is one of the few examples of a split-level housing block in Spain. El Taray is also an exception in Europe: a well-maintained and operated social housing complex with a direct connection to the city via a gallery.

At first glance El Taray may seem rather rustic, in order to accommodate to the strict regulations of the historical centre of the city, but a second look reveals a whole world of details that places it at the radical edge of a masked modernity.

In addition to the three-dimensional urban connection, El Taray consists of 114 one and a half-storey dwellings divided over five blocks accessed by generous galleries. The galleries are located at a staggered height in the longitudinal facades at two and a half-storey intervals.

This ambitious, unique and generous complex is the result of the union between a workers' cooperative and a progressive group of architects leaded by José Joaquín Aracil Bellod, together with Luis Miquel Suárez-Inclán and Antonio Viloria García (1963).

On the floor plan, the standard house type is designed as follows: living rooms and bedrooms along the outer wall and a central service core for bathroom and kitchen; ventilation is via the 'split-level' gallery.

Certain achievements remain difficult to explain, such as the fact that all the galleries that connect the complex to the city are open to the public, or in which conditions the inhabitants of the upper units accepted the position of the single kitchen window next to the floor, in order to ventilate through the gallery. Everything points to the high valuation of the architecture by the residents. While walking through the building, you can clearly see how the architectural power of a communal space can break through the private character of dwellings to create both a common good and urban patrimony.

At the time, it made sense for working class citizens to work together in cooperatives, as this gave them access to high-quality housing at a fair price. However, the system was also sometimes used by middle- and upper-income groups to gain access to more imaginative housing, or simply housing that suited their needs better than what was available on the open market. This model was also a favourite among architects who wanted to build their own houses or offices.

In the 1970s, the country developed rapidly towards an inescapable modernity. By then, Franco was very old and his regime was not the monolithic system it used to be, as insiders could clearly see for the first time. After the Portuguese Carnation Revolution (April 1974), even the army started to show cracks. The number of dissident thinkers increased, although the transition towards democracy only began after the death of the dictator (1975).

Even today, some housing complexes still exhibit the great optimism of that time, such as the exemplary buildings of the team composed by Ricardo Aroca, Mariano Bayón, Emilia Bisquert and José Martín Gómez, and the experimental housing examples by Rafael Leoz that involved the National Institute of Housing, or our next extraordinary example on the Avinguda del Coll de Portell in Barcelona.

gemeenschappelijke ruimte het privékarakter van woningen kan doorbreken, zodat zowel een gemeenschappelijk goed als een stedelijk erfgoed ontstaat.

Indertijd was het voor de arbeidersklasse zinvol om samen te werken in coöperaties: zo kon men immers toegang krijgen tot goede woningen tegen een billijke prijs. Het systeem werd soms echter ook door groepen met een middeninkomen of een hoger inkomen gebruikt om toegang te krijgen tot fantasierijkere woningen, of gewoon woningen die beter aan hun wensen voldeden dan degenen die op de vrije markt beschikbaar waren. Dit model was ook een favoriet onder architecten die hun eigen huis of kantoor wilden bouwen.

In de jaren 1970 ontwikkelde het land zich snel in de richting van een onontkoombare moderniteit. Franco was toen al heel oud en zijn regime was niet langer de monolith die het ooit was, zoals ook insiders nu voor het eerst duidelijk konden merken. Na de Portugese Anjerrevolutie (april 1974) begon zelfs het leger barsten te vertonen. Het aantal dissidente denkers nam toe, hoewel de overgangsperiode richting democratie pas na de dood van de dictator (1975) begon.

Aan sommige woongebouwen is het grote optimisme van die tijd vandaag de dag nog steeds af te lezen, bijvoorbeeld aan de exemplarische gebouwen van het team bestaande uit Ricardo Aroca, Mariano Bayón, Emilia Bisquert en José Martín Gómez, aan de experimentele woningbouw van Rafael Leoz in samenwerking met het Nationaal Instituut voor Volkshuisvesting en aan ons volgende, buitengewone voorbeeld aan de Avinguda del Coll de Portell in Barcelona.

Coll del Portell

In het gebouw aan de Coll del Portell 52 in Barcelona zijn een aantal typisch industriële systemen vertaald in huisvesting. In 1971 richtte een aantal vrienden een coöperatie op en legden zij hun lot in handen van architect Francesc Rius, die het project zou uitvoeren dat hun thuis zou worden. De architect zelf woonde ook in het gebouw; zijn bureau is nog steeds in de kelder gevestigd.

Rius had al eerder een reeks industriële gebouwen gerealiseerd en was bekend met dergelijke systemen. Hij werkte met gespecialiseerde aannemers en stelde een team samen dat in staat was kennis uit de industriële sector toe te passen in een woningbouwprogramma.

Het resultaat is een fraai spel met de combinatie van lichte materialen en een flexibele plattegrond: een additief systeem van sterk gedifferentieerde volumes. Elk element is in één oogopslag herkenbaar: de horizontale galerij, de twee verticale buizen die de lift en het trappenhuis omvatten, en de woningpakketten die op een ruimtelijke structuur zijn gestapeld, waarvan de inertie wordt beteugeld doordat elk element uit verschillende componenten bestaat, zowel bij de verticale als de horizontale draagconstructie. De kolommen zijn verdeeld in vier diagonaal geschoorde verticale elementen, terwijl de stalen platen gezamenlijk rusten op ruimtelijke structuren met traveeën van 8 en 9 m. De sandwichpanelen tussen de platen zijn thermisch versterkt met een binnenbekleding. De vensters tussen de twee lagen zijn in een raamwerk van metalen kozijnen gezet.

Het uit elkaar rafelen van de gevel biedt voldoende tussenruimte voor de nodige infrastructuur. In de zuidgevel strekken de vloerplaten zich uit naar het landschap in de vorm van grote balkons die de vorm van het geheel voltooien en het gebouw een etherische uitstraling verlenen.

Het geheel is een nuchter, ruimtelijk, uit losse onderdelen bestaand meccanobouwwerk. De bouwsystemen zijn de regel en de uitzonderingen ontstaan uit het samenspel van de wensen van de leden van de coöperatie, die de mogelijkheid hadden om bepaalde parameters van

Coll del Portell

The building located at 52 Coll del Portell in Barcelona translates typical industrialized systems into a housing context. In 1971 a cooperative of friends was established that put its fate in the hands of architect Francesc Rius, who would design the project that would become their homes. The architect himself also lived in the building and still has his office in the basement.

Rius had previously built a series of industrial buildings and was familiar with those systems. He brought specialised builders into the process and thus created a team capable of transferring knowledge from the industrial sector into a housing programme.

The result is a beautiful play on the combination of light materials and a flexible floor plan: an additive system of highly differentiated volumes. Every element is recognizable at first sight: each horizontal gallery, the two vertical ducts enclosing the lift and the staircase, and the housing packages stacked on a spatial structure that diffuses its inertia by separating each element into different components, in both the vertical supports and in the slabs. The columns are divided into four vertical elements that are braced diagonally, while collaborative steel plate slabs rest on spatial structures of 8- and 9-m bays. The sandwich panel enclosure between slabs is thermally reinforced with an interior lining. The window openings between the two layers are set in a system of metallic frames.

The decomposition of the structure provides enough intermediate space to accommodate the necessary infrastructure. In the south façade, the slabs stretch towards the landscape in the form of large terraces that complete volume and give the building an ethereal atmosphere.

The whole is a sober, spatial 'meccano' building consisting of individual parts. The building systems are the rule and the exceptions arise from the interaction of the wishes of the members of the cooperative, who had the possibility to adapt certain parameters of the design and materials used in the apartments to their taste. As a result, the structure remains visible without any cladding or finishing material; the appearance of the building matches its essence.

Despite the intense will and the important final result, some of these systems were too far ahead of their time in Spain. They had to be reinterpreted or made in a more artisanal way than initially desired.

The Future?

Urban housing, in all its diversity, not only develops according to technological advances and spatial interpretation, but also follows the state of the social contract. New formalizations have to negotiate with new demands. It is a particular type of architecture due to the number of scales that converge in it, from technology to politics. The block of dwellings must articulate spaces of private property within a collective volume, and this volume must be combined with others of its scale in the civil space of the city. The scalar intervals in which the collective housing project takes place and the strong conditioning factors of habitability powerfully determine the configuration of every project.

Despite their differences, these examples are the result of the strong will of architects who, regardless of the difficult conditions at the time, were willing to experiment and take the risk that their clients would reject the application of their innovative ideas.

In the first two cases, innovation infiltrates on an urban scale, due to the number of dwellings and the economic limitations. The necessary means of connection, in the form of publicly accessible galleries that limit the number of vertical interventions, seep through to the scale of the block. This system determines the interior structure of the volumes and forces unexpected typologies. However, Coll del Portell, due to its

Historische foto van Coll del Portell tijdens de bouw
Historical photo of Coll del Portell during its construction

Historische foto van de balkons van Coll del Portell tijdens de bouw
Historical photo of the balconies of Coll del Portell during construction

Gevelaanzicht van Coll del Portell zoals bezien vanaf de achterkant
Elevation drawing of Coll del Portell, as seen from the rear

Gevelaanzicht van Coll del Portell, zoals bezien vanuit het westen
Elevation drawing of Coll del Portell, as seen from the west

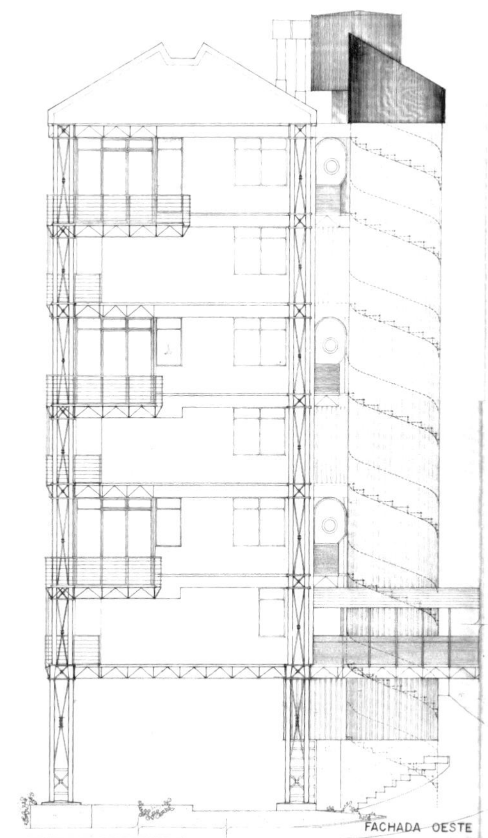

het ontwerp en het materiaalgebruik van hun appartementen aan hun smaak aan te passen. De constructie blijft dus zichtbaar zonder één enkel bekledings- of afwerkingsmateriaal; het uiterlijk van het gebouw is in overeenstemming met zijn essentie.

Ondanks het feit dat de wil er wel was en het eindresultaat tot tevredenheid stemde, waren sommige van deze systemen hun tijd in Spanje te ver vooruit. Ze moesten opnieuw worden geïnterpreteerd of op een meer ambachtelijke manier worden gemaakt dan in eerste instantie gewenst was.

En de toekomst?

Stadswoningen ontwikkelen zich in al hun diversiteit gelijk op met, niet alleen technische vooruitgang en ruimtelijke interpretatie, maar ook de stand van het sociaal contract. Nieuwe vormgeving moet tegemoetkomen aan nieuwe eisen. Het gaat hier om een bijzondere vorm van architectuur, omdat er zoveel verschillende aspecten in samenkomen, van techniek tot politiek. Het woonblok moet particuliere ruimte definiëren binnen een collectief volume en dit volume moet gecombineerd worden met andere, van dezelfde schaal, in de civiele ruimte van de stad. De verschillende schalen die bij het collectieve woonproject betrokken zijn en de factoren die een belangrijke rol spelen bij de bewoonbaarheid bepalen in hoge mate de configuratie van elk project.

Ondanks hun verschillen zijn deze voorbeelden het resultaat van de sterke wil van ontwerpers, die, ongeacht de moeilijke omstandigheden in die tijd, bereid waren te experimenteren en het risico te nemen dat hun opdrachtgevers de toepassing van hun vernieuwende ideeën zouden afwijzen.

In de eerste twee gevallen infiltreert de vernieuwing, vanwege het aantal woningen en de economische beperkingen, op een stedelijke schaal. Daarbij sijpelen de noodzakelijke verbindingsmiddelen, in de vorm van publiek toegankelijke galerijen die het aantal verticale ingrepen beperken, door naar de schaal van het blok. Dit systeem bepaalt de vorm van de inwendige structuur van de volumes en dwingt onverwachte typologieën af. Doordat het zo klein is, slaagt Coll del Portell er niet in zijn innovatieve karakter op te leggen vanuit een stedelijke benadering, integendeel: de constructieve details bepalen de regels en domineren het uiterlijk van het gebouw en zelfs zijn verankering in de grond, de stad en het landschap.

De dichtbebouwde stad vraagt om een sterke regulering van de grondmarkt. Het grondbeleid, de prijs en het grondbezit wegen zwaarder dan welke andere factor ook. Bovendien zorgen de aan een dergelijk project verbonden technische moeilijkheden en het functioneren van de markt er vaak voor dat de technische kwaliteit los komt te staan van de redelijke kosten. De balans hiertussen bepaalt in veel gevallen de uiteindelijke prijs van elke configuratie in de maximaal aanvaardbare waarde per oppervlakte-eenheid op een bepaalde locatie.

De woning is het meest voorkomende gebouwtype, maar is verre van eenvoudig. Paradoxaal genoeg moet een woningprogramma voldoen aan een maximale hoeveelheid eisen in een beperkte ruimte onder de meest strikte economische omstandigheden, en dit beschermt het ontwerp tegen iedere vorm van willekeur. De vorm van de woning is echter wel onderhevig aan een langzame maar continue evolutie, die wordt voortgedreven door de zoektocht naar verbetering en de aanpassing aan sociale vooruitgang of andere externe factoren (industriële evolutie, klimaat, fysieke omstandigheden of plaats, enzovoort). Deze evolutie raakt zelden aan slechts één laag van het systeem, en zelfs al was dat wel het geval, dan zou dit, vanwege het onderling verbonden en compacte karakter van het evenwicht, onmiddellijk resoneren door het geheel.

Elke innovatieve afwijking van de standaard vereist interpretatie

reduced size, does not manage to impose its innovative character by an urban approach, on the contrary, the constructive details set the rules and dominate the appearance of the building and even its connection to the ground, the city and the landscape.

The high-density city requires a strong regulation of the land market. Land policies and price and land tenure possibilities weigh more than any other factor. In addition, the technical difficulties of this type of project and the market habits often dissociate technical quality from reasonable costs. This negotiation frequently determines the final price of each configuration in the maximum acceptable value per surface unit in a certain location.

Housing is the most common type of building, but it is far from simple. Paradoxically, its programme must comply with a maximum amount of requirements in a reduced space under strict economic conditions, which protects its design from any type of arbitrariness. But there is a slow but continuous evolution of its form, based on the search for improvement, the adaptation to social progress, or other external factors (industrial evolution, climate, physical conditions or place, etcetera). This evolution rarely belongs to a single stratum of the system and even if it did, the interlinked and compact nature of its balance would immediately affect the whole.

Any innovative step away from the standard requires the interpretation of and high attention to all details. Innovation in housing means carefully introducing changes in the scales and layers of the configurative and technological housing programmes, and that affects the balance. Innovation is therefore no longer exclusively structural-spatial, but can point to a wide range of possibilities. Every little advance needs cultural interpretation and recognition. Every example is a trial in the experimentation process that encompasses the market, the industry and the social contract.

In the huge housing laboratory of the twentieth century, there are still many hidden or poorly deciphered examples. The consolidation and capitalization of experience is essential to move towards a new type of housing for the present conditions. Contemporary data analysis systems may allow us to compare and analyse the immense amounts of parameters and factors that we can take from the history of our cities and determine new areas of knowledge. The new path should therefore take full advantage of these tools to establish better starting points for further innovation, not only to avoid past mistakes, but also to identify new areas of technical, programmatic and morphometric thinking in which the new urban dwelling could take place.

en een hoge mate van aandacht voor alle details. Vernieuwen op het gebied van volkshuisvesting betekent: de introductie van voorzichtige wijzigingen in de schalen en lagen binnen de configuratieve en technische programma's van woningen, en dat heeft dus invloed op het evenwicht. Vernieuwing is niet langer uitsluitend bouwkundig-ruimtelijk, maar kan naar een heel scala van mogelijkheden verwijzen. Elke kleine stap voorwaarts moet cultureel geïnterpreteerd en erkend worden. Elk voorbeeld is een experiment in een proces waarbij de markt, de industrie en het maatschappelijk contract betrokken zijn.

In het enorme huisvestingslaboratorium van de twintigste eeuw zijn nog veel verborgen of slecht ontcijferde voorbeelden te vinden. Het consolideren en kapitaliseren van ervaringen is essentieel om een nieuw type huisvesting voor de huidige omstandigheden binnen bereik te brengen. Hedendaagse data-analysesystemen stellen ons mogelijk in staat om de immense hoeveelheden parameters en factoren die we uit het verleden van onze steden kunnen halen, te vergelijken en te analyseren en nieuwe kennisgebieden te definiëren. Een nieuwe benadering moet deze instrumenten daarom volledig inzetten om betere uitgangspunten voor verdere innovatie te formuleren. Niet alleen om fouten uit het verleden te vermijden, maar ook om nieuwe gebieden van technisch, programmatisch en morfometrisch denken te identificeren, die zouden kunnen bijdragen aan het nieuwe stadswonen.

Noten

1 José Vidal-Beneyto, *Memoria democrática* (Madrid: Foca, 2007).
2 In 1955 wordt er o.a. een nieuwe *executive agreement* met de Verenigde Staten gesloten en komt er een nieuw concordaat met de katholieke kerk, dat de betrekkingen tussen kerk en staat wettelijk regelt.
3 Ramón Betrán, 'De aquellos barros, estos lodos. La política de vivienda en la España franquista y postfranquista', *Acciones en investigaciones sociales* 16 (2002), 25-67.

Literatuur Elviña

- Miguel Toba Blanco, *José Antonio Corrales: Unidad vecinal nº 3* (Santiago de Compostela: Colegio Oficial de Arquitectos de Galicia, 2009).
- 'Unidad Vecinal *nº 3* Barrio de las Flores. Polígono de Elviña. La Coruña' *Revista Arquitectura* 117 (1968), 38-52.
- Antonio Santiago Río Vázquez, *La recuperación de la modernidad en la arquitectura gallega* (proefschrift) (ETSA A Coruña: A Coruña, 2013).
- Polígono de Elviña, 'La Coruña, Unidad vecinal *nº 3*', *Hogar y Arquitectura* 84 (Madrid, 1969), 3.
- Adolfo González Amezqueta, 'Las galerías de La Coruña', *Arquitectura* 117 (Madrid, 1968), 16.
- Xavier Costa en Susana Landrove, *Arquitectura del Movimiento Moderno. Registro DOCOMOMO Ibérico 1925-1965* (Barcelona: Fundación Mies van der Rohe, 1996).

Literatuur El Taray

- José Joaquín Aracil Bellod, 'Principio y fin de una utopía', *Arquitectura* 166 (1972), 49-53.
- César O. Echagüe, *Brief aus Spanien, Werk* 11 (1971)], 766-770.
- Unidad vecinal Cooperativa Pío XII, Segovie, *L'Architecture d'aujourd'hui* 149, 'Espagne Madrid-Barcelone' (1970), 24-27.
- Esperanza Campaña, *The Life in between. Neighbourhood Unit of El Taray, Segovia.1962-1964* (proefschrift) (Madrid: ETSAM, 2017).
- Andrés Canovas et al., *Vivienda Colectiva en España. Siglo XX (1929-1992)* (Valencia: General de Ediciones de Arquitectura, TC Cuadernos, 2013), 188-193.
- Leonardo Benevolo, *Historia de la Arquitectura Moderna* (Barcelona: Gustavo Gili, 1987), 924-925.
- Antonio Pizza, *Guía de la arquitectura del siglo XX: España* (Madrid: Electa, 1997).
- 'Redacción de la documentación de 256 elementos del catálogo inicial de edificios del Plan Nacional del Patrimonio del siglo XX', *Fundación DOCOMOMO Ibérico* (november 2013-mei 2014), 361-366.

Literatuur Coll del Portell

- Antoni Gonzalez en Raquel Lacuesta, *Barcelona 1929-1994: Guía de Arquitectura* (Barcelona: Gustavo Gili, 1994), 102.
- Antonio Pizza en J.M. Rovira, *Desde Barcelona: arquitectura y ciudad, 1958-1975* (Barcelona: Actar, 2002).
- Miguel Ángel Baldellou en Antón Capitel, *Summa Artis XL: Arquitectura española del siglo XX* (Madrid: Espasa Calpe, 2001).

Notes

1 José Vidal-Beneyto, *Memoria democrática* (Madrid: Foca, 2007).
2 In 1955, among other things, a new executive agreement was reached with the United States and a new concordant with the Catholic Church was signed, which legally regulates relations between church and state.
3 Ramón Betrán, 'De aquellos barros, estos lodos: La política de vivienda en la España franquista y postfranquista', *Acciones en investigaciones sociales* 16 (2002), 25-67.

Sources Elviña

- Miguel Toba Blanco, *José Antonio Corrales: Unidad vecinal nº 3* (Santiago de Compostela: Colegio Oficial de Arquitectos de Galicia, 2009)
- 'Unidad Vecinal *nº 3* Barrio de las Flores: Polígono de Elviña: La Coruña', *Revista Arquitectura* 117 (1968), 38-52
- Antonio Santiago Río Vázquez, *La recuperación de la modernidad en la arquitectura gallega* (dissertation) (ETSA A Coruña: A Coruña, 2013)
- Polígono de Elviña, 'La Coruña, Unidad vecinal *nº 3*', *Hogar y Arquitectura* 84 (1969), 3
- Adolfo González Amezqueta, 'Las galerías de La Coruña', *Arquitectura* 117 (1968), 16
- Xavier Costa and Susana Landrove, *Arquitectura del Movimiento Moderno: Registro DOCOMOMO Ibérico 1925-1965* (Barcelona: Fundación Mies van der Rohe, 1996)

Sources El Taray

- José Joaquín Aracil Bellod, 'Principio y fin de una utopía', *Arquitectura* 166 (1972), 49-53
- César O. Echagüe, *Brief aus Spanien, Werk* 11 (1971), 766-770
- Unidad vecinal Cooperativa Pío XII, Segovie, *L'Architecture d'aujourd'hui* 149, 'Espagne Madrid-Barcelone' (1970), 24-27
- Esperanza Campaña, *The Life in between: Neighbourhood Unit of El Taray, Segovia,1962-1964* (dissertation) (Madrid: ETSAM, 2017)
- Andrés Canovas et al., *Vivienda Colectiva en España: Siglo XX (1929-1992)* (Valencia: General de Ediciones de Arquitectura, TC Cuadernos, 2013), 188-193
- Leonardo Benevolo, *Historia de la Arquitectura Moderna* (Barcelona: Gustavo Gili, 1987), 924-925
- Antonio Pizza, *Guía de la arquitectura del siglo XX: España* (Madrid: Electa, 1997)
- 'Redacción de la documentación de 256 elementos del catálogo inicial de edificios del Plan Nacional del Patrimonio del siglo XX', *Fundación DOCOMOMO Ibérico* (November 2013-May 2014), 361-366

Sources Coll del Portell

- Antoni Gonzalez en Raquel Lacuesta, *Barcelona 1929-1994: Guía de Arquitectura* (Barcelona: Gustavo Gili, 1994), 102
- Antonio Pizza and J.M. Rovira, *Desde Barcelona: arquitectura y ciudad, 1958-1975* (Barcelona: Actar, 2002)
- Miguel Ángel Baldellou and Antón Capitel, *Summa Artis XL: Arquitectura española del siglo XX* (Madrid: Espasa Calpe, 2001)

Sociale sturing door middel van woningbouw
Social Control through Housing

Interview met/with **Mieke Dings**

Flats in Queenstown Singapore in 2019

In 2019, precies 200 jaar geleden dat de Britten Singapore stichtten, deed architectuurhistorica Mieke Dings voor Archined verslag van cruciale momenten uit de stedenbouwkundige geschiedenis van deze bijzondere stadstaat. Wie tegenwoordig Singapore zegt, denkt waarschijnlijk vooral aan het beeld van een perfect georganiseerd consumptieparadijs met indrukwekkende wolkenkrabbers, luxe winkels, dito auto's en restaurants van wereldfaam. Maar Dings liet zien dat achter deze façade ook een van de meest duurzame en leefbare steden ter wereld schuilgaat.

Hoewel het eiland een lange geschiedenis van bewoning kent, begint Singapore in de westerse geschiedschrijving pas een rol van betekenis te spelen, vanaf het moment dat de Engelse Sir Thomas Stamford Raffles er in 1819 in slaagt een handelspost te vestigen en het eiland een paar jaar later koopt van de sultan van Johor-Riau. De Britten legden met het eerste stadsplan (Raffles, 1828) de ruimtelijke en organisatorische basis, maar het Westen hield in 1959 zijn hart vast toen de Britten Singapore zelfbestuur gaven en Lee Kuan Yew (LKY) de eerste premier werd. Met Dings bespreken we hoe het unieke publieke huisvestingssysteem van Singapore het eiland vanaf de jaren 1960 enorm heeft veranderd.

Hoe ben jij geïnteresseerd geraakt in Singapore?

Ik beschouw mezelf niet als expert, integendeel, ik ben in Singapore verzeild geraakt doordat mijn partner daar een baan kreeg. Vervolgens ben ik me gaan interesseren voor de geschiedenis van de wonderlijke wereld waarin ik terecht was gekomen. Ik verdiepte me in de architectuur en stedenbouw; en kreeg de kans om als gids te werken in het National Museum of Singapore, dat de geschiedenis van de stadsstaat schetst – wat overwegend een succesverhaal is. Dat is uiteraard ook het verhaal dat de Singaporese overheid zelf graag vertelt. Omdat de opleiding hiervoor door het onafhankelijke *Friends of the Museums* georganiseerd werd, was er echter ook ruimte voor meer kritische verhalen en invalshoeken. Zo kwamen ook tegenstanders of critici van de inmiddels overleden LKY aan het woord. Die maakten duidelijk dat ze nog af en toe hinder ondervinden van de kritiek die ze eerder op LKY (of diens partij de *People's Action Party (PAP)*) hadden of hebben. Die hinder ging nooit direct, maar altijd slinks, door

Lee Kuan Yew lachend poserend voor dezelfde flats in 1965
Lee Kuan Yew posing smiling for the same flats in 1965

In 2019, exactly 200 years after the British founded Singapore, architecture historian Mieke Dings reported on the crucial moments in the urban design history of this extraordinary city-state for Archined. Today, the name Singapore likely calls to mind a perfectly organized consumer paradise comprising impressive skyscrapers, luxury shops, ditto cars and world-famous restaurants. But Dings showed that behind this façade, Singapore is one of the most sustainable and liveable cities in the world.

Although the island has a long history of habitation, Singapore only begins to play a significant part in Western history from the moment that the British Sir Thomas Stamford Raffles succeeded in establishing a trading post there in 1819 and bought the island from the Sultan of Johor-Riau a couple of years later. With a first city plan (Raffles, 1828), the British laid the spatial and organizational foundations of the island state. When in 1959, the British gave Singapore self-government and Lee Kuan Yew (LKY) became its first prime minister, the West held its breath. We discussed with Dings how drastically Singapore's unique public housing system changed the island from the 1960s onwards.

How did you become interested in Singapore?

I don't consider myself an expert, on the contrary, I ended up in Singapore because my partner got a job there. Later I became interested in the history of the wonderful world in which I found myself. I immersed myself in architecture and urban design and I got the chance to work as a guide at the National Museum of Singapore, which portrays the history of the city-state – predominantly as a success story. This is of course also the story that the Singaporean government likes to tell. But because the training for this job was organized by the independent *Friends of the Museums*, there was some room for more critical stories and angles as well. That meant opponents or critics of the now deceased LKY also had their say. They made it clear that they still occasionally suffered the consequences of the criticism they once voiced or still voiced on LKY (or his party, the People's Action Party, PAP). Those consequences were never direct, but always underhand, for example, the business and social interests of opponents and their family members would be thwarted.

bijvoorbeeld zakelijke en maatschappelijke belangen van de tegenstanders en hun familieleden te dwarsbomen.

Later ben ik ook rondleidingen gaan geven in de *City Gallery* van de *Urban Redevelopment Authority* (URA), de planningsautoriteit. De opleiding hiervoor werd door de URA zelf verzorgd en was propagandistischer. Er was ruimte voor kritiek, maar trots prevaleerde.

Die propagandamachine werkt, maar waar zit volgens jou de sleutel van dat succes?

Singapore is in allerlei opzichten een succes: qua economie, onderwijs, planning. De overheid heeft vooral heel goed om zich heen gekeken en adviezen ingewonnen. (Dat doet het nog steeds; het land is leergierig.) Wat huisvesting betreft is de situatie uniek. De overheid benut huisvesting actief om economische en sociale doelen te halen. Meteen toen de Britten het eiland zelfbestuur gaven, richtte de regering van LKY de *Housing and Development Board* (HDB) op met als belangrijkste taak om in vijf jaar 50.000 woningen te bouwen, twee keer zoveel als de Britten in de voorgaande 30 jaar gerealiseerd hadden. De HDB stampte in het begin voornamelijk *emergency flats* uit de grond. Supereenvoudige betonnen flats met eenkamerappartementen aan weerszijden van een donkere en slecht geventileerde gang. Keukens en badkamers waren voor gemeenschappelijk gebruik. Toeval of niet, in dezelfde periode werden door branden verschillende kampongs verwoest, waardoor velen geen andere keus hadden dan in deze betonnen kolossen te gaan wonen. Op de lange termijn betekende deze eerste stap echter wel degelijk voor iedereen een enorme verbetering.

LKY had goed in de gaten dat Singapore een flinke opknapbeurt nodig had om überhaupt investeerders te trekken. Betere huisvesting hielp daarbij. Hij wilde echter geen sociale huisvesting zoals hij in Engeland had gezien, met wijken vol slecht onderhouden huurwoningen. In plaats daarvan wilde hij een systeem waarbij de overheid weliswaar de flats bouwde, maar de inwoners deze konden kopen. Het idee was dat kopers beter voor hun flat en woonomgeving zouden zorgen, en dat ze hiermee letterlijk een aandeel kregen in het land. Op dit moment woont ruim 80 procent van de Singaporezen in een HDB-flat – die natuurlijk allang niet meer lijkt op de *emergency flats* van weleer – en negen op de tien bezit deze flat zelf. Daarmee is Singapore een land van huizenbezitters, maar dan wel op overheidsgrond. Die bezit namelijk, door invoering van de *Land Acquisition Act*, bijna 90 procent van de grond.

Een soort super erfpachtsysteem dus?

Ja, inderdaad. Voor de aankoop van hun flat maken inwoners gebruik van het *Central Provident Fund*, een spaarfonds dat tegelijkertijd pensioen- en zorgfonds is. Daar komen nog subsidies bovenop, omdat de flats anders voor starters onbetaalbaar zijn. Het idee is dat huizenbezitters, zodra ze op leeftijd raken en de kinderen het huis uit gaan, hun gezinsflat verkopen en er een kleinere flat voor terugkopen. Het geld dat ze overhouden, komt bij hun pensioen en zorgpot. Dit systeem werkt tot nu toe goed, omdat de huizenprijzen in Singapore stijgen en de overheid het spel tussen vraag en aanbod kan sturen en dus kan ingrijpen, mochten de prijzen kelderen. Maar geheel risicoloos is het natuurlijk niet.

Het erfpachtsysteem begint nu her en der roet in het eten te gooien. Doordat de *ground lease* van de eerste flats die vaak voor 99 jaar was afgesloten, nu ten einde loopt, zit dit systeem tegen zijn houdbaarheidsdatum aan. Een flat die nog maar een paar jaar zal blijven staan, verkoopt natuurlijk minder goed dan een flat die qua erfpachtcontract nog decennia mee kan. Ook het feit dat je voor je pensioen gedwongen

Later, I also started giving tours in the City Gallery of the Urban Redevelopment Authority (URA), the planning authority. The training for this job was provided by the URA itself and was more propagandistic. There was room for criticism, but pride prevailed.

The propaganda machine works. What do you think is the key to its success?

Singapore is a success in many ways, for example in terms of its economy, education and planning. The government has mainly looked around particularly well and taken advice. (It still does; the country is eager to learn.) In terms of housing, the situation is unique. The government is actively using housing to achieve economic and social goals. Immediately after the British gave the island self-rule, the LKY government set up the Housing and Development Board (HDB) whose main task it was to build 50,000 dwellings in five years' time, twice as many as the British had built in the previous 30 years. Initially, the HDB threw up emergency flats: super-simple, concrete buildings with micro-apartments on either side of dark and poorly ventilated corridors. Kitchens and bathrooms were shared. Coincidence or not, in the same period fire destroyed several kampongs, leaving many people with no choice but to live in these concrete behemoths. But in the long term, this first step would actually mean a big improvement for everyone.

LKY was well aware that Singapore needed a major overhaul if it was to attract any investors at all. Better housing helped. But he didn't want the kind of social housing he'd seen in England, with districts full of poorly maintained tenements. Instead, he wanted a system in which the government built the flats, but residents could buy them. The idea was that owner-occupiers would take better care of their dwellings and their surroundings and that this model would literally allow them to co-own the country. Today, over 80 per cent of Singaporeans live in HDB flats – which of course no longer resemble the emergency flats of old – and nine out of ten of them are owner-occupiers. This makes Singapore a country of homeowners, only the homes are on government land, for by introducing the Land Acquisition Act, the government got to own almost 90 per cent of the land.

A kind of super ground lease system, then?

Yes, exactly. To buy their apartments, residents can make use of the Central Provident Fund, a savings fund that is also a pension fund and healthcare fund. Subsidies are also made available, because otherwise the apartments would be unaffordable for first-time buyers. The idea is that homeowners, when they get older and their children have left home, will sell their family home and buy a smaller apartment in return. The left over money can supplement their pension and healthcare reserves. This system has worked well so far, because house prices in Singapore are rising and the government can control the supply and demand and intervene if prices plummet. But it is not completely risk-free, of course.

Here and there, the ground lease system is now starting to cause problems. The system is nearing its expiry date because the ground lease of the first apartments, which was often concluded for 99 years, is now coming to an end. In terms of ground lease, an apartment that only has a couple of years left sells less well than an apartment that has several decades left. And the fact that people are forced to move before they can retire can have inestimable social consequences as well. But Singapore would not be Singapore – longing for harmonious solutions – if it had not already made efforts to solve this problem. For example, elderly homeowners are allowed to rent out a room, which allows them to

stay in the same place for longer. They can also sell their house back to the government when the ground lease is about to expire and continue to rent it for a further period.

Another hitch has to do with the ethnic integration that the government hopes to achieve with this housing system. The policy is commendable in itself. Rather than separate different ethnicities (which the British did), the government ensures that each apartment block offers a cross-section of Singaporean society. Roughly speaking, this means that of the residents of every HDB flat, 75 per cent are Chinese, 15 per cent Malay, 7 per cent Indian and the rest other. This does present challenges to the housing market. Selling to Chinese people is fairly easy, because they are plentiful. But when a Malay family wants to sell their flat, the market is much smaller. People who find themselves in this situation are allowed more time to sell. So the government does continue to look for solutions.

De grote gemeenschappelijke daktuin van Kampung Admiralty
The large shared roof garden of Kampung Admiralty

So housing is social glue. What other social goals does the government pursue with it?

Through housing, the government tries to influence family formation and composition as well as community spirit. As a young single person or a single parent with children, let alone as a person with a different orientation, it's still difficult to find an apartment in Singapore. Not so for families. While the government initially slowed down the growth of families with the slogan 'boy or girl, two is enough', large families now receive priority. They receive more child benefit, get to live closer to schools and are more likely to qualify for an apartment. So the government is using housing to influence the way society is organized.

A major topic today is the ageing of the population. Children who are willing to move closer to their parents can apply for a subsidy to realize this. The government is also encouraging other forms of cohabitation by children and their parents, for example in so-called Dual Key Apartments, which have a single front door that hides two separate apartments. The government is also experimenting with other forms of housing for senior citizens. The prize-winning Kampung Admiralty designed by WOHA Architects is one of the outcomes of these experiments. It's a building with various stacked functions: a substructure with urban functions such as shops and a food court, on top of that a layer with medical facilities and finally one including apartments for senior citizens, a crèche and a large, shared roof garden.

A government that anticipates social developments by controlling housing sounds intriguing, but does it also experiment to learn what does or does not work?

Yes and no. In recent years especially, there has been room for innovation in housing. Innovation hardly takes place inside the apartments, which are still rather small. In that respect, there's a huge difference with the Netherlands, where the majority of people eventually want a single-family dwelling. That's out of the question in Singapore! In Singapore you'll always end up in an apartment (between 36 and 110 m2) in some block of flats and that's why house hunters focus on location, facilities in and around the flat and proximity to the Mass Rapid Transport system.

The real experiments are in the organization or setup and in the shared spaces of the blocks of flats. How many apartments still make a manageable community? Where can children play and how do you supervise that? How do residents meet? In any case, almost all the apartment buildings are on stilts, so the ground floor is available for play, encounter and recreation. And if there is no public ground floor there is usually a fully furnished, open floor somewhere higher up in

bent te verhuizen, kan sociaal ingrijpend zijn. Maar Singapore zou Singapore niet zijn als hiervoor – vanuit het verlangen er in harmonie uit te komen – niet al oplossingen gezocht waren. Zo kunnen huizenbezitters op leeftijd nu een kamer in hun huis verhuren, zodat ze langer op dezelfde plek kunnen blijven wonen. Ook kan men het huis terug verkopen aan de overheid als het erfpachtcontract bijna afloopt en het dan nog een periode blijven huren.

Een andere kink in de kabel heeft te maken met de *ethnic integration* die de overheid met het huisvestingssysteem beoogt. Dit beleid is op zich prijzenswaardig. In plaats van de verschillende etniciteiten te scheiden (wat onder de Britten gebeurde) ziet de overheid erop toe dat elk flatgebouw een doorsnede biedt van de Singaporese samenleving. Dat betekent grofweg dat in elke HDB-flat 75 procent Chinees is, 15 procent Maleis, 7 procent Indiaas en de rest anders. Voor de huizenmarkt levert dat wel uitdagingen op. Verkopen aan Chinezen gaat vrij makkelijk, want die zijn er in overvloed. Maar wanneer je als Maleis gezin je flat wilt verkopen, dan is de markt veel kleiner. Wel mag je in zo'n situatie langer over de verkoop doen; zo worden er steeds wel oplossingen gezocht.

Huisvesting is dus een bindmiddel. Wat voor andere sociale doelen streefde de overheid ermee na?

Via huisvesting probeert de overheid naast gemeenschapszin ook de gezinsvorming en -samenstelling te beïnvloeden. Als jonge *single* of alleenstaande ouder met kinderen, laat staan als anders geaarde, kom je in Singapore nog steeds moeizaam aan een flat. Als gezin ligt dat anders. Remde de overheid aanvankelijk de groei van gezinnen af met de leus *boy or girl, two is enough*, krijgen grote gezinnen nu juist voorrang. Ze krijgen meer kinderbijslag, mogen dichter bij scholen wonen of komen eerder in aanmerking voor een flat. Dus de overheid speelt via huisvesting in op de inrichting van de samenleving.

Eén van de grote onderwerpen nu is de vergrijzing. Kinderen die bereid zijn om dichter bij hun ouders in de buurt te gaan wonen, kunnen daarvoor subsidie krijgen. Ook stimuleert de overheid andere vormen van samenwonen van kinderen met hun ouders, bijvoorbeeld in de vorm van *Dual Key Apartments*, waar zich achter één deur twee appartementen bevinden. Ook experimenteert de overheid met verschillende vormen van ouderenhuisvesting. Het prijswinnende *Kampung Admiralty* naar ontwerp van WOHA Architects is een van de uitkomsten hiervan. Dit gebouw stapelt verschillende functies: een plint met stedelijke bestemmingen als winkels en een *foodcourt*, daarop een laag met medische voorzieningen en ten slotte flats met appartementen voor ouderen, een crèche voor kinderen en een grote gemeenschappelijke daktuin.

Een overheid die anticipeert op maatschappelijke ontwikkelingen door te sturen aan woningbouw klinkt intrigerend, maar is er dan ook sprake van experimenten om te leren wat wel of niet werkt?

Ja en nee, vooral de laatste jaren is er ruimte voor vernieuwing in de woningbouw. Die vernieuwing zit 'em niet zozeer in de appartementen zelf, die blijven vrij klein. Wat dat betreft is er een enorm verschil met Nederland, waar het merendeel uiteindelijk een eengezinshuis wil. Dat is in Singapore niet aan de orde! Daar heb je het sowieso met een appartement ergens in een flat te doen (variërend tussen 36 en 110 m^2) en daarom kijken woningzoekenden meer naar de locatie, de voorzieningen in en om de flat en de nabijheid van de metro.

Het echte experiment vindt meer in de organisatie of opzet, en de gemeenschappelijke ruimte van de flatgebouwen plaats. Hoeveel flats vormen samen nog een overzichtelijke gemeen-

the building. These places were originally called 'void decks', but they are now often furnished with picnic benches, deck chairs, playground equipment and so on. Increasingly, they have kitchen gardens or herb gardens as well. In each block of flats, the HDB investigates which functions and furnishings will stimulate community building, social contact and movement. They often invite architects to come up with ideas as well.

How does this government control actually work? Does it involve market forces or is the government itself the client?

In social housing, the government, through the HDB, is both initiator and client. But in exceptional cases, it will try to interest other parties, like major developers. This happened in the case of Kampung Admiralty: the government had drafted a tender for developers. As no one came forward, the HDB decided to take matters into its own hands and asked WOHA to draw up a plan. Today, the government often brings in innovative designers to demonstrate that it is actually possible to design innovative projects under strict regulations on, for example, minimum dimensions, the importance of community and incident sunlight.

And it also works the other way round. When private entrepreneurs develop successful hotel concepts, for example, the government is quick to copy useful elements in new housing projects. The same applies to making buildings more sustainable – this is really becoming a matter of prestige. So if someone has developed a beautiful, energy-neutral building, everybody else wants to reach the same level. Ultimately, Singapore is such a small island that everybody is watching everybody and everybody wants to perform best.

Are there any limits to Singapore's success story?

Well, it's a very small island of course, with many inhabitants and dependent on the global economy. The corona crisis has hit it hard. The country can soak up some of that, but it will have to keep reinventing its role in the global economy. Politically, the PAP is still doing reasonably well, as the majority of residents recognize that most government decisions serve the common good. This will continue as long as the majority feels adequately represented and heard. This is still the case today, but things are starting to change. The government will have to learn to listen to its citizens and accept

Gebruik van de gemeenschappelijke daktuin van Kampung Admiralty
The use of the of the shared roof garden of Kampung Admiralty

schap? Waar kunnen kinderen spelen en hoe hou je daar toezicht op? Hoe ontmoeten bewoners elkaar? Sowieso staan bijna alle flats op poten waardoor de onderlaag beschikbaar is om te spelen, te ontmoeten, te recreëren. En als er geen publieke begane grond is, dan is er wel ergens hoger in het gebouw een volledig gemeubileerde, open verdieping te vinden. Dit soort plekken werden aanvankelijk *void decks* genoemd, maar ze zijn nu vaak ingericht met picknickbanken, ligstoelen, speeltoestellen, enzovoort. Ook zijn er steeds vaker moestuinen of kruidentuinen te vinden. Per flat onderzoekt de HDB welke functies en inrichting de gemeenschapsvorming, het sociale contact of de beweging stimuleren. Daarbij worden vaak architecten uitgenodigd om met ideeën te komen.

Hoe werkt die overheidssturing concreet? Gaat het om marktwerking of is de overheid zelf opdrachtgever?

In sociale woningbouw is de overheid vanuit de HDB initiatiefnemer en opdrachtgever. Maar in uitzonderlijke gevallen probeert ze wel degelijk ook andere partijen, zoals grote ontwikkelaars, geïnteresseerd te maken. Zo ook bij *Kampung Admiralty:* de overheid had een inschrijving voor ontwikkelaars opgesteld. Omdat die zich niet meldden, besloot HDB het heft zelf in handen te nemen en vroeg WOHA een plan te maken. Zo trekt de overheid tegenwoordig wel vaker zelf vernieuwende ontwerpers aan om te demonstreren dat binnen de strikte regelgeving over bijvoorbeeld minimale maten, het belang van gemeenschap en bezonning, het toch mogelijk is vernieuwende projecten vorm te geven.

En het werkt ook andersom. Wanneer private ondernemers bijvoorbeeld succesvolle hotelconcepten ontwikkelen, worden daar snel dingen van afgekeken of gebruikt in nieuwe woningbouwprojecten. Dat geldt ook voor verduurzaming van gebouwen, dat is echt een prestigeding aan het worden. Dus als iemand een prachtig energieneutraal gebouw heeft ontwikkeld, willen alle anderen hetzelfde niveau bereiken. Uiteindelijk geldt ook dat Singapore een zodanig klein eiland is dat iedereen elkaar in de gaten houdt en graag de beste leerling van de klas wil zijn.

Zijn er ook grenzen aan het succesverhaal van Singapore?

Het is natuurlijk een heel klein eiland met veel inwoners en afhankelijk van de wereldeconomie. De coronacrisis heeft hard toegeslagen. Het land kan wel wat incasseren, maar het zal zijn rol in de wereldeconomie steeds opnieuw moeten bepalen. Politiek gezien doet de PAP het nog redelijk goed, omdat het merendeel van de ingezetenen inziet dat de meeste overheidsbeslissingen het algemeen belang dienen. Dit zal goed gaan, zolang de meerderheid zich voldoende gerepresenteerd en gehoord voelt. Nu is dat nog het geval, maar dingen beginnen te veranderen. De overheid zal moeten leren luisteren naar de inwoners en moeten accepteren dat de wereld diverser is dan wat tot nu toe de standaard was. Het begint in Singapore door te dringen dat je als *single* niet gewoon pech hebt en dat homoseksuele mensen bestaan. De oppositie is in Singapore heel lang klein gehouden en gebleven, maar je ziet wel een jongere generatie opstaan, die meer bereid is om de barricades te beklimmen en invloed te eisen.

En de overheid is meer geneigd te luisteren. In het klein zie je dat nu bij te slopen gebouwen. De jongere flats zijn altijd vrij eenvoudig tegen de vlakte gegaan als de overheid dat wilde. Maar anders dan voorheen is er nu ook een beweging die pleit voor behoud, omdat zij zich met deze gebouwen identificeert. Enigszins morrend toont de overheid zich dan bereid tot een debat, met soms als resultaat dat een gebouw blijft staan of wensen van bewoners op een andere manier worden gehonoreerd.

that the world is more diverse than the standard it set so far. It's beginning to dawn on Singapore that being single is not just bad luck and that gay people do exist. Opposition has been kept small in Singapore for a long time, but you do see a younger generation rising up, more willing to climb the barricades and demand influence.

And the government is more inclined to listen. You can see this in a small way now, with the buildings that are demolished. The government always simply tore down younger blocks of flats whenever it wanted to. But unlike before, there is now a movement that pleads for preservation, because it identifies with these buildings. Somewhat grudgingly, the government has been prepared to engage in debate and this has occasionally resulted in the preservation of a building or in residents' wishes being honoured in a different way.

Complexiteit als motor voor verdieping
Complexity as a Motor for Improvement

Interview met/with **Floris Alkemade**

Vertrekkend Rijksbouwmeester Floris Alkemade roept in zijn boek *De Toekomst van Nederland: de kunst van richting te veranderen*[1] onder andere op de huidige sociale, technologische en economische systemen radicaal te herzien en 'ons dagelijks leven opnieuw uit te vinden'.

Zonder het echt te beseffen leven we volgens Alkemade namelijk in een revolutionaire tijd waarin we een beslissende wending aan de toekomst van ons land kunnen geven. De afstand tussen wat we als maatschappij willen en wat we daadwerkelijk doen, is immers groot. Alkemade bespeurt dan ook een groeiend verlangen om een heel ander waardestelsel op te bouwen. Met 'alleen bedenken wat we noodgedwongen moeten' komen we er namelijk niet; het gaat om 'wat we eigenlijk zouden kunnen willen'. Nederland krijgt te maken met vragen van een uitzonderlijk grote complexiteit zoals klimaatverandering, de vergrijzende samenleving, de overstap naar hernieuwbare energiebronnen en de transformatie van de landbouw naar een schone, diervriendelijke en natuurinclusieve bedrijfstak – om er enkele te noemen. De verleiding is groot om bij een dergelijke ongrijpbare complexiteit te vluchten in pessimisme, maar optimisme en verbeeldingskracht vormen in de optiek van Alkemade juist een veel krachtiger motor voor verandering – die ontwerpers juist nu moeten aanspreken.

Maquette van een adaptieve structuur voor de flats van Rolduckerveld, Kerkrade door New Urban Networks en architecten Jan Nauta, Tim Peeters en Violette Schönberger. Hun ontwerp 'Parkpaleis' maakt flexibel gebruik van gebouwen voorstelbaar
Model of an adaptive structure for the flats of Rolduckerveld, Kerkrade by New Urban Networks and architects Jan Nauta, Tim Peeters and Violette Schönberger. Their design 'Parkpaleis' makes the flexible use of buildings imaginable

De essentie van het vinden van een nieuwe richting ligt volgens Alkemade in het doorgronden van de feitelijke vraag. Dat geldt ook voor de woningbouwopgave. Als je een miljoen woningen wil bouwen, moet je niet automatisch opnieuw kijken naar het buitengebied, maar juist naar bestaand bebouwd gebied, bij knooppunten van openbaar vervoer. Alleen zo kun je een antwoord bieden op de woonwensen van expats en ouderen, en bovendien de doorstroming in de hele keten op gang brengen. Met behulp van deze bouwgolf verbeter je de bestaande wijken en verbindt je sociale met energetische verduurzaming.

We spreken Alkemade over zijn ervaring als Rijksbouwmeester via een videoverbinding vanuit de auto, onderweg naar huis van een van zijn vele voordrachten.

Het programma Experimentele Woningbouw – om meer differentiatie in het naoorlogse woningaanbod te krijgen – heeft in de jaren 1970 als initiatief van het ministerie van Volkshuisvesting en Ruimtelijke Ordening ongeveer tien jaar bestaan. Bijna een halve eeuw later zijn wij opnieuw geïnteresseerd in de waarde van zo'n overheidsprogramma. Ook nu is er sprake van een groeiende onevenwichtigheid tussen vraag en aanbod, een gebrek aan betaalbare woningen en tegelijkertijd de noodzaak tot 2030 een miljoen nieuwe woningen op te leveren. Kunnen we leren van een voorbeeld als het programma Experimentele Woningbouw?

Ik denk dat de tijd waarin het Rijk dit programma ondersteunde, een van de laatste momenten is geweest, dat er bij de overheid nog een daadwerkelijk besef van verantwoordelijkheid heerste voor dit soort sociaal-maatschappelijke thema's. In de jaren 1990 is die verantwoordelijkheid naar de markt verschoven, vanuit de (neo)liberale veronderstelling dat vraag en aanbod op een magische wijze zelf wel de juiste cocktail zouden smeden en dus de passende antwoorden zouden leveren. Met het verlaten van de klassieke overheidsrol heeft ook het marktmechanisme van een louter op profijt gebaseerde vraag en aanbod als belangrijk sturend principe zijn intrede gedaan. Dat leek een tijd lang goed te gaan, maar je ziet nu dat er barsten in het systeem ontstaan.

Opvallend vind ik bijvoorbeeld dat er vijf jaar geleden nog geen woningnood was; onze grote steden hadden geen woningbouwprogramma van betekenis, en nu opeens zien we die

In his book *De Toekomst van Nederland: de kunst van richting te veranderen* (The future of the Netherlands: the art of changing direction)[1] outgoing Dutch Government Architect Floris Alkemade calls for a radical revision of current social, technological and economic systems and for 'a reinvention of our daily lives' – among other things.

Without really realizing it, says Alkemade, we are living in revolutionary times in which we can decisively change the future of our country. After all, there is a yawning gulf between what we as a society want and what we actually do. Alkemade is detecting a growing desire to build a completely different value system. It's not enough to only consider what we 'need to do'; we have to ask ourselves what it is that we 'can actually want'. The Netherlands will be facing exceptionally complex issues including climate change, an ageing society, the transition to renewable energy sources and the transformation of agriculture into a clean, animal-friendly and nature-inclusive industry – to name but a few. In the face of this unmanageable complexity, we may be tempted to take refuge in pessimism, but according to Alkemade optimism and imagination are a much more powerful motor for change – and one that designers should crank up right away.

Essentially, says Alkemade, finding a new direction begins with understanding what the problem actually is. This is also true of the housing challenge. If you want to build a million dwellings, you shouldn't automatically look at the countryside, but rather at existing built-up areas near public transport hubs. That is the only way to not only fill the housing needs of expats and senior citizens, but also get people to move through the housing chain as a whole. With the help of this wave of new construction, you can then improve existing neighbourhoods and connect the development of social sustainability with the production of renewable energy.

Alkemade spoke to us about his experience as Dutch Government Architect via a video link from the car as he was on his way home from one of his many lectures.

The 1970s Experimental Housing Programme – aimed at achieving greater differentiation in the post-war housing stock – was an initiative of the Ministry of Housing and Spatial Planning that existed for about ten years. Almost half a century later, we are once again interested in the value of this type of government programme. And once again, there's a growing imbalance between supply and demand, a shortage of affordable housing and, at the same time, the need to complete a million new dwellings by 2030. Can we learn from an example like the Experimental Housing Programme?

I think that the era in which the government supported this programme was one of the last in which it had a real sense of responsibility for this type of social issue. In the 1990s, this responsibility shifted to the market, based on the (neo)liberal assumption that supply and demand would magically forge the right cocktail and thus provide appropriate solutions. When the government abandoned this classic role, the market mechanism of a purely profit-based supply and demand became an important guiding principle. This appeared to do well for a while, but now you see the system starting to fall apart.

I find it striking, for example, that there was no housing shortage five years ago. Major cities had no significant housing development programme, but now suddenly we see these huge shortages and downright alarming prognoses. This strange distortion is created by the market, which only looks three to four years ahead. But the housing challenge needs to be considered over a period of 30 to 40 years, to be sure you aren't swayed by the issues of the day. Running to extremes is not a sensible strategy.

enorme tekorten en prognoses die ronduit alarmerend zijn. Daar zit een rare vertekening in door de markt, die slechts drie à vier jaar vooruitkijkt. Maar de woningbouwopgave zou je eigenlijk over termijnen van 30 tot 40 jaar moeten bekijken, want anders bouw je voor de waan van de dag. Hollen of stilstaan is geen verstandige strategie.

We moeten ons ook realiseren dat als je kijkt naar de vier grote steden, alleen Utrecht nog groeit door binnenlandse aanwas; de andere steden groeien eigenlijk alleen door buitenlandse migratie. Nu al wordt de markt in bijvoorbeeld Amsterdam voor het grootste deel bepaald door expats. Tachtig procent van die buitenlandse instroom verblijft hier maar tijdelijk. Ook wanneer we beseffen dat een groot deel van de vraag naar nieuwe woningen dus niet ontstaat als gevolg van groei van het aantal inwoners, maar doordat er steeds meer eenpersoonshuishoudens komen, dan verandert dat de kijk op de aard van de opgave. Wanneer we tot slot demografische trends als de sterke vergrijzing in beschouwing nemen en ons realiseren dat binnen nu en 30 jaar heel veel woningen gaan vrijkomen, ontstaat er een heel ander beeld van wát er nodig is en wáár die woningen nodig zijn. Dat is een totaal ander verhaal dan wat er vanuit marktbelang of de politiek naar voren komt. Het is in het belang van ontwerpers, maar ook van een tijdschrift als *DASH* om daar de vinger op te leggen, want dit is een hele andere boodschap.

Maar wat zouden we concreet kunnen leren door terug te kijken?

Door terug te kijken kunnen we erachter komen naar welk antwoord men indertijd op zoek was. Ik denk dat het ging om een vraag naar slimmere bouwtechniek, slimmer materiaalgebruik en bouwmethodiek om zo optimaal gebruik te kunnen maken van de voordelen van industrialisering. Maar ik denk ook dat het ging om een achterliggende maatschappijvisie, dat bepaalde architecten bezig waren met de vraag: hoe kunnen we een gemeenschap maken? Ik ben ervan overtuigd dat diezelfde thema's, en misschien in nog wel intensere mate, nu weer van belang worden. We zien bijvoorbeeld dat de woonwijken die gebouwd zijn toen de norm nog uit grote gezinnen bestond, de kerk nog in het midden van de wereld stond en de overheid nog voor haar burgers zorgde, nu met steeds meer en grotere problemen te kampen hebben. We leven inmiddels in een totaal omgekeerde wereld. In plaats van te ontwerpen voor een geboortegolf, doen we dat nu voor een vergrijzende bevolking, en een homogene bevolking is een multiculturele samenleving geworden. In plaats van veel collectieve voorzieningen voor bewoners gaan we nu uit van de zelfredzame burger die zijn eigen weg moet zien te vinden. Kortom, alle uitgangspunten waarmee we een groot deel van onze woonwijken gebouwd hebben, zijn 180 graden gedraaid en dat vraagt om op een andere manier met de opgave van het wonen en de woonwijken om te gaan. We kunnen niet voortdurend dezelfde antwoorden blijven geven, als de vraag zo fundamenteel is veranderd.

U zegt dus dat nieuwe uitdagingen zoals klimaatadaptatie of de energietransitie kansen bieden voor een krachtige, nieuwe betekenis van het ontwerp?

Ja, deze tijd is interessant omdat we niet alleen weten hoe we duurzame energie zouden kunnen opwekken, maar ook omdat we de noodzaak om energetisch te veranderen ook meteen kunnen aangrijpen om de stad zelf te verbeteren. Daar zit een heel logisch verband in. Hoe kun je de energetische ambitie, zoals alle woningen van het gas af, combineren met een sociaal- maatschappelijke agenda? We zien veel sociale segregatie, vereenzaming, een groeiende behoefte en noodzaak om aan een totaal andere manier van het organise-

We also have to realize that if you look at the four major cities, only Utrecht is still growing due to domestic growth. The other cities are really only growing as a result of foreign migration. In Amsterdam, for example, today's housing market is largely determined by expats. Eighty per cent of this foreign influx will only stay on temporarily. When we realize that a large proportion of the demand for new dwellings is not the result of increasing numbers of inhabitants, but of an increasing number of single-person households, this will also change our view of the nature of the challenge. Finally, if we take into account demographic trends such as the significant ageing of the population and realize that many dwellings will become vacant in the next 30 years, we're looking at a completely different picture of how many dwellings we need and where we need them. It's a completely different story than that put forward by market interests or politics. It's in the interest of designers as well as a magazine like *DASH* to pin this down, because it really is a completely different message.

Concretely, what can we learn by looking back?

Looking back, we can find out what solutions people were searching for at the time. I think there was great demand for smarter building technologies, smarter ways to use materials and smarter building methods, to be able to make the most of the advantages of industrialization. But I also think this was about underlying social views, there were certain architects who addressed the question: How can we build a community? I'm convinced that those very same themes are once again becoming important, perhaps to an even greater extent. The residential areas that increasingly struggle today are the ones that were built when large families were still the norm, society still centred on the church and the government still looked after its citizens. The world we live in today is the exact opposite. Rather than for a baby boom, we're now designing for an ageing population; what was once a homogeneous population is now a multicultural society. Instead of many collective facilities for residents, we now have the assumption that citizens are self-reliant and will find their own way. In short, all of the starting points we used when we built a large number of our residential areas have U-turned. This different situation requires us to deal with the challenges of housing and residential areas in a different way. We can't keep coming up with the same solutions, when the issue has changed so fundamentally.

So what you're saying is that new challenges such as climate adaptation or the energy transition offer opportunities to provide design with a powerful, new meaning?

Yes, this time is interesting because we not only know how to generate renewable energy, but can also use the need

De bestaande flats op het Rolduckerveld in Kerkrade
The existing flats on the Rolduckerveld in Kerkrade

ren van zorg te werken – het zijn allemaal prachtige thema's om mee aan de slag te gaan in bestaande stedelijke gebieden en wijken. Daar kan je echt ontwerpkracht, verbeeldingskracht en experimenterend vermogen inzetten. Met andere woorden: de agenda uit de jaren 1960/1970 was gericht op de noodzaak te veranderen en die agenda kan, met kleine aanpassingen, weer de agenda van nu zijn, maar dan in een totaal andere maatschappelijke context.

Wat geeft u het vertrouwen dat dit kan?

We weten dat, als we nu vooral de grondgebonden eengezinswoningen bouwen waar volgens marktonderzoek behoefte aan is, we over 20 jaar met een geweldig overschot aan juist dat type woningen zullen zitten en dan ook nog eens buiten de stad.

We moeten dus de keten beter doordenken om erachter te komen waar echt behoefte aan is. Daarnaast moeten we ook het idee doorbreken dat onze woonwijken af zijn. Ik merk dat de veranderopgaven van dit moment nog te vaak worden gezien in het licht van extra isolatie en zonnepanelen. Maar er zijn echt veel meer kansen om tegelijkertijd ook andere, en minstens zo urgente agenda's aan te pakken. Denk bijvoorbeeld aan de starters op de woningmarkt die nu buiten spel staan. In Kerkrade, een groot krimpgebied, hebben we bijvoorbeeld laten zien dat ontwerpers in staat zijn om flats, die op de nominatie staan om te worden gesloopt, te transformeren tot riante kluswoningen voor een fractie van de prijs van een woning in de randstad – en met een geweldig uitzicht.

Omdat het doorbreken van de keten niet per se in het belang van de markt is, hebben we vanuit het College van Rijksadviseurs (CRA), samen met het ministerie van BZK, ook een 'flexwonen'-studie opgezet, een verdichtingsproject waar we op zoek gaan naar andere inzichten die leidend kunnen worden bij verandering – naar een nieuwe logica in het verhaal. In flexwonen hebben we in een aantal steden ontwerpteams als opdracht één vierkante kilometer gegeven met de vraag: bestudeer dit gebied en bedenk hoe we hier kunnen verdichten met flexibele woningbouw? En dan zie je dat je 10 tot 15 procent kunt verdichten en tegelijk wijken stevig kunt verbeteren door naast woningbouw ook thema's als vereenzaming, verandering van de zorg, het tegengaan van hittestress door meer groen en de noodzaak de woningen van het gas te halen, mee te nemen. In het geval van de versnelling van de woningbouw is het koppelen van beleidsdoelen een geweldige kans voor ontwerpers. Ik merk bij verschillende ministeries dat daarvoor steeds meer aandacht is. Dat bewijst volgens mij dat de complexiteit van de opgave juist voor ontwerpers geen handicap meer is, maar een prachtige motor om vanuit een nieuwe logica en samenhang te werken.

Het programma Experimentele Woningbouw was een goed voorbeeld van overheidsingrijpen om andere antwoorden mogelijk te maken. Is het wenselijk en voorstelbaar dat de overheid nu weer ingrijpt om niet alleen de markt haar werk te laten doen?

We hebben gezien dat de markt ook zelf kan vernieuwen, zeker tijdens een crisis. Zo leidde de abrupte stilstand van de economie tussen 2008-2015 tot enorm veel interessante ontwikkelingen. De noodzaak om te veranderen was groot; traditionele ontwikkelende partijen durfden nauwelijks meer iets te ondernemen, waardoor nieuwe spelers van buiten het vakgebied hun kans schoon zagen. Maar toen de economie weer aantrok, was de vraag al snel weer zo groot dat de noodzaak om te veranderen als sneeuw voor de zon weer even snel verdween.

Vanuit het marktdenken is een dergelijke ontwikkeling te begrijpen, maar vanuit het grotere belang van de overheid is

to change our energy use as leverage to improve the city itself. There's a very logical connection between the two. How can you combine energy ambitions, such as making all homes natural gas-free, with a social agenda? We see a lot of social segregation, loneliness, a growing need and necessity to organize healthcare in a completely different way – these are all wonderful themes to work on in existing urban areas and neighbourhoods. That's where you can really use the strength of design, imagination and experimentation. In other words: with a couple of small adaptations we can now reuse the 1960s and 1970s agendas, which focused on the need to change, only in an entirely different social context.

What gives you the confidence that this will work?

We know that if we now concentrate mainly on building the single-family dwellings that market research indicates we need today, we'll have a huge surplus of precisely that type of dwelling in 20 years' time, and located outside the city at that.

This means we have to rethink the entire chain carefully, to find out what it is we really need. We also have to throw away the idea that our residential districts are perfect. I find that change is too often still understood in the light of extra insulation and solar panels. But there are so many more opportunities to tackle other and at least as urgent agendas at the same time. Consider first-time buyers on the housing market, who are currently sidelined. In Kerkrade, an area suffering from major population decline, we've demonstrated that designers can transform blocks of flats that are up for demolition into spacious houses for a fraction of the price of new dwellings in the Randstad – and they have great views!

Because breaking the chain is not necessarily in the interest of the market, we at the Board of Government Advisors (CRA), together with the Ministry of the Interior and Kingdom Relations, have set up a study called Flexwonen. It's a densification project that looks for new insights that can bring change and for a new logic to the story. Flexwonen commissioned design teams in a number of cities to study a single square kilometre and figure out ways to densify it using flexible housing. And then you see that you can increase the density by 10 to 15 per cent and at the same time improve neighbourhoods significantly by also addressing issues like loneliness, by making changes in healthcare, by combating heat stress through more green and by making dwellings natural gas-free. In the case of accelerated house building, linking policy targets creates great opportunities for designers. I've noticed various ministries paying more and more attention to this. In my opinion, this proves that designers no longer see the complexity of the challenge as a handicap, but rather as a wonderful reason to find a new logic and coherence as the basis for their work.

The Experimental Housing Programme was a good example of government intervention meant to allow for alternative answers. Is it desirable and conceivable that the government will once again intervene rather than simply allow the market to do its work?

We've seen that the market can be innovative as well, especially during a crisis. The abrupt standstill of the economy between 2008 and 2015 led to many interesting developments. The need to change was great; traditional development parties hardly dared to do business anymore, so new players from outside the profession saw their chance. But when the economy picked up, demand was soon so great that the need to change disappeared just as quickly.

Such a development is understandable from the point of view of the market, but from the point of view of the govern-

dit een onwenselijke situatie die leidt tot hollen of stilstaan. Hoewel afgeremd door de gezondheidscrisis waarin we ons op dit moment bevinden, zijn nu weer alle pijlen gericht op snel en veel produceren, terwijl een paar jaar geleden bouwvakkers zich noodgedwongen massaal lieten omscholen. Dat het ook anders kan, bewijst bijvoorbeeld de Franse overheid. Die zei: in deze crisis is de markt verlamd, dan het is dus nu aan ons om initiatief te nemen. Waar de rest van de EU steen en been klaagde, had Frankrijk een duidelijk anti-cyclus beleid. Hoewel er zeker ook nadelen aan het Franse beleid kleven – ze kregen bijvoorbeeld hun begrotingstekort maar niet onder controle – bood het wel duidelijkheid. De afwezigheid van een dergelijk duidelijk beleid leidde in Nederland zoals gezegd tot een grote ontslaggolf van bouwvakkers en het faillliet van veel architectenbureaus. Die werkkracht heb je niet een-twee-drie op peil als de markt weer aantrekt, zodat we nu eigenlijk alweer achter de feiten aanlopen. Je mag toch verwachten van een overheid dat ze daar met meer strategisch vernuft in opereert, maar dat is politiek niet eenvoudig.

Vanuit het CRA stimuleren wij in ieder geval het vermogen van ontwerpers om complexe situaties en thema's te doorgronden, nieuwe kansen te scheppen en met een wijdere ruimtelijke blik slimme verbindingen aan te dragen. Het talent nieuwe wegen bloot te leggen, waar de oude vastlopen.

1 Floris Alkemade, *De Toekomst van Nederland.: de kunst van richting te veranderen* (Bussum: Uitgeverij Thoth, 2020).

ment's greater interest, it's an undesirable situation that leads to extremes. Although there was some deceleration due to the health crisis in which we find ourselves at the moment, the focus is now on rapid and plentiful production, whereas a few years ago, construction workers were forced to retrain en masse. The French government demonstrated that it doesn't have to be that way. It said: in a crisis like this, the market is paralyzed so it's now up to us to take the initiative. While the rest of the EU groaned and moaned, France had a clear anti-cyclic policy. And although the French policy had its drawbacks – for one thing, the government struggled to get its budget deficit under control – it did provide clarity. In the Netherlands, the absence of a policy led to a huge wave of redundancy among construction workers and to the bankruptcy of many architecture offices. It's not possible to rebuild such a workforce in the blink of an eye when the market starts to pick up again, so we've already been overtaken by events. You might expect a government to operate with more strategic ingenuity, but that's not easy politically.

In any case, we at the CRA stimulate the ability of designers to fathom complex situations and themes, to create new opportunities and to suggest smart connections on the basis of their broader spatial views. They have the talent to uncover new paths when the old ones are obstructed.

1 Floris Alkemade, *De Toekomst van Nederland: de kunst van richting te veranderen* (Bussum: Uitgeverij Thoth, 2020).

Projectdocumentatie Experimentele woningbouw

Project Documentation Experimental Housing

Olv Klijn, Pierijn van der Putt, Dick van Gameren

Met bijdragen van/With contributions by:
Yael Allweil, Fernando Altozano, Frederique van Andel, Zihao Wong, Jurjen Zeinstra

Tekeningen/Drawings:
Melle Haak, Melvin de Wijs

The ongoing crisis in the affordability of housing, the diversity in the compositions of households and the continuing demand for new dwellings prompted *DASH* to look for examples of building experiments in which (mainly through government action) critical space was created within existing structures to come up with new solutions. Our starting point was the national Dutch Experimental Housing Programme, which awarded designations to innovative housing projects in the Netherlands between 1968 and 1980. Besides generating typological innovations, the experiments also seem to have instigated architectural change. And they not only addressed the client-architect relationship, but also methods of financing. The plan documentation below highlights five remarkable projects from the Experimental Housing Programme. They are, in chronological order:

De Wouden in Assen was designed by Ben van Tongeren. He developed an ingenious structure that took account of tenants' changing space needs. Linking different floor areas to a core allowed him to realize homes of varying sizes in a single urban block, depending on the ideas of the owner or inhabitant.

Onder de Bogen in Zwolle is a project designed by Aldo van Eyck and Theo Bosch that constitutes a clear countersignal against the urban development customary at the time. With their design the architects managed to get a planned thoroughfare in the centre of Zwolle cancelled and to restore existing buildings, respecting the finely meshed system of streets by adding complex, small-scale architecture instead.

De Vier Vierkanten in Alkmaar, which architect Abe Bonnema titled 'Urbanization rather than Suburbanization', is a project that not only stands out because of its high urban density, but also because it employed a wood-frame construction technique that was developed to a very high standard both inside and out.

De Wandelstraat in Woerden by architect Es van Ginkel is without doubt one of the most remarkable projects that ever received the Experimental Housing Designation. By their asymmetrical profiles, longitudinal roofs and building volumes of varying heights, these three car-free, irregularly shaped streets form a whole that comes closest to a medieval city street.

De Zonnetrap: dissatisfied with an urban design practice that focused on the separation of functions, Enrico Hartsuyker and Luzia Hartsuyker-Curjel formulated their own, different kind of multifunctional city and called it Biopolis. On the basis of this concept they designed retirement centre De Zonnetrap as a small city, right in the heart of Rotterdam's Lombardijen District.

In addition to Dutch projects, we also documented five foreign projects. Although they were realized under entirely different circumstances, they are examples of projects that came about as a result of (government) programmes that were looking for new ways to meet to the challenges of a particular time and place – ways that did not come up automatically in the regular building industry. Again in chronological order, they are the following projects:

Pearlbank Apartments, designed by architect Tan Cheng Siong, is an early example from Singapore where the government encouraged architects to come up with alternative housing designs in order to make high-rise attractive to the middle class.

Coll del Portell, a nine-storey volume comprising nine dwellings and an office, was rea;ized by Francesc Rius on the southern slope of Monte Carmelo in Barcelona in accordance with a formula that we would call 'CPC' (collective private commissioning) today. The entire building was designed on the basis of space frame trusses, which, although common in industrial buildings at the time, had probably never been applied in a residential building before.

The Hill Estate in Gilo, near Jerusalem, was designed by father Arieh and son Eldar Sharon. Unlike the architects of the surrounding projects, the Sharons experimented with the experience of spatiality and the specific character of Jerusalem through the iterative use of prefabricated elements and the use of modular units and made the most of the existing topography.

The **Branch Hill** project by architects Gordon Benson and Alan Forsyth is located in one of London's wealthiest neighbourhoods, in a green area behind a nineteenth-century country estate bordering Hampstead Heath. Having 42 council houses built on this site was a radical and controversial statement by the Camden Borough Council in the latter days of the English welfare state.

Kampung Admiralty in Singapore, designed by WOHA Architects, can be seen as a stacked kampong or, as they themselves call it: a layered club sandwich. Primarily, however, this project is a direct consequence of the ambition – and of the government programmes linked to it – to become one of the healthiest and most sustainable cities on Earth through cleverly designed architecture and urban planning.

All of the projects in this *DASH* have been drawn anew. First of all in context; next, using archive images and drawings, we reflected on the genesis of each project. Using the so-called '*DASH* plan', we drew maps of each project in such a way that the interaction between interior, architecture and urban design became visible. Then, with the help of axonometric or perspective drawings, we highlighted the experimental character of each project. Finally, we included the most important floor plans, sections and views.

De voortdurende betaalbaarheidscrisis, de diversiteit in samenstelling van huishoudens en de niet aflatende vraag naar nieuwe woningen waren de aanleiding voor *DASH* om op zoek te gaan naar voorbeelden van gebouwde experimenten, waarbij (vooral door toedoen van de overheid) binnen bestaande structuren een kritische ruimte werd gecreëerd om nieuwe antwoorden te verzinnen. Vertrekpunt vormt het ministerieel programma Experimentele Woningbouw, dat tussen 1968 en 1980 aan vernieuwende woningbouwprojecten in Nederland predicaten verleende. De experimenten blijken niet alleen typologische vernieuwingen te hebben opgeleverd, maar ook bouwkundige. De experimenten hadden niet alleen betrekking op de relatie opdrachtgever-architect, maar ook op de manier van financieren. In de nu volgende plandocumentatie worden vijf opmerkelijke projecten uit het experimentele woningbouwprogramma belicht. In chronologische volgorde zijn dat:

De Wouden in Assen is ontworpen door Ben van Tongeren. Hij bedacht een ingenieuze structuur die rekening houdt met de veranderende ruimtebehoefte van een mens. Door verschillende vloervelden aan een kern te koppelen, kunnen binnen één bouwblokwoningen van uiteenlopende grootte, al naargelang de ideeën van eigenaar of huurder, worden gerealiseerd.

Het project **Onder de Bogen** in Zwolle van Aldo van Eyck en Theo Bosch is een duidelijk tegensignaal tegen de toen gangbare cityvorming. De architecten wisten met hun ontwerp een geplande verkeersdoorbraak in de Zwolse binnenstad af te blazen, in plaats daarvan bestaande panden te restaureren en het fijnmazige stelsel van straten te respecteren, door toevoeging van een complexe, kleinschalige architectuur.

Onder het thema 'urbanisatie in plaats van suburbanisatie' realiseerde Abe Bonnema in Alkmaar **de Vier Vierkanten**, een project dat naast de compacte, stedelijke verkaveling, vooral opvalt door de toegepaste houtskeletbouwtechniek die zowel binnen als buiten voorbeeldig is uitgewerkt.

Een van de meest opmerkelijke projecten met het predicaat Experimentele Woningbouw is zonder twijfel **de Wandelstraat** in Woerden, van architect Es van Ginkel. Drie autovrije, onregelmatig gevormde straatjes vormen door hun asymmetrische profiel, de toegepaste langskappen en de in hoogte zeer wisselende bouwvolumes, een geheel dat nog het meest doet denken aan een middeleeuwse stadstraat.

Uit onvrede met de stedenbouwkundige praktijk waarin functiescheiding centraal stond, formuleerden Enrico Hartsuyker en Luzia Hartsuyker-Curjel een eigen, andersoortige, multifunctionele stad: Biopolis. Vanuit dit gedachtengoed ontwierpen ze het bejaardencentrum **de Zonnetrap** als een kleine stad, midden in het hart van de Rotterdamse wijk Lombardijen.

Naast Nederlandse projecten hebben we vijf buitenlandse projecten gedocumenteerd. Hoewel ze onder totaal verschillende omstandigheden zijn gerealiseerd, zijn het voorbeelden van projecten die ontstaan als gevolg van een (overheids-)programma dat zoekt naar nieuwe antwoorden op de uitdagingen van een bepaalde tijd en een bepaalde plek, die in de reguliere bouwproductie niet vanzelf tot stand komen. Wederom in chronologische volgorde gerangschikt gaat het om de volgende projecten:

Het ontwerp voor de **Pearlbank Apartments** van architect Tan Cheng Siong is een vroeg voorbeeld uit Singapore, waar de regering architecten aanspoorde om met alternatieve woningbouwontwerpen te komen, om op die manier hoogbouw aantrekkelijk te maken voor de middenklasse.

Op de zuidelijke helling van de Monte Carmelo in Barcelona, realiseerde Francesc Rius in een formule die we nu 'CPO' (collectief particulier opdrachtgeverschap) zouden noemen, het project **Coll del Portell**, een volume dat negen woningen en een kantoor bevat. Het gebouw is volledig ontworpen volgens de principes van het ruimtevakwerk dat, hoewel indertijd gangbaar bij industriegebouwen, waarschijnlijk niet eerder werd toegepast bij een woongebouw.

In Gilo, nabij Jeruzalem, ontwierpen vader Arieh en zoon Eldar Sharon **The Hill Estate**. Anders dan de architecten van de omringende projecten experimenteerden de Sharons met de ervaring van ruimtelijkheid en het specifieke karakter van Jeruzalem, door een herhaling van prefab elementen, het gebruik van modulaire eenheden en de benutting van de aanwezige topografie.

Het project **Branch Hill** van de architecten Gordon Benson en Alan Forsyth ligt in een van de rijkste buurten van Londen, in een groen binnengebied achter een negentiende-eeuws landhuis dat grenst aan Hampstead Heath. Het bouwen van 12 *council houses* (woningwetwoningen) op deze plek was een radicaal en controversieel statement van het gemeentebestuur van Camden, in de nadagen van de Engelse verzorgingsstaat.

Het ontwerp **Kampung Admiralty** in Singapore van WOHA Architects is op te vatten als een gestapelde kampong, of zoals ze het zelf noemen: een *layered club sandwich*. Maar het project is vooral een direct gevolg van de ambitie – en de daaraan gekoppelde overheidsprogramma's – om via slim ontworpen architectuur en stedenbouw een van de gezondste en duurzaamste steden op aarde te worden.

De projecten in deze *DASH* zijn opnieuw getekend. Allereerst in hun context. Aan de hand van archief beelden en tekeningen staan we vervolgens stil bij de wordingsgeschiedenis van elk project. Met behulp van de zogenaamde '*DASH*-plattegrond' tekenen we een zodanige plattegrond van elk project dat de interactie tussen interieur, architectuur en stedenbouw zichtbaar wordt. Daarna wordt met behulp van een axonometrische of perspectivische tekening het experimentele karakter van elk project geduid. Tot slot volgen de belangrijkste plattegronden, doorsneden en aanzichten.

De Wouden Assen (NL)

Ben van Tongeren

Ontwerp/Design: Ben van Tongeren (1934-2013)
Opdrachtgever/Commissioner: Stichting Woningbeheer Assen
Realisatie/Realization: 1969-1970, 1975-1977

Aantal woningen/Number of dwellings: 112 premiekoopwoningen/subsidized owner-occupied dwellings, 140 premiehuurwoningen/subsidized rental dwellings

Voorzieningen/Amenities: –
Experiment: split-level opbouw rondom centrale kern, flexibiliteit om woning te vergroten en verkleinen/split-level construction around central core, flexibility to change size of dwelling

Bronnen/Sources:
Bouw 33/22 (1978), 76-77.
Polytechnisch Tijdschrift B 28/2 (1973), 43-47.

Impressietekening De Wouden
Impression of De Wouden

Eind jaren 1960 ontwerpt architect Ben van Tongeren een ingenieuze structuur van vierkante vloervelden die rond een verticale kern zijn geplaatst. Zeven van deze kernen-met-vloeren vormen samen een bouwblok. Elke kern bestaat uit een spiltrap en een leidingwand; de vloervelden zijn vierkanten van 6 x 6 m, telkens een halve verdieping ten opzichte van elkaar verschoven. De structuur maakt het mogelijk om binnen één bouwblok woningen van uiteenlopende grootte te realiseren, toegespitst op de behoefte van eigenaar of huurder. Een toekomstige bewoner bepaalt hoeveel 'eenheden' (vloervelden) hij nodig heeft om zijn ideale woning samen te stellen. Een eenpersoonshuishouden heeft genoeg aan een 'halve woning' (één vloerveld groot), terwijl een gezin met kinderen misschien drie of vier vloervelden gebruikt om de ideale woning samen te stellen. Wie een praktijkruimte aan huis nodig heeft, kan daar een vloerveld op de begane grond voor bestemmen. Ook voor bijzondere varianten biedt het systeem ruimte: een woning voor een gezin met volwassen kinderen kan twee stijgpunten bevatten, waardoor de kinderen op zichzelf kunnen wonen. Ook kan een inwonende grootouder relatief zelfstandig wonen en toch familie dichtbij hebben.

Met zijn plan, zonder dat er een opdrachtgever in beeld is, wil Ben van Tongeren inspelen op de veranderende ruimtebehoefte van een mens gedurende zijn leven en tevens een gemêleerde wijk mogelijk maken. Bovendien ziet hij voor zich dat er gezamenlijke ruimten worden gerealiseerd, zoals een recreatiezaal of crèche waarvan de bewoners van een blok gebruik kunnen maken. Hij zegt er in 1973 dit over: 'Zorgt men bij de eerste keuze voor een gedifferentieerde groep (...) dan zal de bewoning dynamisch worden. Men zal bijkopen of huren en afstoten. Kortom, er zullen mutaties optreden. Dán wordt het voer voor sociologen. Dán worden de mogelijkheden zichtbaar en wordt de behoefte aan flexibiliteit bewezen.'

Omdat zij de idealen van Van Tongeren deelde, maar ook om te kunnen profiteren van de subsidies, koos woningbouwcorporatie Stichting Woningbeheer Assen voor dit plan als 'bouwsteen' voor de wijk de Wouden. Zesendertig exemplaren van Van Tongeren's blokken vormen samen negen woonpleinen (brinken) die de bewoners een groene, autoluwe woonomgeving bieden.

Zo dynamisch als de architect het voor zich zag, werd het niet. De gemeenschappelijke ruimten zijn er nooit gekomen en van de mogelijkheid om een wand door te breken en een aangrenzende ruimte bij de woning te betrekken, is slechts een paar keer gebruik gemaakt. Wel zijn er carports dichtgezet en veranderd in garages, zoals de architect beoogde. Toch bewijst De Wouden zich heden ten dage vooral als een aangename, levendige woonplek. De woonerfachtige opzet werkt ontmoetingen in de hand en de band onder de bewoners van de brinken is groot genoeg om elk jaar een buurtfeest te organiseren. Zo is De Wouden niet alleen een interessante casus van flexibele en aanpasbare woningen, maar stelt het ook een voorbeeld hoe een prettige woonomgeving te maken. (pvdp)

In the late 1960s, architect Ben van Tongeren designed an ingenious structure of square floor fields arranged around a vertical core. Together, seven of these cores-with-floors formed an urban block. Each core consisted of a spiral staircase and a conduit wall; the floor fields are 6 x 6-m squares, each shifted by half a storey apropos its neighbour. The structure allowed the realization of dwellings of varying sizes, tailored to the needs of the owners or tenants, in a single urban block. Future residents decided how many 'units' (floor fields) they needed to create their ideal dwelling. A single-person household would perhaps need only half a dwelling (one floor field), while a family with children would need three or four floor fields to build their ideal dwelling. Residents who need space to work from home can use a floor field on the ground floor. The system also has room for special variants: a dwelling for a family with adult children could have two access points, allowing the children to live independently. Similarly, a live-in grandparent could live relatively independently and still have family close at hand.

With this plan, for which he did not have a client, Ben van Tongeren wanted to respond to the fact that people need a changing amount of space throughout their lives as well as set up conditions for a mixed neighbourhood. He envisaged the realization of shared spaces like recreation rooms or crèches for the residents of the urban block to use. In 1973, he said: 'If the original group is differentiated . . . occupation will become dynamic. People will buy or rent and sell or leave. In short, there will be mutations. That's when it becomes food for sociologists. That's when the possibilities become visible and the necessity of flexibility is demonstrated.'

Because they shared Van Tongeren's ideals, but also because they wanted to benefit from subsidies, housing association Stichting Woningbeheer Assen used this plan as a 'building block' for the De Wouden district. Together, 36 of Van Tongeren's blocks form nine 'village squares' (*brinken*) that offer residents a green, traffic-free living environment.

Things never became as dynamic as the architect had envisaged. The shared areas never materialized and the option of breaking through a wall and incorporating an adjoining room in the dwelling was only chosen a couple of times. Carports were closed and turned into garages, just like the architect intended. Nevertheless, De Wouden is a pleasant, lively place to live in today. The home zone-ish layout encourages encounters and the ties between the residents of the village squares are close enough to warrant an annual neighbourhood party. De Wouden is not only an interesting case study of flexible and adaptable housing, but also sets an example of how to create a pleasant living environment. (pvdp)

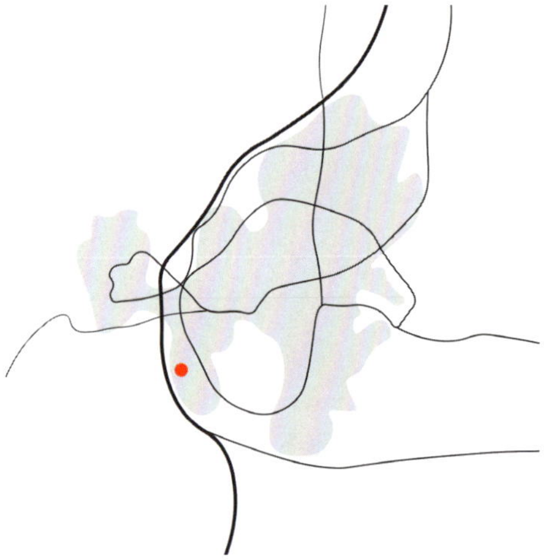

Locatie/Location

Een van de woonpleinen nu
One of the village squares today

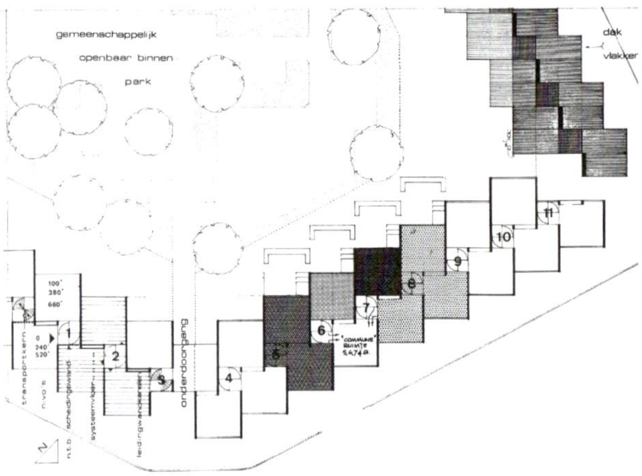

Ontwerptekening met opties voor het samenstellen van 'ideale woningen'
Design drawing with options for creating 'ideal dwellings'

Een van de woonpleinen kort na oplevering
One of the village squares shortly after completion

Ontwerptekening aanzicht straatzijde
Design drawing street side elevation

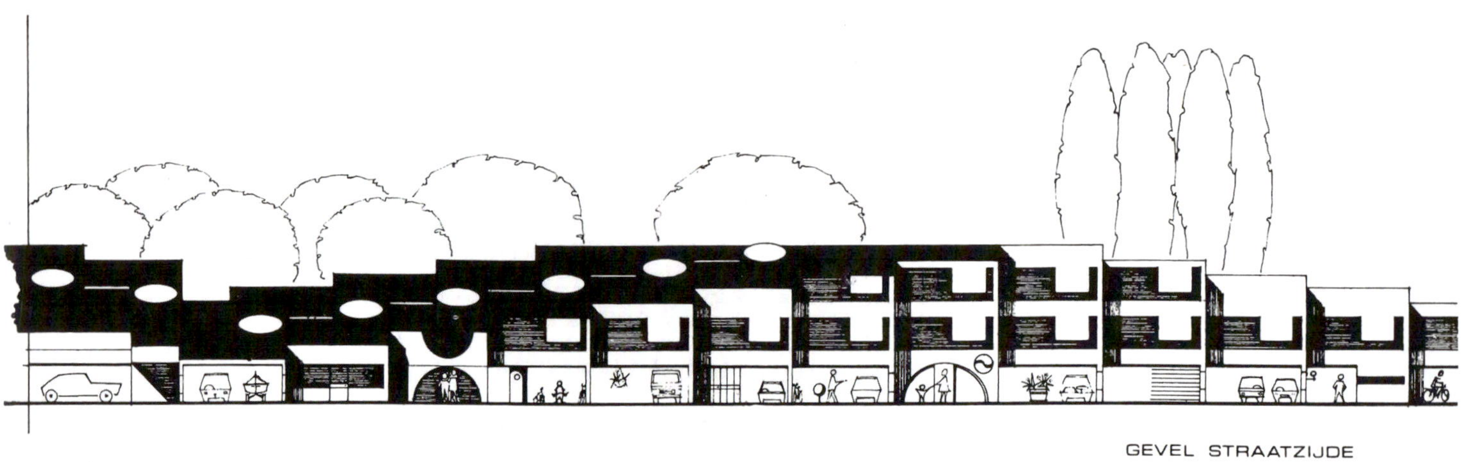

De Wouden
De Wouden
De Wouden
Witterhoofdweg
Witterhoofdweg
0 2 10m

Huidige situatie straatzijde
Current situation street side

Huidige situatie aan woonplein
Current situation at village square

De ingenieuze structuur van zeven kernen met vloeren vormen samen een bouwblok. Elke kern bestaat uit een spiltrap en een leidingwand, de vloervelden zijn telkens een halve verdieping ten opzichte van elkaar verschoven waardoor binnen één bouwblok woningen van uiteenlopende grootte te realiseren zijn

The ingenious structure of seven cores with floors together form a building block. Each core consists of a spiral staircase and a conduit wall, the floor areas are always shifted half a floor relative to each other, so that homes of various sizes can be realized within one block

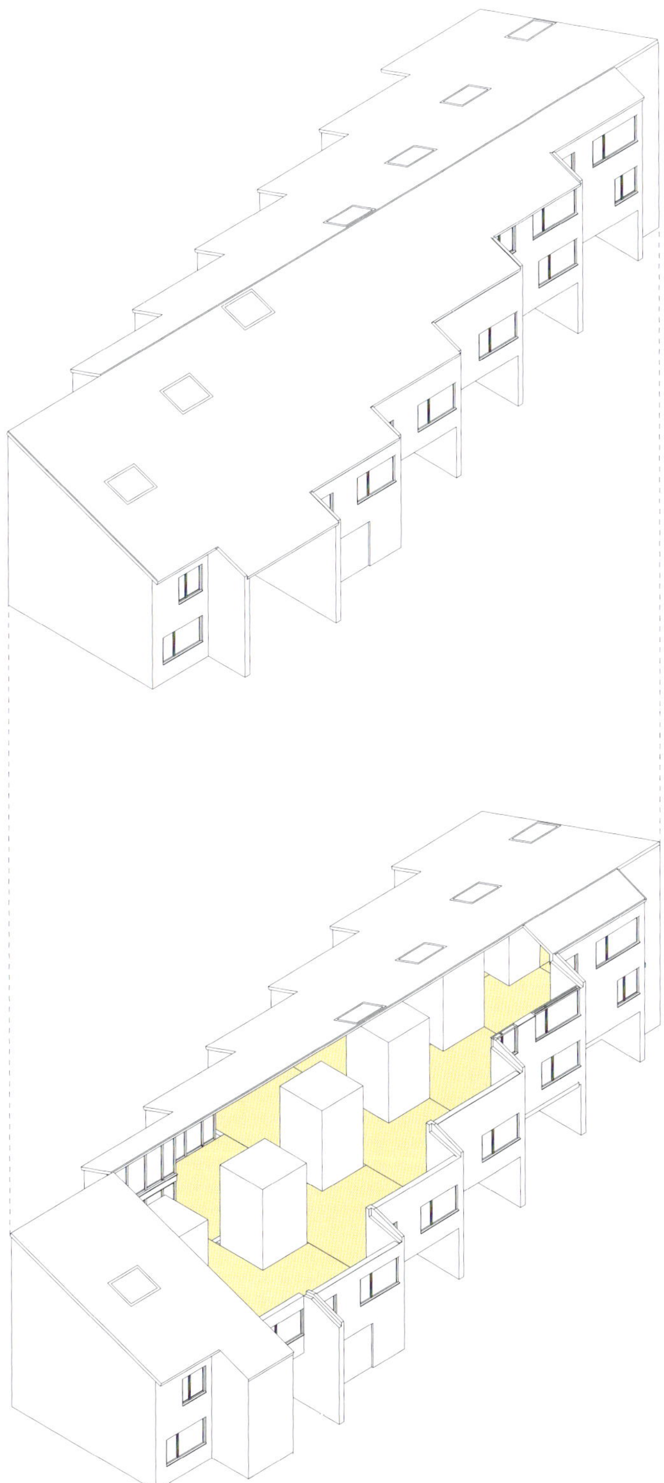

Doorsneden met de verschillende vloerniveaus
Cross section with the different floor levels

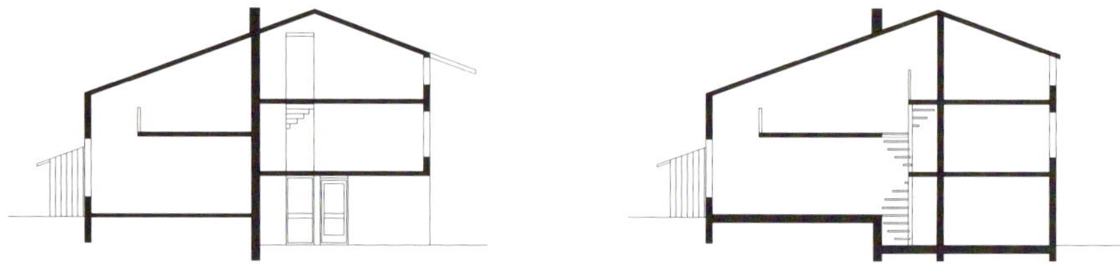

Plattegrond begane grond
Floor plan ground floor

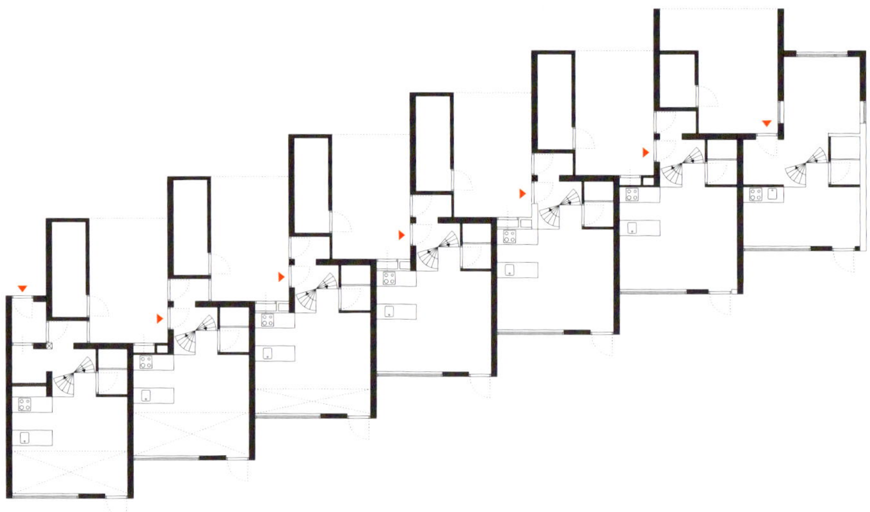

Plattegrond eerste verdieping
Floor plan first floor

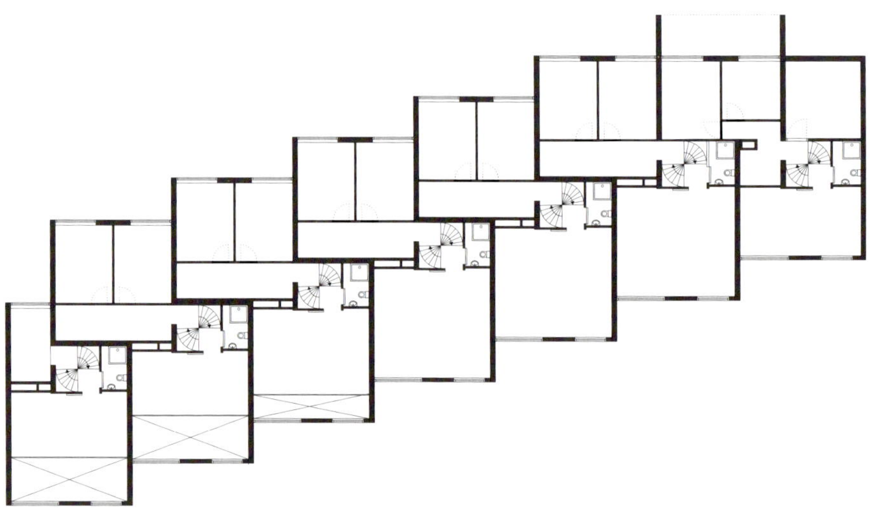

0 1

Interieur met keuken op entresol
Interior with kitchen on mezzanine

Spiltrap tussen de vloervelden
Spiral staircase between the floor fields

Interieur begane grond
Interior ground floor

Onder de Bogen Zwolle (NL)

Aldo van Eyck, Theo Bosch

Adres/Address: Nieuwstraat/ Bitterstraat/Waterstraat, Zwolle
Ontwerp/Design: Aldo van Eyck (1918-1999), Theo Bosch (1940-1994)
Opdrachtgever/Commissioner: gemeente Zwolle, Sanders Verenigde Bedrijven
Realisatie/Realization: 1970-1975
Aantal woningen/Number of dwellings: 75 premiekoopwoningen/ subsidized owner-occupied dwellings
Voorzieningen/Amenities: 21 bedrijfsruimten variërend van 35 à 53 m^2/ business spaces measuring from 35 to 53 m^2, 38 parkeerplaatsen in een halfverdiepte parkeergarage/ parking spaces in a semi-undergound car park
Experiment: geconcentreerde bouw, gemeenschappelijke binnenruimte, open trappen/concentrated housing, shared interior space, open staircases

Bronnen/Sources:
'Experiment in Zwolse stadskern', *Bouw* 29/9 (1974), III-IV.
W.J. van Heuvel, 'Opnieuw wonen in de binnenstad van Zwolle', *Polytechnisch Tijdschrift B* 31/8 (1976), 459-469.
Aldo van Eyck, *Niet om het even, wel evenwaardig, van en over Aldo van Eyck* (Rotterdam: Stichting Rotterdam Maaskant, 1986).
Marcel Teunissen, *Theo Bosch: Knokken voor de stad. 2 Architectuur en Stedenbouw 1964-1980* (Rotterdam: Stichting BONAS, 2006).

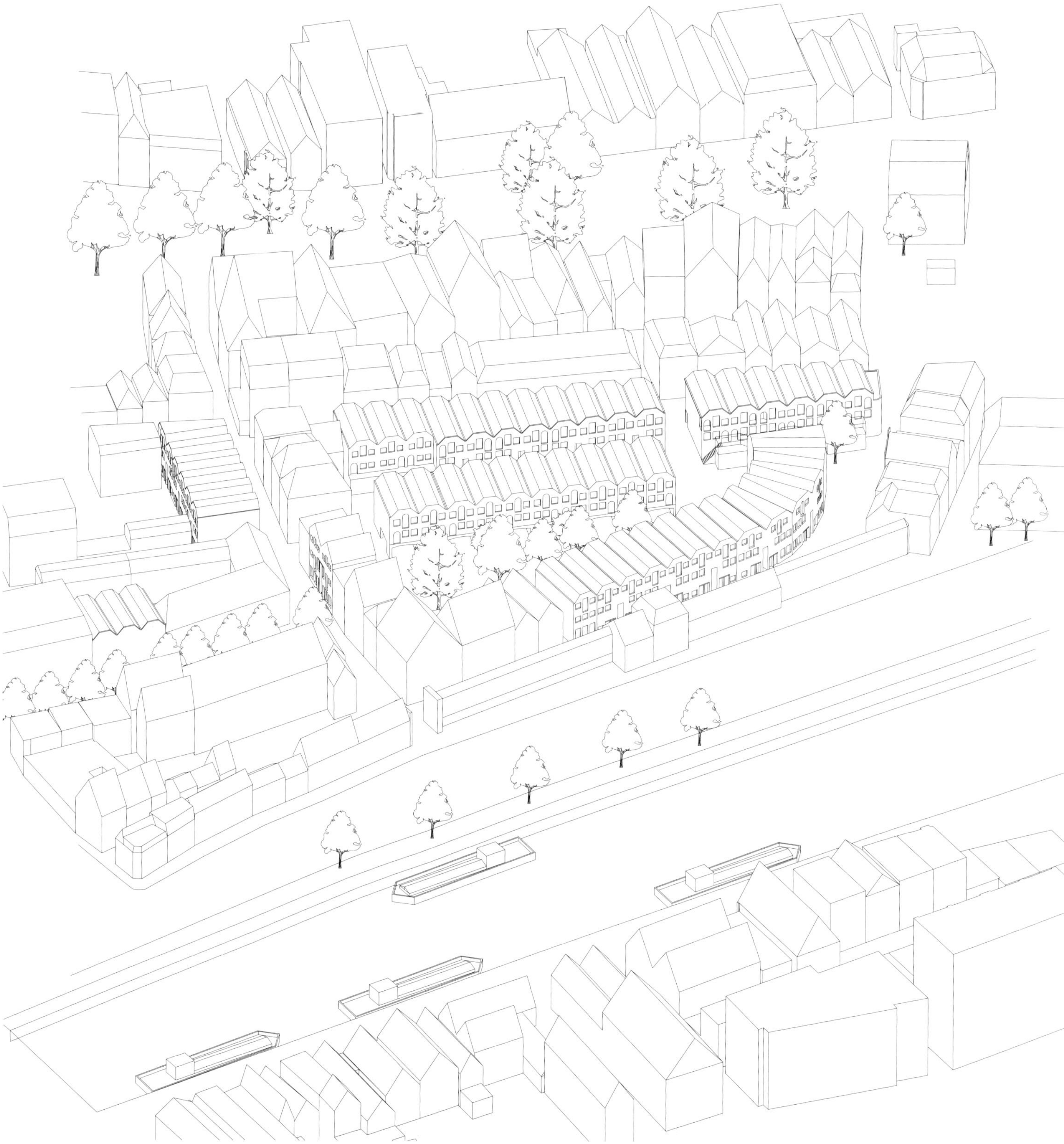

Impressietekening Onder de Bogen
Impression of Onder de Bogen

Aldo van Eyck's bekroonde, maar niet uitgevoerde prijsvraagontwerp 'Tussen de Daken' uit 1966 voor een uitbreiding van het stadhuis van Deventer betekende een radicale omwenteling in het denken over bouwen in historische steden. De forse uitbreiding van het stadhuis voegde zich schijnbaar naadloos in de fijnmazige structuur van de binnenstad.

Het plan 'Onder de Bogen' in Zwolle bouwt voort op de thema's van het Deventer stadhuisplan, maar nu toegepast op woningbouw in een deel van de Zwolse binnenstad dat door geplande cityvorming en verkeersdoorbraken sterk verkrot was. De overeenkomst met de ontwikkelingen in de Amsterdamse Nieuwmarktbuurt, waaraan het bureau van Van Eyck en Theo Bosch tegelijkertijd werkt, ligt voor de hand. De architecten, samen met de Vrienden van de Stadskern Zwolle, weten de gemeente ervan te overtuigen om een verkeersdoorbraak af te blazen, een groot deel van de bestaande panden te restaureren, het fijnmazige stelsel van straten te respecteren en een menging van woningen, bedrijven en winkels toe te staan. Omdat de Zwolse woningbouwverenigingen terugschrikken voor de complexiteit van het plan, worden de woningen en bedrijfsruimten uiteindelijk als koopwoningen ontwikkeld door de aannemer.

Het grootste deel van het plan bestaat uit een reconstructie van een ruim bouwblok, omgeven door de Nieuwstraat, Steenstraat en Waterstraat. Binnen dit blok bevindt zich een gemeenschappelijke tuin en een strook woningen op een half verdiepte parkeergarage. De gehanteerde ruimtelijke schaal en de zorgvuldige toepassing van overgangszones tussen publiek, collectief en privédomein roepen de sfeer op van een middeleeuwse stad met historische hofjes. Er is bewust gezocht naar variatie in woningtypen, maar er is ook een standaardplattegrond ontworpen: een maisonnette met in het midden een dwarsgeplaatste trap tegenover een sanitaire cel. In de plattegronden keren de overgangszones terug in de diverse woningtoegangen, de buitenruimten en uitgebouwde serres. In het hart van de woningen ontstaan kleine vides door het vergroten van een trapgat – en af en toe grotere vides door het simpelweg weglaten van een slaapkamer.

De grote variatie aan woningplattegronden is ook terug te zien in de gevels. Een herhaling van identieke afgeknotte zadeldaken markeert de parcellering, maar deze eenduidigheid wordt vervolgens weer gerelativeerd door gevelonderdelen te spiegelen rond de woningscheidende muren. Bij de loggia's en de verdiept gelegen entrees worden gemetselde bogen toegepast: een verwijzing naar de bogen in de oude stadsmuur in de Waterstraat die in de jaren 1960 werd blootgelegd. Aan de Nieuwstraat is voor de bedrijfsruimten een arcade gemaakt met gemetselde kolommen en betonlateien, terwijl in de Waterstraat en de Bitterstraat de aandacht uitgaat naar de hoge insnijdingen in de gevel, die de buitentrappen naar de entrees van de bovenwoningen markeren. Vides in de woningen zijn afleesbaar door iets hogere ramen, maar misschien zijn het eerder de nauwgezette maatvoering en positionering van alledaagse gevelonderdelen zoals deuren, lateien en hemelwaterafvoeren die de kwaliteit van deze gevels bepalen en bijdragen aan het zorgvuldige gevelbeeld. En daarmee onderscheidt dit project zich onmiddellijk van het werk van de vele epigonen, dat de Nederlandse woningbouwarchitectuur nog decennialang zou domineren. (jz)

Aldo van Eyck's prize-winning, but never executed 1996 competition entry for the extension of Deventer's city hall, 'Tussen de Daken', marked a radical shift in ideas about building in historical cities. The substantial city hall extension blended seemingly seamlessly into the intricate structure of the inner city. The truncated pitched roofs Van Eyck applied here would subsequently develop into a major stylistic characteristic of Dutch housing architecture.

In Zwolle, the plan 'Onder de Bogen' builds on the themes of the plan for Deventer city hall, only applied to housing and in a part of the inner city in which planned urbanization and traffic breakthroughs caused serious decay. The similarity to the developments in the Nieuwmarkt neighbourhood in Amsterdam, on which the office of Van Eyck and Theo Bosch worked at the same time, is obvious. The architects managed, together with the Vrienden van de Stadskern Zwolle (Friends of Zwolle's city centre), to persuade the city to cancel a traffic breakthrough, restore many of the existing buildings, respect the intricate street system and allow the building of a mixture of homes, businesses and shops. Because Zwolle's housing associations shied away from the complexity of the plan, a contractor ultimately developed the dwellings and commercial premises as owner-occupied dwellings.

The greater part of the plan consists of a reconstruction of a spacious urban block surrounded by Nieuwstraat, Steenstraat and Waterstraat. Inside this block are a shared garden and a strip of dwellings on top of a semi-underground car park. Its spatial scale and the careful inclusion of transitional zones between public, shared and private domains evoke the atmosphere of a medieval Dutch city with historical 'hofjes' (courtyards). The architects deliberately attempted to create a variety of dwelling types, but also designed a standard floor plan: a maisonette that centres on a transverse staircase opposite a sanitary space. In the floor plans, the transitional zones recur in the different dwelling entrances, outdoor spaces and extended conservatories. Enlarging the staircase creates a modest void in the centre of the dwelling – and occasionally a larger void, by simply omitting a bedroom.

The large variety of dwelling floor plans is also reflected by the façades. A repetition of identical truncated pitched roofs marks out the subdivision, but this uniformity is then put into perspective by the mirrored façade elements around the walls that separate the dwellings. The loggias and recessed entrances feature brick arches, a reference to the arches of the ancient city wall on Waterstraat that was uncovered in the 1960s. The commercial premises on Nieuwstraat are provided with an arcade with brick columns and concrete slates, while high incisions in the façade mark the outdoor staircases that access the upstairs dwellings on Waterstraat and Bitterstraat. The locations of the voids inside the dwellings are indicated by slightly higher windows, but perhaps the precise dimensions and positioning of everyday façade components such as doors, lintels and rainwater drains contribute more to the quality of these façades and to their meticulous appearance. And this is what immediately sets this project apart from the work of its many epigones, which would dominate Dutch housing architecture for decades to come. (jz)

Locatie/Location

Hoek Waterstraat en Nieuwstraat
The corner of Waterstraat and Nieuwstraat

Hoek Bitterstraat
The corner of Bitterstraat

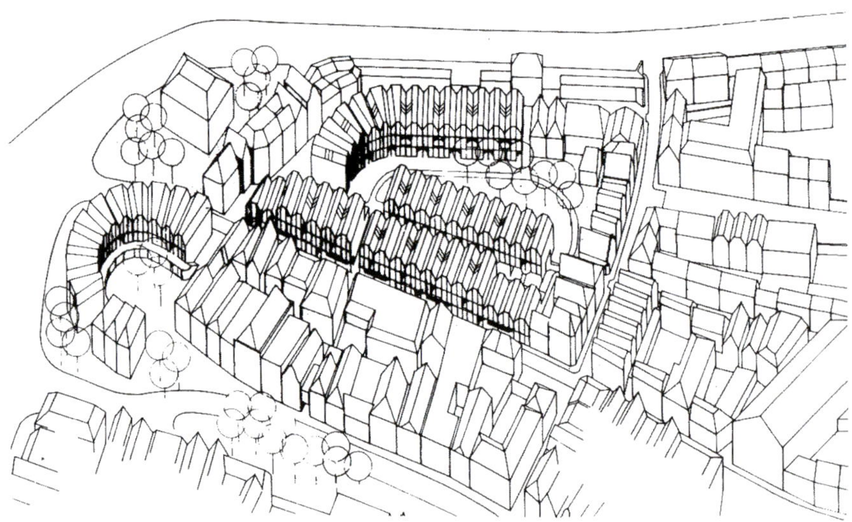

Overzichtstekening
Plan view

Ontwerp binnenzijde bouwblok
Design inside building block

Dwarsdoorsnede
Cross section

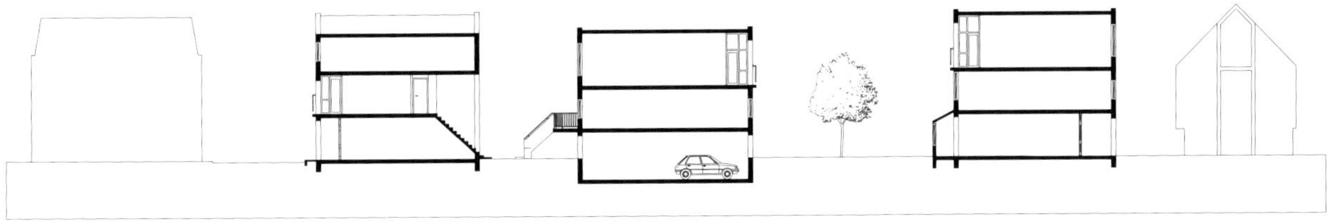

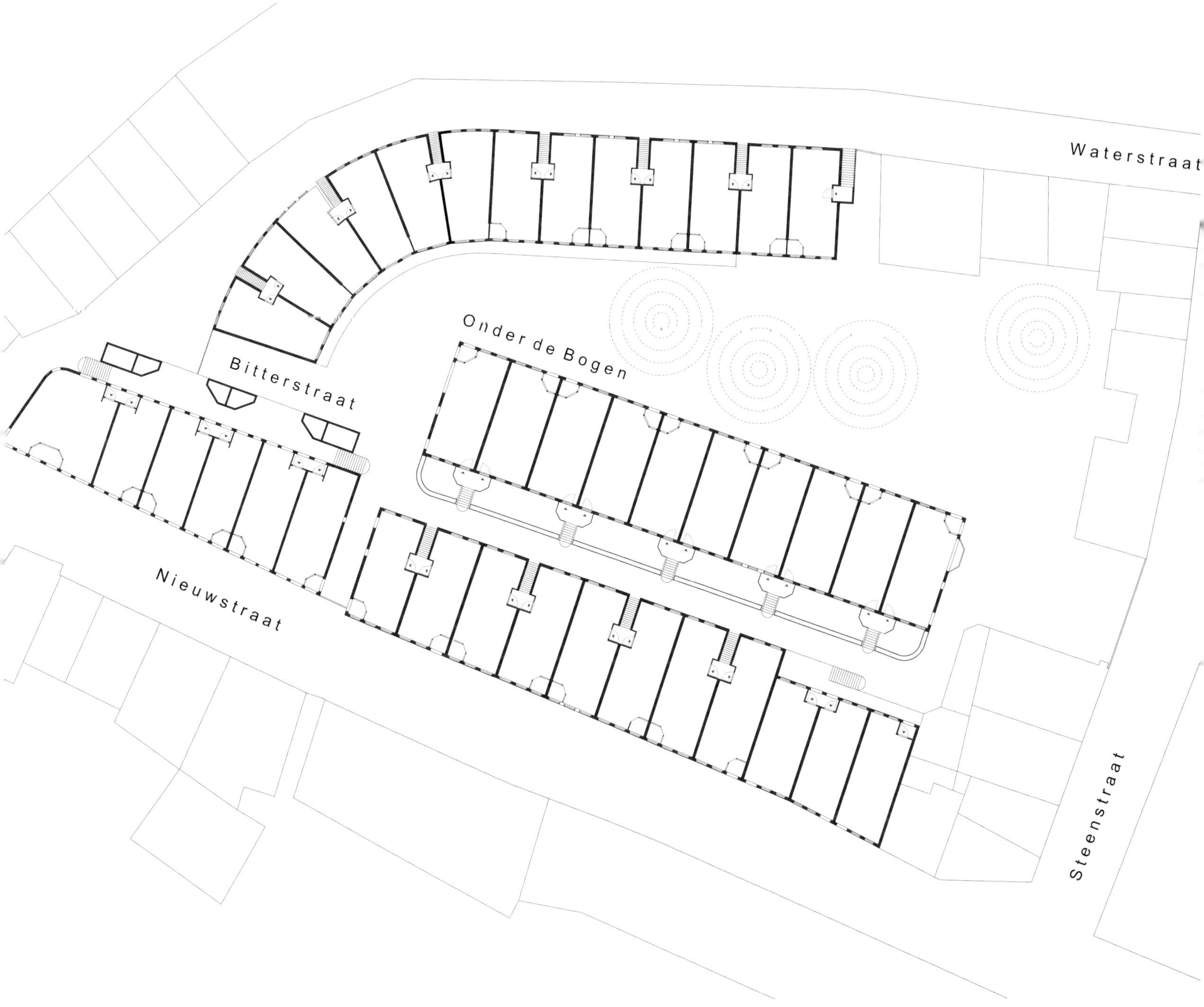

Overgangszone tussen publiek en privédomein op halfverdiepte garage
Transitional zone between public and private domains on semi-underground car park

De standaardwoning in het project is een maisonnette bovenop een bedrijfsruimte op maaiveld. Centraal in de woning staat een dwarsgeplaatste trap. Door het vergoten van het trapgat of het af en toe weglaten van een slaapkamer ontstaan kleinere of grotere vides
The standard floor plan in the project is a maisonette on top of commercial space at ground level. Centred in the floor plan is a transverse staircase. Enlarging the staircase or occasionally omitting a bedroom creates modest or larger voids

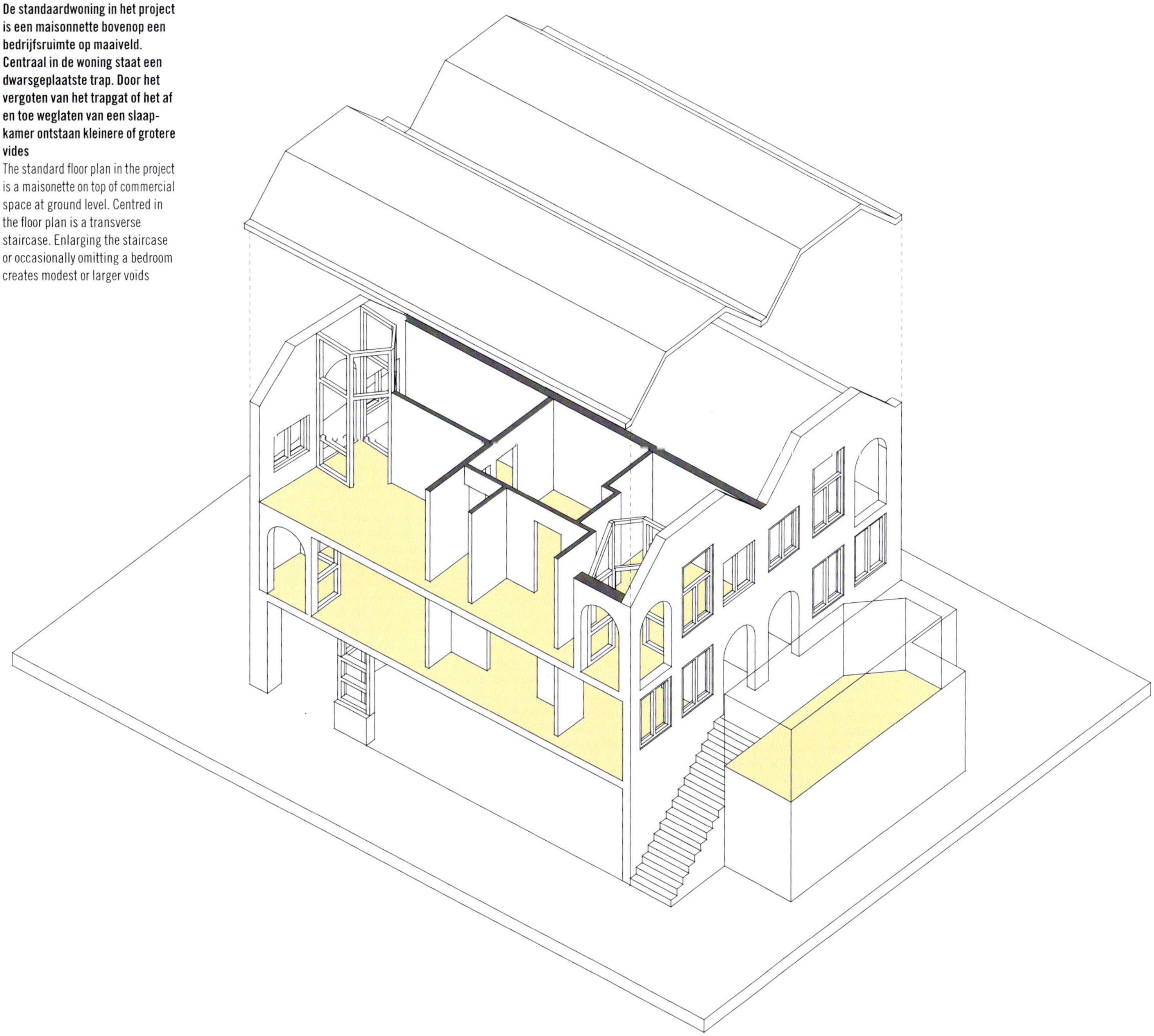

Plattegrond eerste verdieping
Plan first floor

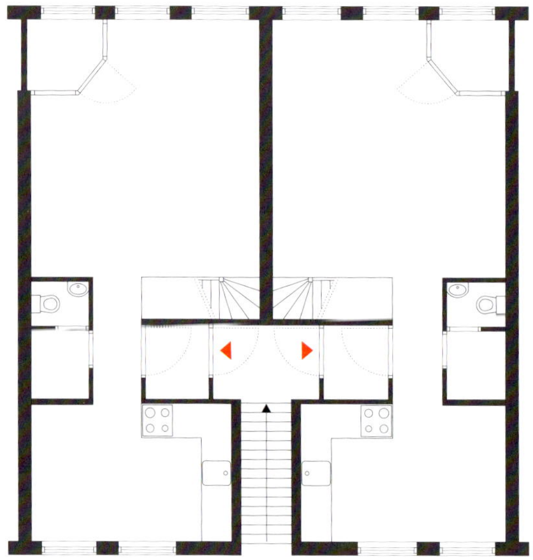

Plattegrond tweede verdieping
Plan second floor

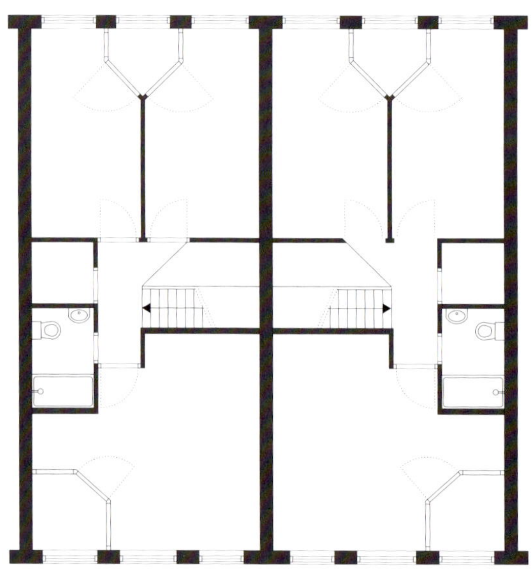

Exterieur Nieuwstraat
Exterior Nieuwstraat

Interieur standaardwoning met grote vide
Interior standard dwelling with large vide

Dwarsgeplaatste trap in woning met grote vide
Transverse staircase in dwelling with large void

De Vier Vierkanten Alkmaar (NL)

Abe Bonnema

Adres/Address: Galjoenstraat/ Kotterstraat/Kofschipstraat, Alkmaar
Ontwerp/Design: Abe Bonnema (1926-2001)

Opdrachtgever/Commissioner: Westland/Utrecht Project Ontwikkeling Mij, Amsterdam
Realisatie/Realization: 1977-1979
Aantal woningen/Number of dwellings: 53 premiekoopwoningen/ subsidized owner-occupied dwellings, 19 niet experimentele vrijesectorwoningen/ non-experimental free-sector dwellings
Voorzieningen/Amenities: –
Experiment: houtskeletbouw/ timber construction

Bronnen/Sources:
Bouw 21 (1980).
de Architect (oktober/October 1978).

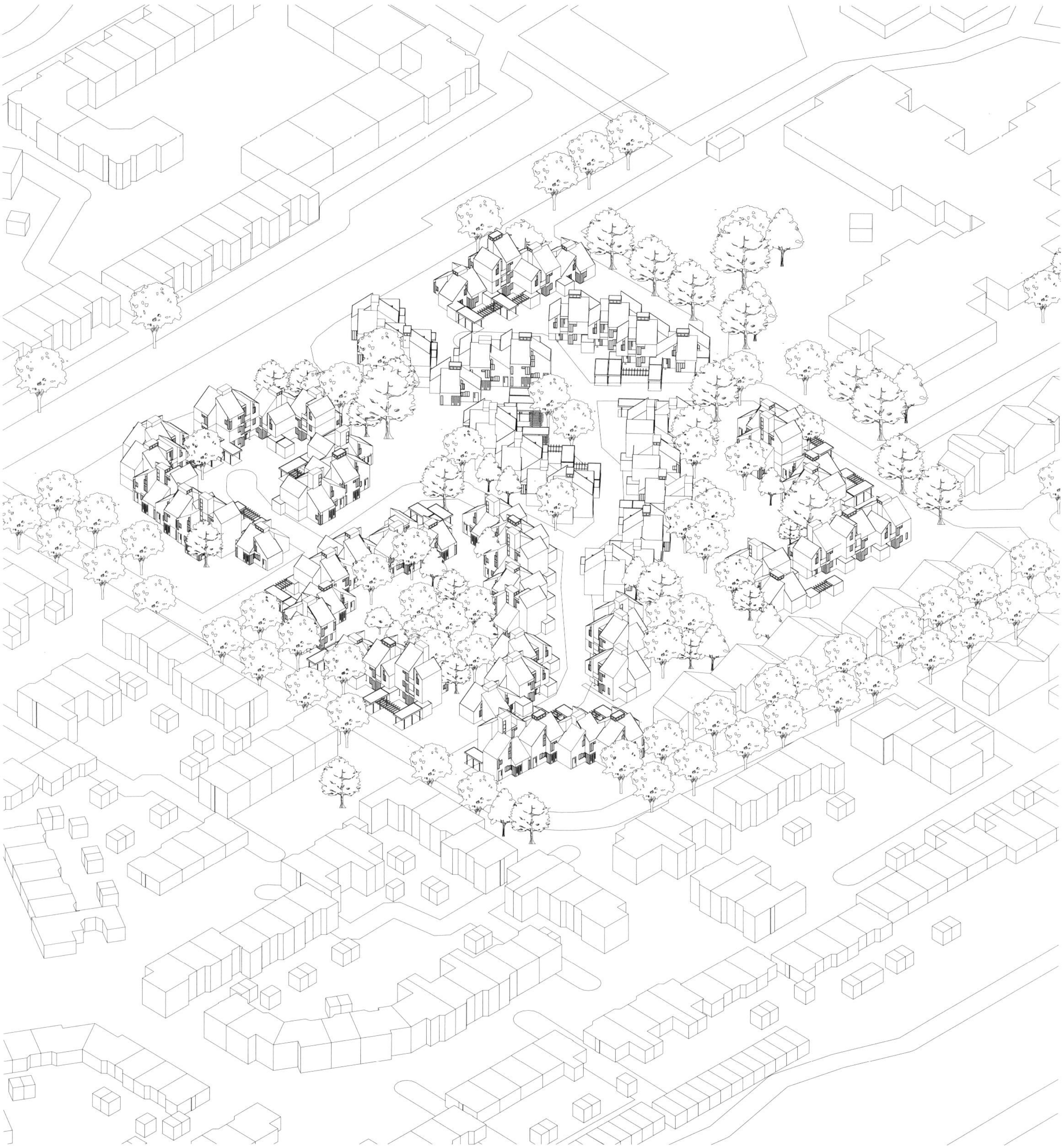

Impressietekening De Vier Vierkanten

Impression of De Vier Vierkanten

In het oktobernummer 1978 van *de Architect* werd een bijdrage gepubliceerd van architectenbureau Bonnema onder de titel 'Waar blijft de structuur in architectuur?'. Het artikel was bedoeld als een *cri de coeur* tegen wat Bonnema zag als de structuurloosheid en 'Anton Pieck-bouw' van de toenmalige ontwerppraktijk.

Bonnema illustreert zijn verhaal, dat zich vooral laat lezen als een pleidooi voor een strikt 'structuralisme', met tekeningen van het ontwerp voor De Vier Vierkanten, een wijkje met 72 eengezinswoningen in Alkmaar, gerealiseerd tussen 1978-1980, en getooid met het predicaat Experimentele Woningbouw, onder de paraplu van het thema 'urbanisatie in plaats van suburbanisatie'. Het project valt, naast de compacte, stedelijke verkaveling, echter vooral op door de toegepaste houtskeletbouwtechniek die zowel in het interieur als exterieur op bijzondere wijze is uitgewerkt. Bonnema c.s. schrijven: 'In de houtbouwstructuur hebben vloeren en wanden in hun totaliteit een dragende functie. Karakteristiek is de centrale kern waar omheen een 4-tal identieke hoofdmassa's zijn gegroepeerd. De bouwstructuur biedt hier mogelijkheden voor de functionele structuur.'

De centrale kern refereert duidelijk aan de opbouw van de West-Friese stolpboerderij, een oud type dat in de streken rondom Alkmaar nog overal te vinden is. Een systeem van vier hoge kolommen vormt de constructieve kern en draagt een hoog opgaand piramidedak. Deze kern wordt nog altijd aangeduid als 'het vierkant'. In de woningen in Alkmaar is het vierkant gereduceerd tot een rechthoekig open midden van het huis waaromheen vier vierkante volumes zijn geplaatst. Hierdoor ontstaat een molenwiekplattegrond die een veelvoud van schakelingen van de woningen toelaat. De vier vierkanten kunnen elk variëren in hoogte van een tot drie bouwlagen en worden steeds beëindigd door een steil zadeldak. Hierdoor ontstaat zowel een grote differentiatie in woninggrootte, alsmede een zeer afwisselend beeld.

De woningen zijn gegroepeerd in clusters van drie tot maximaal zeven woningen. De clusters staan schijnbaar willekeurig gegroepeerd in het vierkante plangebied, dat aan de westzijde aan een vaart grenst. Voor auto's toegankelijke, informele straatjes - woonerven - doorkruisen de buurt. Bergingen, carports en kleine afgeschermde patiotuintjes markeren een overgangsgebied tussen straat en woning. Aan de achterzijde hebben de huizen een bescheiden eigen achtertuin, die veelal uitloopt op een besloten collectieve buitenruimte. Naar gelang de positie binnen het plan ontstaan zo clusters, voorzien van namen als erfwonen, waterwonen (met de achterzijde aan de vaart) en groenwonen.

De carports en de vele parkeerplaatsen langs de straatjes en pleintjes resulteren in een dominante aanwezigheid van geparkeerde auto's. De verscholen positie van de collectieve groene hofjes maakt dat de buurt 'urbaner' oogt dan de omringende woonerfbuurten. Het stedelijke karakter wordt daarentegen weer ondergraven door de houten gevelbeschietingen van de huizen, die resulteerden in de oorspronkelijke bijnaam 'het Indianendorp' en die na 40 jaar net zo vergrijsd zijn als de vele nog oorspronkelijke bewoners. (dvg)

The October 1978 issue of *de Architect* included a contribution by architecture office Bonnema entitled: 'Waar blijft de structuur in architectuur (Where is the structure in architecture)?' The article was meant as a *cri de coeur* against what Bonnema saw as the lack of structure and 'Anton Pieck-style' of the then design practice.

Bonnema illustrates his story – which can be read as a plea for strict 'structuralism' – with drawings of the design for De Vier Vierkanten, a small residential district of 72 single-family dwellings in Alkmaar that was built between 1978 and 1980 and – under the umbrella of the theme 'urbanization rather than suburbanization' – designated an Experimental Housing Development. The project not only stands out by its compact urban subdivision, but also by the unusual way the timber construction is implemented in both the interior and the exterior. Bonnema c.s. write: 'In timber construction, the entirety of floors and walls has a bearing function. Timber construction characteristically has a central core around which four identical main masses are grouped. The building structure offers possibilities for the functional structure.'

The central core clearly refers to the structure of the West Frisian Haubarg farmhouse, an old type that is still abundant in the area around Alkmaar. A system of four tall columns comprising the structural core supports a high-rising pyramid roof. The core is referred to as 'het vierkant' (the square) to this day. In the dwellings in Alkmaar, the square has been reduced to a rectangular opening in the centre of the dwelling, around which four square volumes are grouped. This creates a windmill floor plan that allows a multitude of ways to connect the semi-detached dwellings. The four squares vary in height – from one to three storeys – and are always topped by a steep, pitched roof. This creates both a large differentiation in dwelling size and a very varied look.

The dwellings are grouped in clusters of three to a maximum of seven. The clusters are grouped seemingly randomly in the square planning area, which borders a canal on the west side. Informal streets, accessible to cars – home zones – transect the neighbourhood. Storage spaces, carports and small, screened patio gardens mark the transitional area between streets and dwellings. At the back, the dwellings have modest private back gardens that in most cases open onto enclosed, shared outdoor spaces. Depending on their position in the plan, these spaces are at the heart of clusters with names like Erfwonen (Courtyard Living), Waterwonen (Water Living; these back onto the canal) and Groenwonen (Green Living).

The carports and the many parking spaces along the streets and squares result in a dominant presence of parked cars. The hidden position of the collective green courtyards makes the neighbourhood look more urban than the surrounding home zone neighbourhoods. The urban character is undermined, on the other hand, by the wooden façade cladding of the dwellings, which initially gave rise to the nickname 'the Indian village' and that, after 40 years, is as grey as the many original residents. (dvg)

Locatie/Location

Foto tijdens de bouw
Photo during construction

Kort na oplevering
Shortly after completion

Tuinzijde kort na oplevering
Garden side shortly after completion

Huidige situatie
Current situation

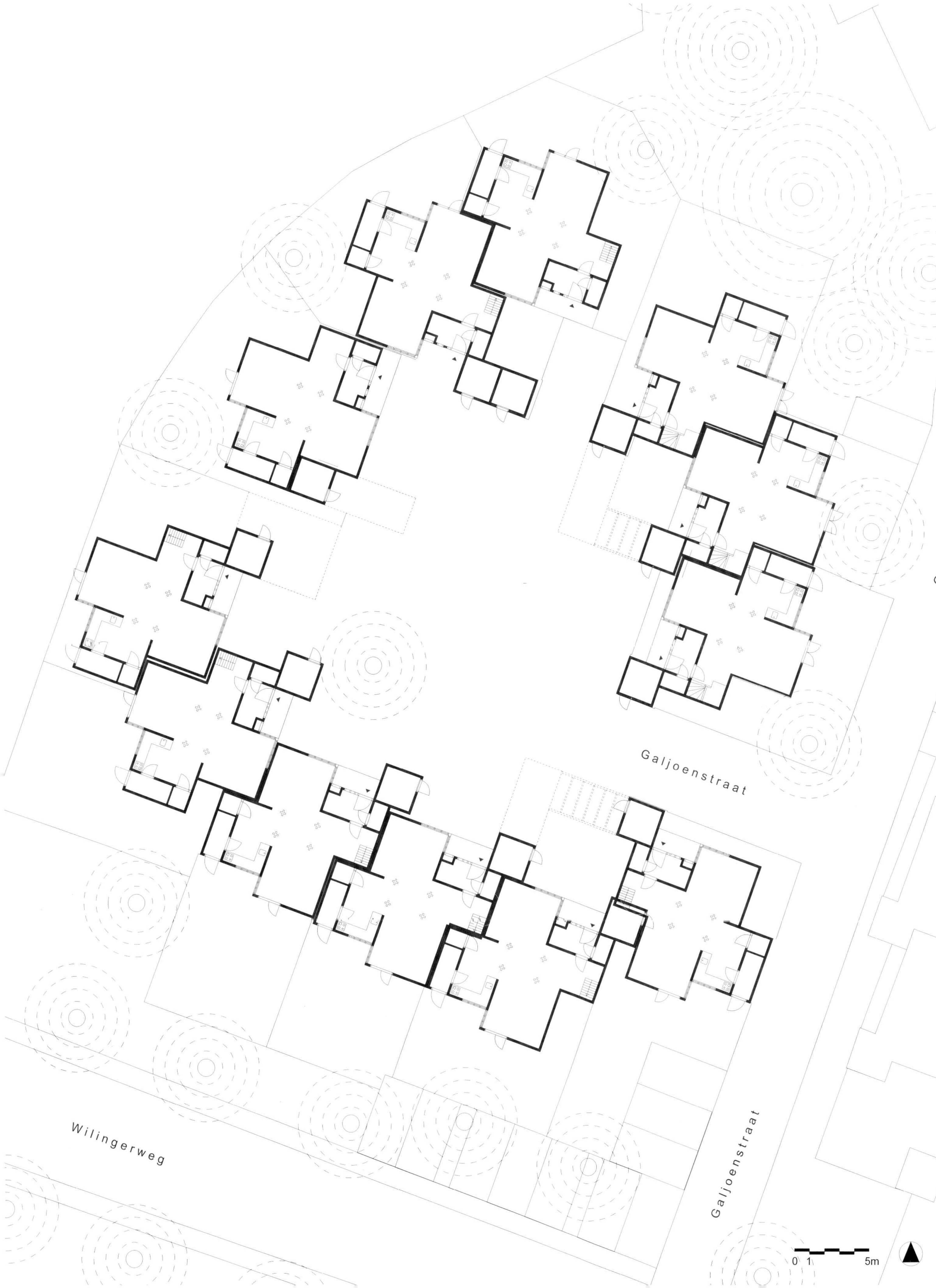
Galjoenstraat
Galjoenstraat
Wilingerweg
Galjoenstraat
0 1 5m

Huidige situatie
Current situation

Huidige situatie
Current situation

Karakteristiek van de woningen is de centrale kern waar omheen vier identieke hoofdmassa's zijn gegroepeerd. De centrale kern refereert niet alleen naar de locale West-Friese stolpboerderij, maar de molenwiekplattegrond rondom de kern maakt verschillende schakelingen van de woningen mogelijk, zorgt voor differentiatie in woninggrootte en levert een zeer afwisselend stedenbouwkundig beeld

Characteristic of the houses is the central core around which four identical main masses are grouped. The central core not only refers to the West Frisian Haubarg farmhouse, but the windmill floor plan around the core allows a multitude of ways to connect the semi-detached dwellings, creates a large differentiation in dwelling size and a very varied urban look

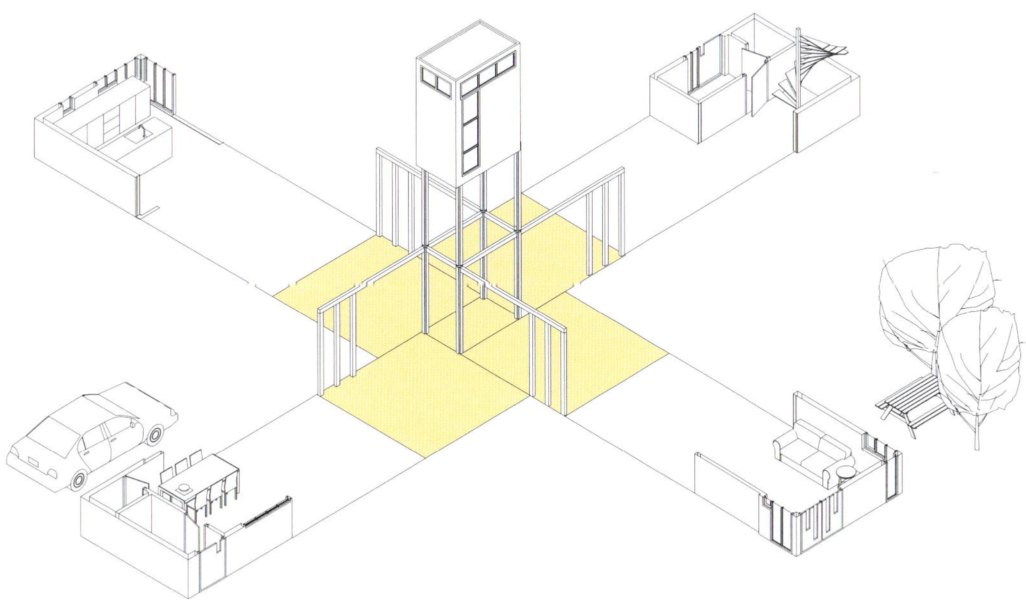

Plattegrond begane grond
Plan ground floor

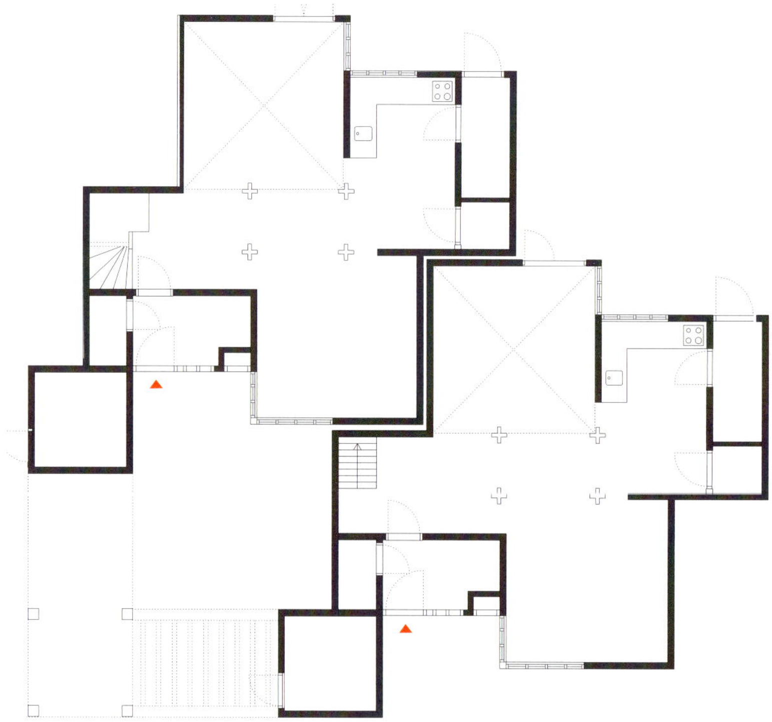

Plattegrond eerste verdieping
Plan first floor

Wandelstraat Woerden (NL)

Es van Ginkel

Adres/Address: De Eem/Het Spaarne/De Zaan/Molenvliet, Woerden
Ontwerp/Design: Es van Ginkel

Opdrachtgever/Commissioner: gemeente/municipality of Woerden, woningbouwvereniging/housing association Patrimonium
Realisatie/Realization: 1978-1979, 1983-1984

Aantal woningen/Number of dwellings: 115 premiekoopwoningen/subsidized owner-occupied dwellings, 15 huurwoningen/rental dwellings
Voorzieningen/Amenities: –

Experiment: ruimtelijke beslotenheid, afwisseling, kleinschaligheid en structuurbepalend karakter voor de buurt/spatial seclusion, variation, small-scale, defines structural character of the neighbourhood

Bronnen/Sources: *Bouw* 22 (1981).

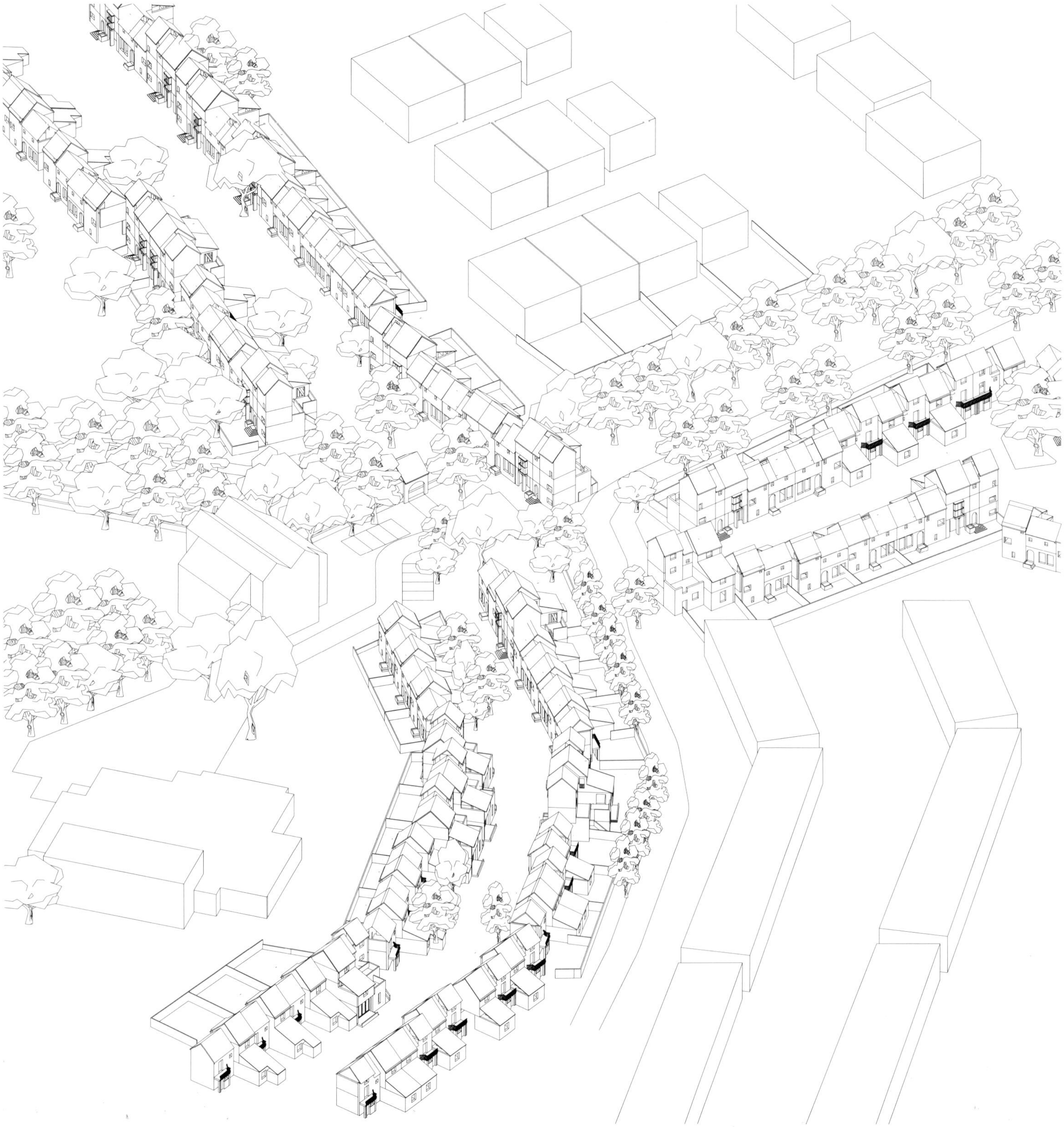

Tussen de in 1968 en 1980 gerealiseerde woningbouwprojecten met het predicaat Experimentele Woningbouw, neemt het project Wandelstraat in Woerden een unieke plaats in. Geen ander van de in totaal 64 geoormerkte experimentele projecten heeft een vergelijkbare – en wellicht in veler ogen even aantrekkelijke – verschijningsvorm als Wandelstraat. Gebouwd in fasen tussen 1978 en 1984, werd het project in het themaprogramma 'urbanisatie i.p.v. suburbanisatie' geplaatst. De 129 premiekoopwoningen zijn ondergebracht in drie autovrije, onregelmatig gevormde straatjes die samenkomen op een centraal pleintje dat doorsneden wordt door een dwars door het plan heen lopende singel. De gemetselde, en met een kap overdekte brug over de singel staat met een haast middeleeuwse verschijningsvorm model voor het gehele project. Langs de straten rijgt zich een aantal zeer verschillende woningtypen aaneen tot doorgaande, zeer afwisselende straatwanden.

Impressietekening Wandelstraat
Impression of Wandelstraat

Basis voor alle typen is een grondvlak van 9,5 x 9,5 m waarbij een kwart van het grondvlak meestal is opengelaten als patiotuin of hoger gelegen terras. Deze patio's en terrassen zijn steeds op de best bezonde zijde georiënteerd, waardoor een sterk asymmetrisch straatprofiel ontstaat. Op het vierkante grondvlak bevinden zich afwisselend eengezinswoningen en boven- en benedenwoningen, de laatste vaak voorzien van verder omhoogstekende torenkamers. Het zeer beweeglijke silhouet dat ontstaat door het asymmetrische profiel in samenhang met de door langskappen bekroonde, in hoogte zeer wisselende bouwvolumes, doet nog het meest denken aan een middeleeuwse stadstraat, in het bijzonder aan de Amersfoortse Muurhuizen. Het project lijkt daarom een anachronistische enclave in een grote uitbreidingswijk van Woerden met verder de gebruikelijke woonerven vol kleine, vrij in de ruimte geplaatste groepen rijtjeswoningen.

De rode dakpannen, warmrode baksteen, kleine vensters en de in heraldische kleuren en motieven geschilderde voordeuren dragen verder bij aan het pittoreske, 'historische' beeld. In groter verband gezien heeft het project eerder verwantschap met Spoerry's Port Grimaud in Zuid-Frankrijk dan enig ander project in Nederland.[1] De simpele detaillering en schematische vertaling van historische vormen maken het project een voorloper van het in de laatste twee decennia in zwang geraakte ''abstract historicisme' dat in de huidige woningbouw een algemene beeldtaal is geworden.

Wandelstraat inspireert nog steeds, niet alleen door het sterke en consistente beeld, maar ook door de intelligente systematiek van verschillende woningtypen binnen één enkel project. Tegelijkertijd ontkomt het project niet aan de valkuil van zoveel gelijktijdig gerealiseerde woonerven: de woningen staan met hun voordeur aan autovrije straatjes, met als resultaat dat de naar de omgeving gekeerde zijde voornamelijk wordt bepaald door met schuttingen afgeschermde achterkanten en parkeerterreintjes, en zich daarmee afsluit van de grotere context. (dvg)

1 Zie: *DASH 6*, Wonen in een nieuw verleden/Living in a New Past (Rotterdam: NAi Uitgevers, 2012).

The Wandelstraat project in Woerden is unique among the housing projects designated 'Experimental Housing' that were realized from 1968 to 1980. Of the in total 64 designated experimental projects none compare to – and as many people would say, are as attractive as – Wandelstraat. Built in stages between 1978 and 1984, the project was part of the 'Urbanization instead of Suburbanization' theme programme. Its 129 subsidized owner-occupied dwellings are arranged in three car-free, irregularly shaped streets that converge on a central square intersected by a canal that runs straight across the plan. The almost medieval-looking covered bridge made of brick that spans the canal is emblematic of the entire project. Along the streets lie a number of very different housing types, strung together to form continuous, highly varied street walls.

The basis for all types is a 9.5 x 9.5 m ground plane. A quarter of the ground plane is usually left open as a patio garden or raised terrace. These patios and terraces are always oriented towards the sunniest side, which creates a strongly asymmetrical street profile. Single-family homes and upstairs and downstairs flats, the latter often with tower rooms that project further upwards, sit alternatingly on the square ground planes. The very flexible silhouette, which results from the asymmetrical profile in conjunction with building volumes crowned by longitudinal roofs and of various heights, is most reminiscent of a medieval city street, particularly the Muurhuizen in Amersfoort. The project looks like an anachronistic enclave in a large expansion area of Woerden that is otherwise filled with the usual home zones of small, scattered groups of terraced houses.

The red roof tiles, warm red brick, small windows and front doors painted in heraldic colours and motifs also contribute to the project's picturesque, 'historical' image. Seen in a wider context, the project is more akin to Spoerry's Port Grimaud in the South of France than to any other project in the Netherlands.[1] Its simple details and schematic translation of historical forms make the project a precursor to the 'abstract historicism' that has become fashionable in the last two decades and is now a common visual language in housing.

Wandelstraat continues to inspire, not only because of its strong and consistent appearance, but also due to the intelligent system of different housing types in a single project. At the same time, the project does not escape the pitfall so many simultaneously realized home zones fell in: because the front doors of the dwellings are on car-free streets their sides, which face the surroundings, are mainly determined by the backs of houses screened off by fences and by parking areas and are thus closed off from the larger context. (dvg)

1 See: *DASH 6*, Wonen in een nieuwe verleden/Living in a New Past (Rotterdam: NAi Publishers, 2012).

Locatie/Location

Ontwerpschets straatbeeld
Street scene design sketch

Huidige situatie autovrije straat
Current situation car-free street

DASH
De Zaan
Het Spaarne
Polderbaan
De Eem
0 2 10m

De middeleeuws-aandoende overkapte brug
The medieval-looking covered bridge

Huidige situatie autovrije straat
Current situation car-free street

Voorbeeld van een pittoreske voordeur
Example of a picturesque entrance

Achterkzijde met schuttingen en parkeerterreintjes
Backside with fences and parking areas

De dwars door het plan lopende singel
The canal that runs across the plan

Basis voor alle typen is een grondvlak van 9,5 x 9,5 m waarbij een kwart van het grondvlak meestal is opengelaten als patiotuin of dakterras. Deze patio's en terrassen zijn steeds op de zon georiënteerd, waardoor een sterk asymmetrisch straatprofiel ontstaat. Op het vierkante grondvlak bevinden zich afwisselend eengezinswoningen en boven- en benedenwoningen, de laatste vaak voorzien van verder omhoogstekende torenkamers

The basis for all types is a 9.5 x 9.5 m ground plane. A quarter of the ground plane is usually left open as a patio garden or roof terrace. These patios and terraces are always oriented towards the sun, which creates a strongly asymmetrical street profile. Single-family homes and upstairs and downstairs flats, the latter often with tower rooms that project further upwards, sit alternatingly on the square ground planes

Gevelaanzicht boven- en beneden-woning aan autovrije straat
Elevation upstairs and downstairs flats on car free street

Bovenwoning
Upstairs flat

Plattegronden boven- en benedenwoningen. Van boven naar beneden: begane grond, eerste verdieping, tweede verdieping
Plans upstairs and downstairs flats. From top to bottom: ground floor up, first floor, second floor

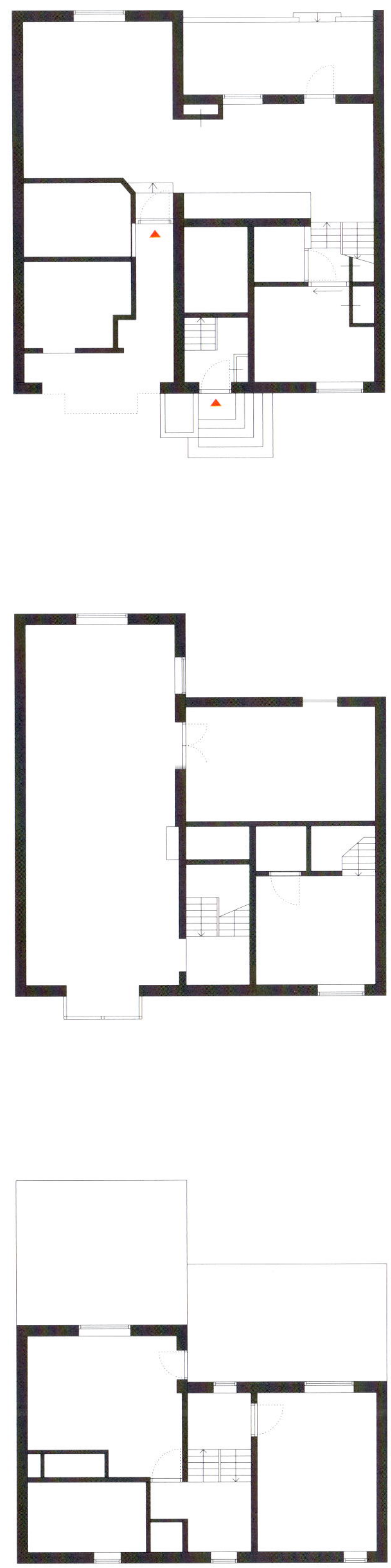

Zonnetrap Rotterdam (NL)

Enrico Hartsuyker, Luzia Hartsuyker-Curjel

Adres/Address: Pythagorasweg, Rotterdam
Ontwerp/Design: E. Hartsuyker (1925-2013), L. Hartsuyker-Curjel (1926-2011)
Opdrachtgever/Commissioner: Woningstichting Lombardijen
Realisatie/Realization: 1970-1978
Aantal woningen/Number of dwellings: 179 seniorenappartementen/ senior-citizen apartments
Voorzieningen/Amenities: publieke centrale hal, peuterspeelzaal, kinderopvang, dienstencentrum, recreatiezalen, bibliotheek, biljartruimte, wasserette, pedicure, kapper, hobbyruimten, ateliers, werkplaats, schoenmaker, bank, koffietentje, snackbar, kantoorruimte/ public main hall, playgroup, day nursery, service centre, recreation rooms, library, billiards room, launderette, pedicure, hair salon, maker spaces, studios, workshop, heel bar, bank, coffee shop, snack bar, office space
Experiment: bouwen voor specifieke behoeften, bijzondere stapeling van woningen, bijzondere woningplattegrond, integratie met andere functies/building for specific needs, unusual stacking of dwellings, unusual dwelling floor plans, integration with other functions

Bronnen/Sources:
Marcel Barzilay, Ruben Ferwerda, Anita Blom, *Experimentele Woningbouw in Nederland 1968-1980* (Rotterdam: nai010, 2019).
'Bejaardencomplex Zonnetrap te Rotterdam-Lombardijen', *BOUW* 35/18 (1980), 63-67.
'Biopolis, een nieuwe stad', *Polytechnisch Tijdschrift* 23/2 (1968), 44-54.
Enrico Hartsuyker, '"Zonnetrap", een woongebouw voor bejaarden, in aanbouw', *Polytechnisch Tijdschrift* 33/11 (1978), 659-662.
Cees Zwinkels, '"Zonnetrap" te Rotterdam, Bejaardenheuvel op basis van Biopolis', *de Architect* 11/6 (1980), 42-51.
Wies van Moorsel & Dorothee Segaar-Höweler, *Enrico Hartsuyker en Luzia Hartsuyker-Curjel: Modellen voor nieuwe woonvormen* (Rotterdam: Stichting BONAS, 2008).
rotterdamwoont.nl/items/view/102/Zonnetrap (bezocht op/accessed 6 juli/July 2020).
ad.nl/rotterdam/lekker-rondjes-rennen-bij-oma-in-de-zonnetrap~a40dad3b/ (bezocht op/accessed 6 juli/July 2020).

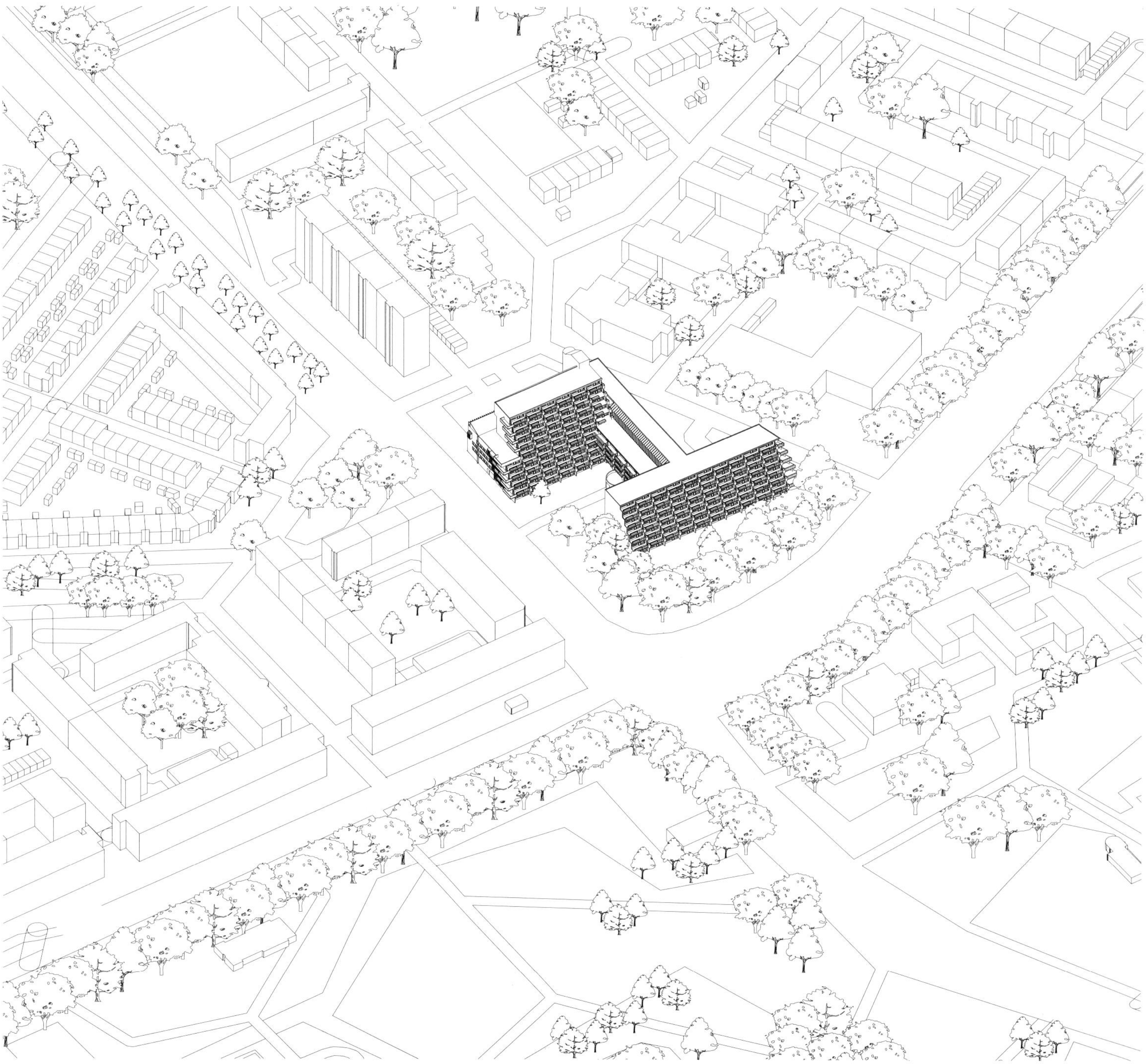

Uit onvrede met de stedenbouwkundige praktijk na 1945, waar functiescheiding centraal stond, hebben Enrico Hartsuyker en Luzia Hartsuyker-Curjel zich sinds de jaren 1960 intensief beziggehouden met vraagstukken over de stad, wat uiteindelijk resulteerde in het formuleren van een andersoortige, multifunctionele stad: de Biopolis. Hoog- en laagbouw werden samengebracht in macrostructuren met gestapelde, kunstmatige 'bodemvlakken', waarbij de verschillende functies van de stad – wonen, werken, verkeer en recreatie – letterlijk met elkaar verweven werden tot een stedelijk organisme. Ze maakten hiervoor gebruik van trapsgewijs oplopende bouwvolumes, waarin de onderste lagen benut werden voor verkeer, winkelruimten en dienstverlenende functies en de bovenste lagen voor wonen. De piramidevorm ontstond mede door de vooropgestelde eis dat de buitenruimte van elke woning een verticale relatie moest hebben met de buitenlucht.

Een sterk op Biopolis geïnspireerd gebouw is bejaardencentrum de Zonnetrap, in het hart van de Rotterdamse wijk Lombardijen. Woningstichting Lombardijen had zich tot doel gesteld een bejaardencomplex te bouwen dat over 25 jaar nog steeds als een mijlpaal in de ontwikkeling van seniorenhuisvesting zou gelden. De opdrachtverlening werd uiterst serieus aangepakt. In de voorfase spraken opdrachtgever, sociologen en architecten over fundamentele vraagstukken met betrekking tot de problematiek van bejaardenhuisvesting en de positie van bejaarden in de maatschappij. Uiteindelijk werd een besloten prijsvraag georganiseerd waarbij de architecten vooraf konden meepraten over het programma van eisen. Enrico en Luzia Hartsuyker wonnen de prijsvraag en in lijn met hun ideeëngoed, zoals vormgegeven in Biopolis, hebben zij het bejaardencentrum opgevat als een kleine stad.

Impressietekening Zonnetrap
Impression of Zonnetrap

De Zonnetrap kreeg het predikaat 'experimenteel'. Volgens de adviescommissie Experimentele Woningbouw was het plan een voorbeeld van vernieuwing op het gebied van bejaardenhuisvesting.[1] Het experimentele aspect heeft vooral betrekking op het woningtype en de gebouwvorm, maar ook op de integratie van voorzieningen voor zowel bewoners als mensen uit de wijk. Het gebouw bestaat uit drie aan elkaar geschakelde blokken van respectievelijk vijf, zeven en tien bouwlagen. De woningen zijn trapsgewijs gestapeld en hebben elk een ruim woningbreed terras. De drie centrale ruimten van de verschillende vleugels lopen in elkaar over en de verspringende galerijen die de woningen ontsluiten, hebben elk een andere vormgeving, wat bijdraagt aan een betere oriëntatie voor de bewoners. Er is veel aandacht besteed aan flexibiliteit binnen de woningen. Ze hebben een 'rondloop' om een kern met badkamer en berging. De iets grotere woningen hebben een extra 'tussenkamer' in de vorm van een afsluitbare nis tussen woon-en slaapkamer.

Het idee van een dienstencentrum uit het programma van eisen werd uitgebreid met een compilatie van winkels, ateliers en kleine bedrijven, wat een stedelijke levendigheid in het gebouw bewerkstelligde.

Het gebouw heeft een betonnen constructie die aan de buitenzijde is afgewerkt met metselwerk. Tussen de stalen balkonafscheidingen zijn grote prefab betonnen plantenbakken opgenomen, die het gebouw al kort na de opening in 1980 de bijzondere bijnaam 'de badkuipenflat' bezorgde. (fva)

1 Zie artikel Marcel Barzilay en Ruben Ferwerda in dit nummer van *DASH*.

Unhappy with post-1945 urban planning practices, which focused on the separation of functions, Enrico Hartsuyker and Luzia Hartsuyker-Curjel had worked intensively on urban challenges since the 1960s. This ultimately resulted in the formulation of a different, multifunctional city, the Biopolis. It combined high- and low-rise buildings in macro structures of stacked, artificial ground planes, with various urban functions – living, working, travelling and entertaining – literally interwoven to form an urban organism. The design included tiered, stepped building volumes with lower layers designated for traffic, retail and service functions and upper layers that were used for housing. The pyramid shape materialized partly because the architects wanted the outdoor space of each dwelling to have a vertical relationship with the outside air.

A building strongly inspired by the Biopolis is De Zonnetrap, a block of senior-citizen apartments in the heart of Rotterdam's Lombardijen district. Housing association Lombardijen had set itself the goal of building a block of apartments for senior citizens that would still be considered a milestone in the development of such housing in 25 years' time. They took the commissioning process very seriously. In the preliminary stage client, sociologists and architects discussed fundamental issues concerning the problems of housing for senior citizens and the position of senior citizens in society. In conclusion, they organized a closed competition in which the architects could discuss the programme of requirements in advance. Enrico and Luzia Hartsuyker won the competition and, in line with the ideas incorporated in the Biopolis, they conceived the retirement centre as a small town.

De Zonnetrap was designated 'experimental'. According to the experimental housing advisory committee, the plan was a fine example of innovation in the field of housing for senior citizens.[1] The experimental aspect mainly relates to the dwelling type and the building shape, but also to the integration of facilities for both residents and locals. The building consists of three concatenated blocks of five, seven and ten storeys respectively. The dwellings are tiered and stepped and each has a spacious, dwelling-wide terrace. The three central spaces of the different wings flow into one another and the staggered galleries that access the dwellings each have a different design, which helps the residents get their bearings. The design pays a lot of attention to flexibility inside the dwellings, which encircle a core with a bathroom and storage space. The slightly larger dwellings have an extra 'in-between room' in the form of a lockable alcove between the living room and bedroom.

The idea of a service centre, which was in the programme of requirements, was extended to include a compilation of shops, studios and small businesses, which brought urban liveliness into the building.

The concrete building structure's exterior is finished in brick. Separating the steel balcony partitions are the large, prefabricated, concrete planters that earned the building the unusual nickname of 'the bathtubs block' shortly after its completion in 1980. (fva)

1 See Marcel Barzilay and Ruben Ferwerda's article in this edition of *DASH*.

Locatie/Location

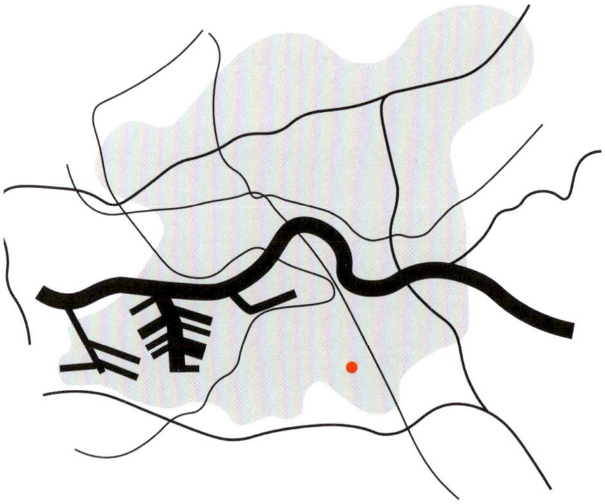

Maquette Zonnetrap
Model Zonnetrap

Presentatietekening grote hal
Rendering of the central hall

Straatzijde enige jaren na oplevering
Street side a few years after completion

Woningbrede terrassen kort na oplevering
Dwelling-wide terraces shortly after completion

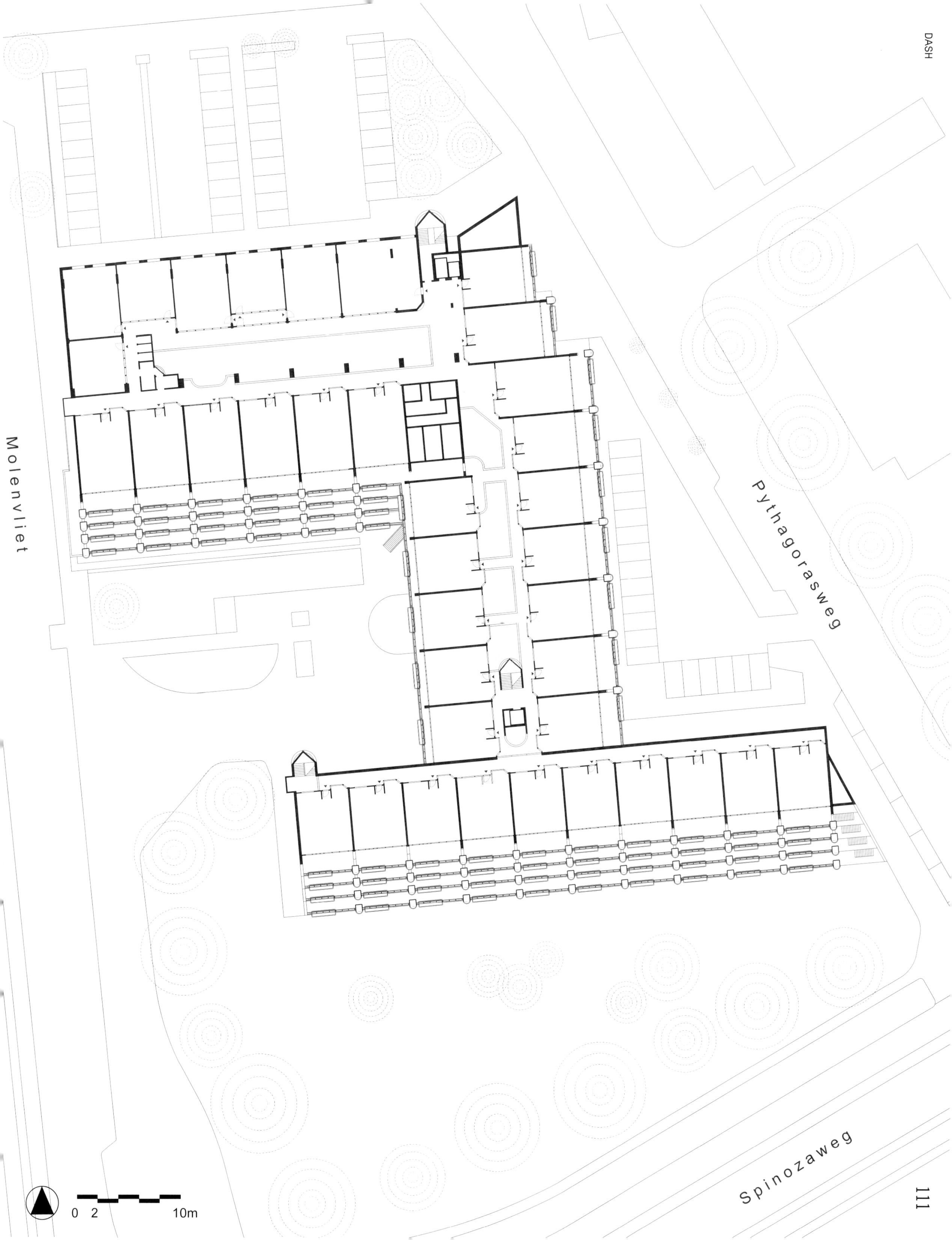

Molenvliet
Pythagorasweg
Spinozaweg
0 2 10m

Huidige situatie waarin de sculpturale kwaliteiten en de kenmerkende betonnen plantenbakken zichtbaar zijn

The current situation in which the sculptural qualities and the characteristic concrete planters are visible

Hoog- en laagbouw zijn samengebracht door middel van trapsgewijs oplopende bouwvolumes. In de piramidevormige tussenruimte zijn voorzieningen voor bewoners en de wijk geïntegreerd waardoor wonen, werken, verkeer en recreatie met elkaar verweven zijn in wat de architecten omschreven als *Biopolis*. De drie centrale ruimten van de verschillende vleugels van het project lopen in elkaar over en de verspringende galerijen hebben elk een andere vormgeving, wat bijdraagt aan de oriëntatie van bewoners

High- and low-rise buildings are combined using stepped building volumes. Facilities for residents and the neighbourhood are integrated in the pyramid-shaped space, so that living, working, traffic and recreation are interwoven into what the architects termed *Biopolis*. The three central spaces of the different wings of the project flow into one another and the staggered galleries each have a different design, which helps the residents find their bearings

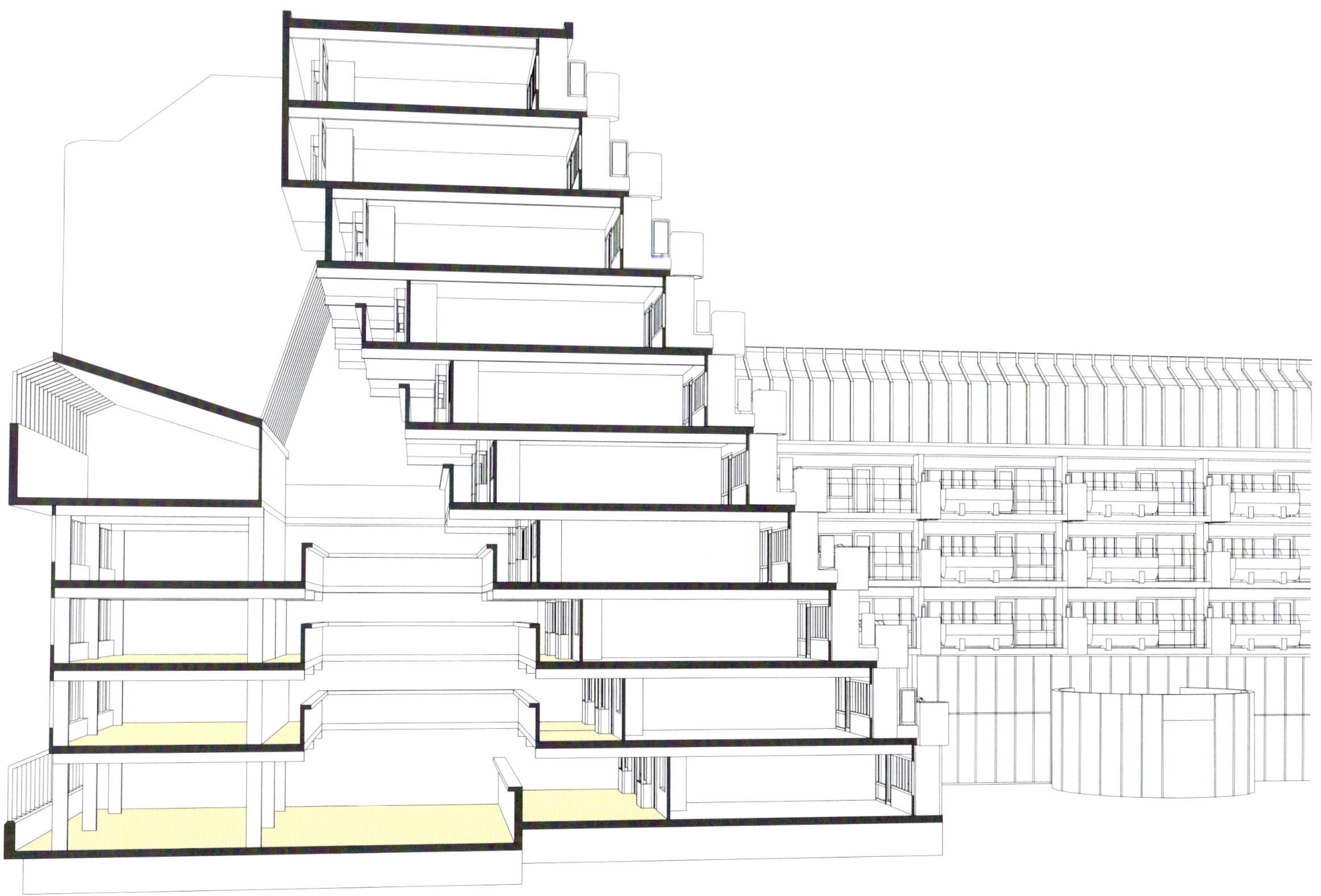

Plattegrond woningen met 'rondloop' en extra 'tussenkamer' in de vorm van een afsluitbare nis tussen woon-en slaapkamer
Dwelling floor plan that encircles a core and with an extra 'in-between room' in the form of a lockable alcove between the living room and bedroom

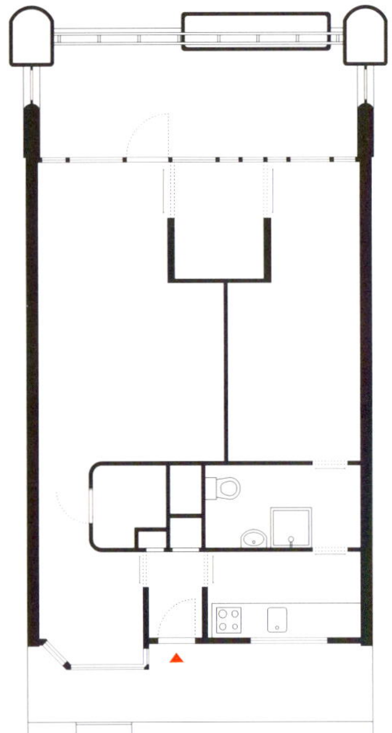

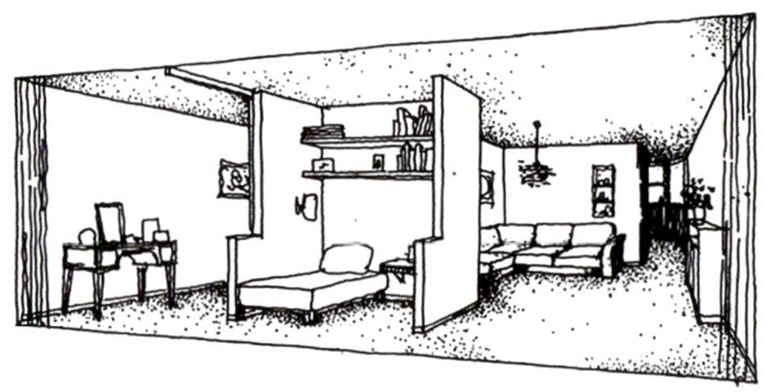

Schets van extra 'tussenkamer'
Sketch of of an extra 'in-between room'

Standaardplattegrond zonder tussenkamer
Standard dwelling plan without an 'in-between room'

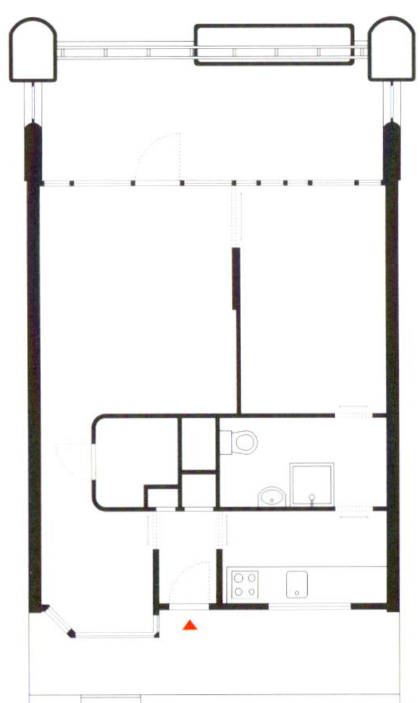

0 0,5 2,5m

Huidige situatie grote hal
Current situation large hall

Pearlbank Apartments Singapore (SG)

Tan Cheng Siong

Adres/Address: Pearl Bank, Singapore
Ontwerp/Design: Tan Cheng Siong, Archurban Architects Planners
Opdrachtgever/Commissioner: Hock Seng Enterprises
Realisatie/Realization: 1969-1976
Aantal woningen/Number of dwellings: 296
Voorzieningen/Amenities: –
Experiment: experimentele gestapelde split-level appartementen/ experimental stacked split-level dwellings

Bronnen/Sources:
'Cylindrical Tower Provides High Density Accommodation in Split-Level Apartments', *Building Materials and Equipment South-east Asia* (april/April 1976), 34-57.
'Third Sale of Urban Renewal Sites for Private Development', *Journal of the Singapore Institute of Architecture* 38 (1970), 2-23.
Koon Hean Cheong, 'The Evolution of HDB Towns', in: Chye Kiang Heng (red./ed.), *50 Years of Urban Planning in Singapore* (Singapore: World Scientific Publishing, 2017), 101-25.
Alan F.C. Choe, 'Objectives in Urban Renewal', *Journal of the Singapore Institute of Architecture* 30 (1968), 2-5.
Beng-Huat Chua, *Political Legitimacy and Housing: Stakeholders in Singapore* (Londen/London: Routledge, 1997).
Rachel Phua, 'Pearl Bank Apartment Makes 4th Attempt at En-bloc Sale', *Channel News* Asia, 8 juli/July 2017; channelnewsasia.com/news/business/pearl-bank-apartment-makes-4th-attempth-at-en-bloc-sales-9015632.
'Pearl Bank Apartments (1976)', *Too Young to Die: Giving New Lease of Life to Singapore's Modernist Icons*, Position Paper (Singapore: Singapore Heritage Society, 2018), 16-9.
Janice Tai, 'Pearl Bank Apartments Likely to be Demolished Despite Calls to Conserve Building', *Straits Times*, 17 februari/February 2018; straitstimes.com/singapore/housing/ pearl-bank-apartments-likely-to-be-demolished.

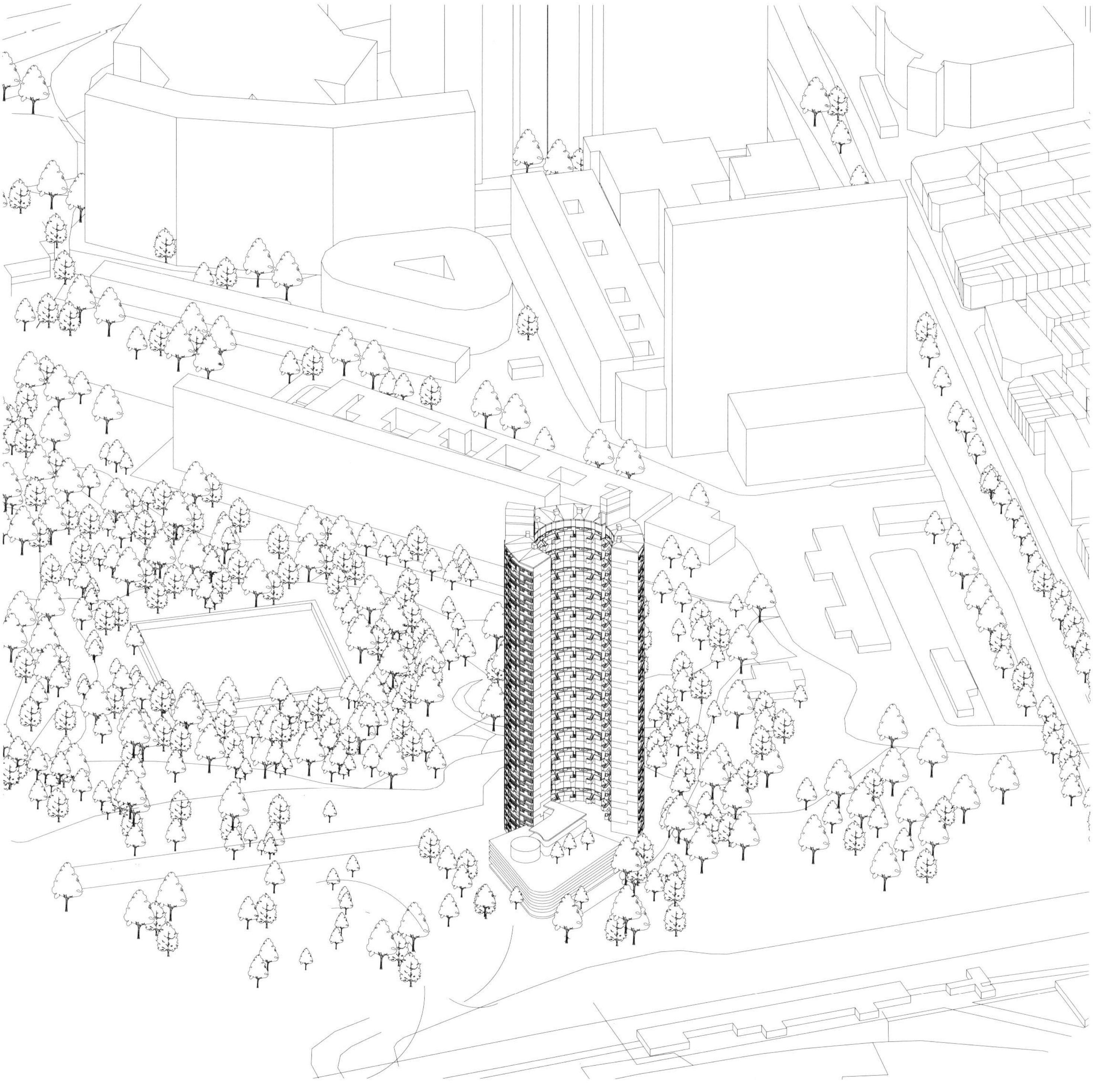

Impressietekening Pearlbank Apartments
Impression of Pearlbank Apartments

Het in 1976 opgeleverde, 38 verdiepingen tellende Pearlbank Apartments van architect Tan Cheng Siong was een van de eerste luxueuze hoogbouwcomplexen in de in 1965 onafhankelijk geworden Republiek Singapore. Pearlbank was bij oplevering het hoogste en dichtste, volledig uit woningen bestaande gebouw in Zuidoost-Azië. Het bestond uit 296 wooneenheden voor 1.500 bewoners in een cilindrisch, hoefijzervormig bouwblok. Tan reageerde in 1969 met zijn ontwerp op een door de overheid uitgeschreven stedenbouwkundige prijsvraag, 'The Third Sale of Urban Renewal Sites for Private Development'. Men zocht alternatieve voorstellen voor woningbouw op de locatie Pearl's Hill aan de rand van de stad. Uit het programma van eisen bleek dat de nieuwbouw de toekomstige, uit jonge en goed opgeleide gezinnen bestaande beroepsbevolking moest gaan huisvesten, waarnaar in de snel moderniserende stadstaat zoveel vraag was.

Tan anticipeerde creatief op de vraag, hoe je koopkrachtige bewoners uit de boven- en middenklasse moet verleiden om naar de suburbs te verhuizen, naar collectief wonen op een kavel van ongeveer 8.000 m^2. Welgestelde Singaporeanen zien het archetypische huis (carport/tuin/eigen grond) als het toonbeeld van hun woonaspiraties. Maar in het landschaarse Singapore staat dit ideaal van de grondgebonden woning recht tegenover de pragmatische voorkeur van de overheid voor een zuinig grondgebruik dat valt af te lezen aan het succesvolle Singaporese model voor betaalbare sociale woningbouw. Al sinds de jaren 1960 wonen de meeste Singaporezen in hoogbouwflats. Om Pearlbank geschikt te maken voor de gewenste bewoners, moest het project meer bieden dan het gemiddelde sociale woningbouwproject van de overheid. Tan moest dus de eengezinswoning vanaf de grond transplanteren en deze archetypische vorm als het ware 'aan de grond zetten' op zijn in elkaar grijpende vloerplaten.

Alle woningen in Pearlbank hadden een split-level interieur over twee of drie lagen, zodat het zelfstandige grondgebonden woningen met meerdere verdiepingen leken – in tegenstelling tot de gestandaardiseerde lucifersdoosjesinterieurs in de sociale woningbouw. De verdiepingen verbonden via trappen, met op de bovenste etage de loftachtige slaapkamers (en bij de acht dakappartementen: dakterrassen) en op de onderste de 'kelders'. Pearlbank was een matrix van gestapelde en geschakelde grondgebonden woningen, verdeeld over een hoogbouwskelet. Wat op het eerste gezicht een architectonisch kenmerk in de vorm van sculpturale, in de cilindrische kern stekende zigzagtrappen leek te zijn, was in werkelijkheid een aantal brandtrappen die alle split-levels met elkaar verbonden via een externe rondlopende trappartij. Volgens Tan had hij de trappen toegevoegd omdat de brandweer erop had gestaan, met de woorden dat de bewoners, anders dan in een werkelijk grondgebonden woning, niet zomaar van de bovenste verdiepingen konden springen om zichzelf in veiligheid te brengen!

Na 42 jaar begon het gebouw tekenen van veroudering en gebrekkig onderhoud te vertonen. Het waren juist de experimentele split-levels uit het ontwerp – Tan's versie van de grondgebonden woning voor het landschaarse Singapore – die voor complicaties zoals lekkende pijpen en ondergelopen binnenruimten zorgden. In 2018 stemden de bewoners collectief vóór verkoop van het gebouw aan een ontwikkelaar. Pearlbank werd in 2019 gesloopt. (zw)

Completed in 1976, the 38-storey Pearlbank Apartments is one of post-independence Singapore's earliest luxury high-rise housing developments. Designed by architect Tan Cheng Siong (Archurban Architects Planners), it was the highest and densest of any fully residential building in Southeast Asia when it was completed. The Pearlbank's 296 housing units accommodating 1,500 residents were arranged in a cylindrical horseshoe-shaped block. Tan's design was a response to the 1969 state-endorsed urban redevelopment competition 'The Third Sale of Urban Renewal Sites for Private Development', asking for housing alternatives to be proposed for the Pearl's Hill site, located on the city's outskirts. Implicit in the brief was the potential for the new development to house a future workforce of younger educated families, required for the rapidly modernizing city.

Tan anticipated a problem that his project would have to address – the lure of the suburban residence to middle-and-upper class homebuyers – to which a creative solution had to be devised for the two-acre plot. For affluent Singaporeans, the archetypal house affixed to its individual plot of land – with car porch and garden – is an image of aspirational living. Yet in land-scarce Singapore, this idealization of landed homes stood in opposition to the state's pragmatic preference for tighter land usage, demonstrated in its successful model for affordable public housing. Since the 1960s, high-rise flats had become the dominant form of housing for the majority of Singaporeans. For Pearlbank to suit its ideal residents, it had to offer more than what the national public housing project provided. Tan had to transplant the landed house up from the ground, architecturally *regrounding* the archetypal form onto his interlocking floor plates.

Each of Pearlbank's units consists of a split-level interior space that is interconnected across two or three floors, giving the impression of living in a standalone landed house with multiple floors – contrasting with the standardized matchbox interiors of public housing flats. Inside individual units, staircases connect intermediate levels to 'loft-like' bedrooms and roof terraces (for the eight penthouse units), or downstairs to 'basements'. Pearlbank was a matrix of stacked and interlocking landed houses, recomposed onto the high-rise frame. What appears to be an architectural feature of sculptural dog-legged staircases protruding from the cylindrical core, was in fact a fire escape solution connecting all the interiorized split-levels to an external circulatory stack. Tan mused that the staircases were added when the fire department insisted that unlike a *true* low-rise landed house, one could not simply jump off the upper floors to safety!

After 42 years, however, the building showed recurrent signs of aging and overdue maintenance. The very same experimental split-level design – the architect's reinterpretation of 'landed houses' for land-scarce Singapore – had resulted in complications of inter-unit maintenance, such as leaky pipes and flooded interiors. In 2018, the residents voted for the building's collective sale to a developer; following a successful vote, Pearlbank was demolished in 2019. (zw)

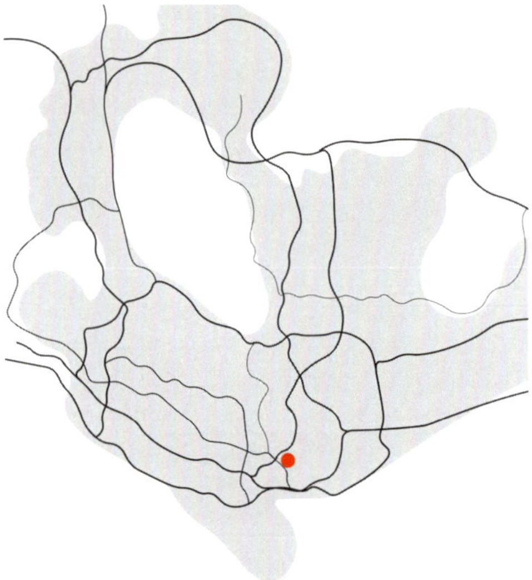

Locatie/Location

Kort voor de sloop
Shortly before demolition

Presentatietekening van split-level principe
Presentation drawing of split-level principle

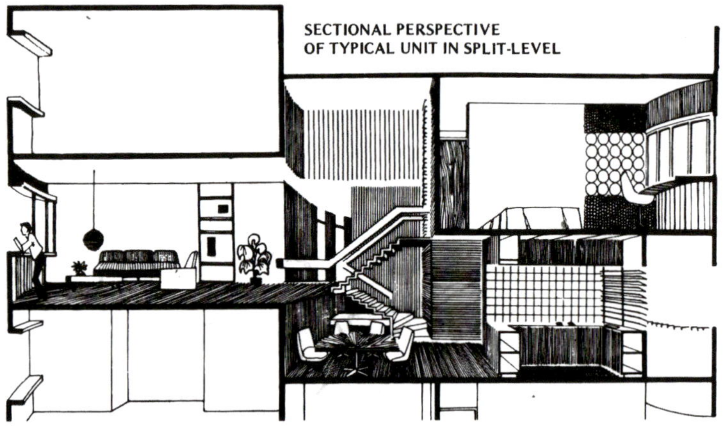

Interieur split-level appartement
Interior split-level apartment

Tijdens de bouw
During construction

Outram Park
Pearl Bank
Pearl Bank
0 2 10m

Pearlbank kort voor de sloop in 2019
Pearlbank shortly before demolition in 2019

Het project Pearlbank was een matrix van gestapelde en geschakelde split-level woningen die ontworpen zijn als alternatief voor grondgebonden woningen met meerdere verdiepingen. Het project betekende een grote breuk met de lucifersdoosjesinterieurs in de hoogbouwwoningen van Singapore tot dan toe. Het split-level systeem zorgt voor bijzonder ruimtelijke interieurs. De trappen die aan de buitenkant van de woningen zichtbaar zijn, zijn bedoeld als brandtrappen

The Pearlbank project was a matrix of stacked and interlocking split-level dwellings that were designed as an alternative to standalone landed houses with multiple floors. The project marked a major break with the matchbox interiors in Singapore's high-rise apartments up to that point. The split-level arrangement ensured particularly spacious interiors. The stairs that are visible on the outside of the apartments are intended as fire escapes

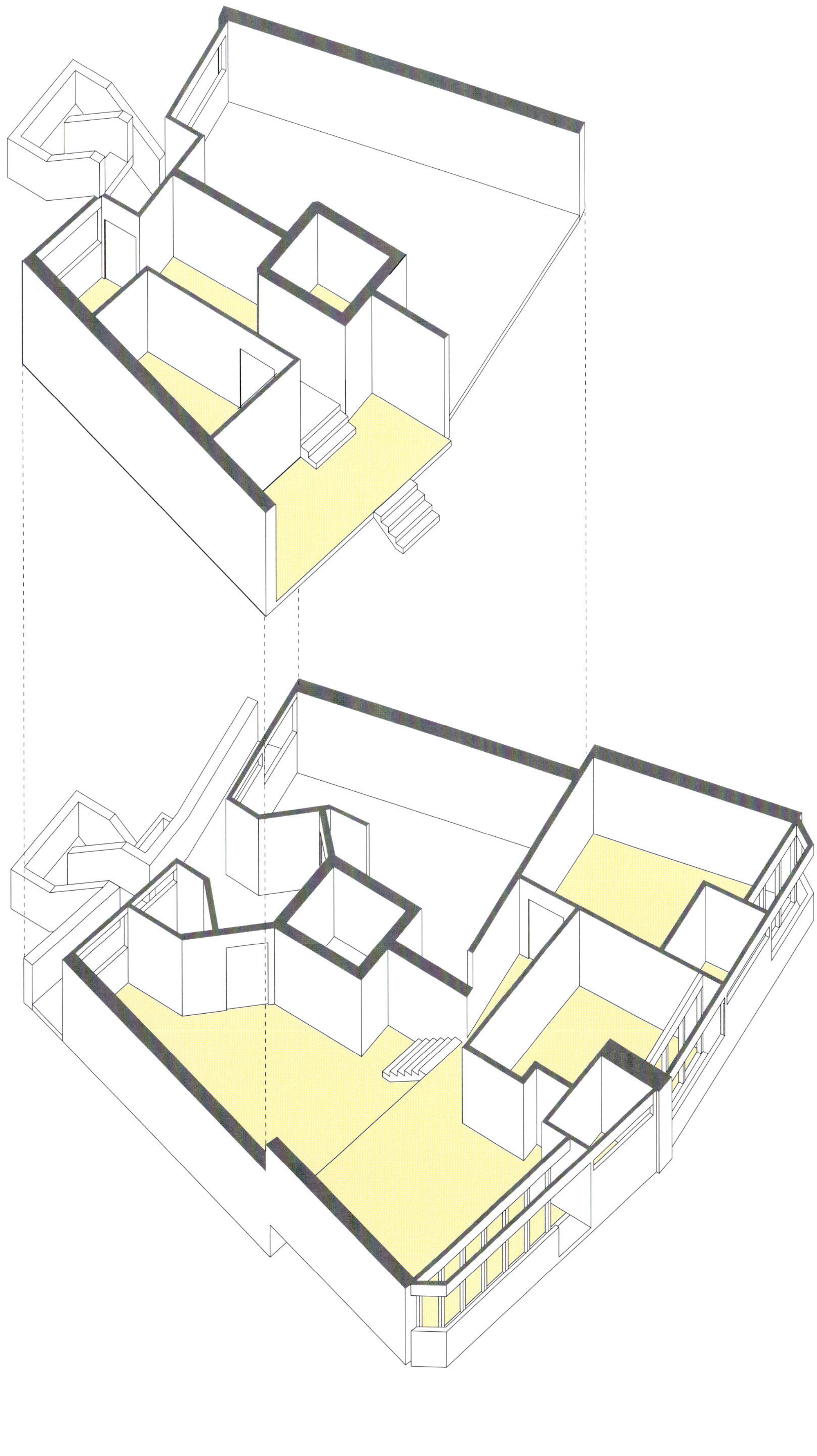

Plattegrond tweekamer appartement
Floor plan two-room apartment

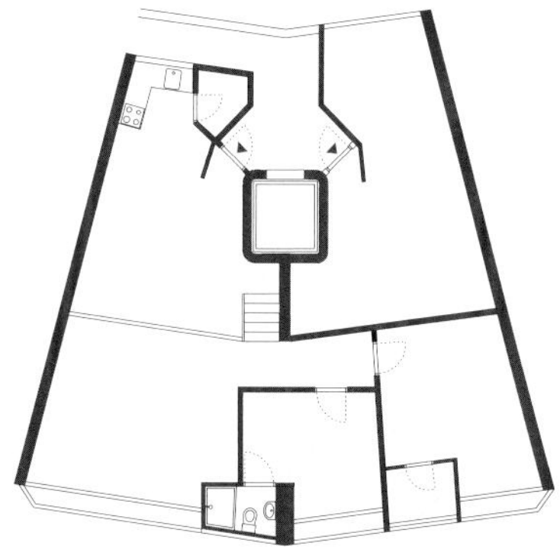

Plattegrond driekamer appartement
Floor plan three-room apartment

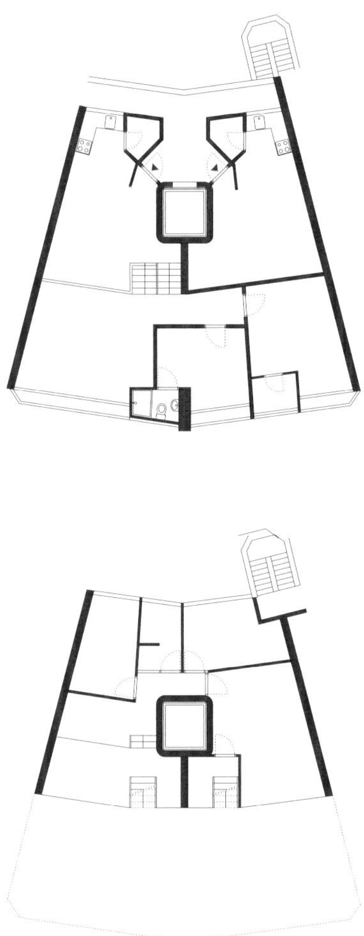

Plattegrond vierkamer appartement
Floor plan four-room apartment

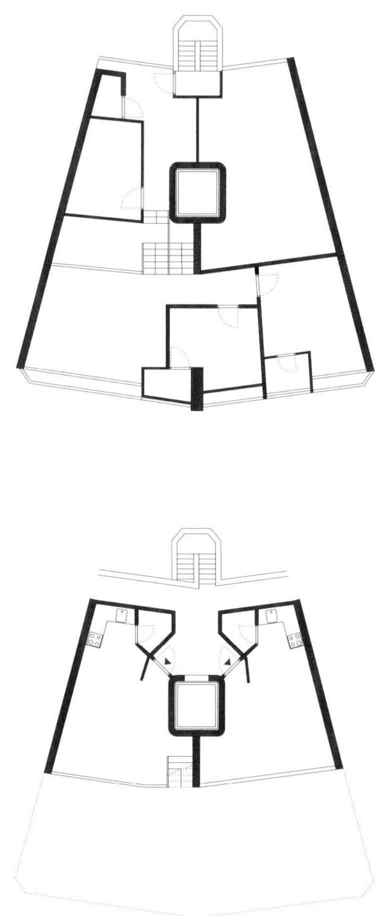

0 1 5m

Het interieur van het appartement en kantoor van de van origine Amerikaanse architect Ed Poole. Hij was lang een van de voorvechters voor behoud en renovatie van Pearlbank. Doordat de bewoners uiteindelijk in meerderheid voor verkoop en herontwikkeling stemden, moest ook Poole zijn huis en kantoor in penthouse nummer 1 uiteindelijk opgeven

The interior of the apartment and office of the American architect Ed Poole. He was long one of the champions for the preservation and renovation of Pearlbank. Because the residents ultimately voted in majority for sale and redevelopment, Poole also had to give up his house and office in penthouse number 1

Coll del Portell 52 Barcelona (ES)

Francesc Rius i Camps

Adres/Address: Avenida Coll del Portell, Barcelona, Spanje/ Spain
Ontwerp/Design: Francesc Rius i Camps
Opdrachtgever/Commissioner: collectief opdrachtgeverschap/ Collective commissioning

Realisatie/Realization: 1971-1976
Aantal woningen/Number of dwellings: 9
Voorzieningen/Amenities: 1 kantoor/ office
Experiment: bouwtechniek/ structural engineering

Bronnen/Sources:
Deze tekst is gebaseerd op interviews met architect Francesc Rius, najaar 2020/This text is based on interviews with architect Francesc Rius, fall 2020.

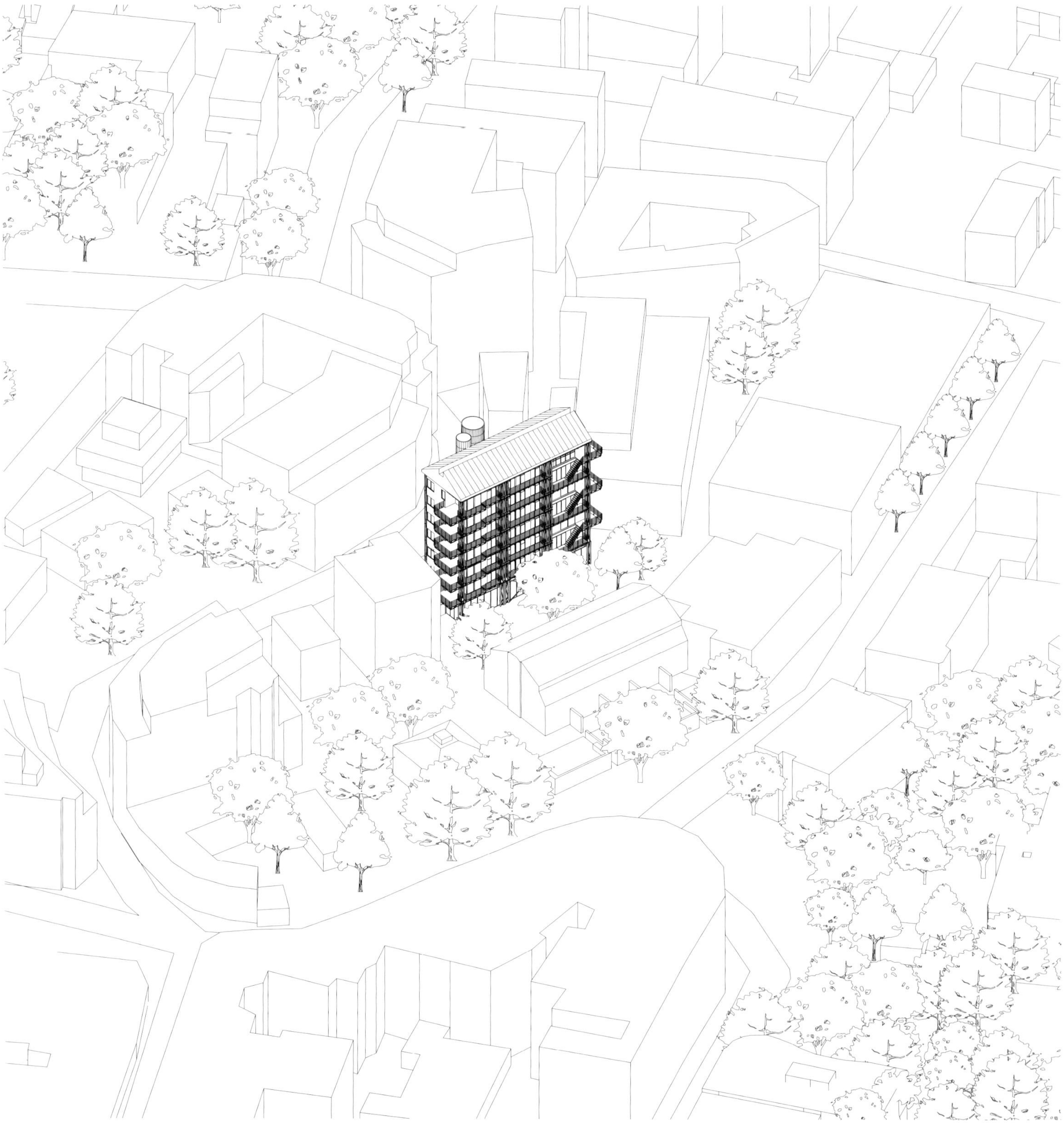

Impressietekening Coll del Portell
Impression of Coll del Portell

Op de zuidelijke helling van de Monte Carmelo in Barcelona, aan de lage kant van Gaudi's Parc Güell, op een rotsachtig, steil stuk land, staat dit zeven verdiepingen tellende volume dat negen woningen en een kantoor bevat. Het gebouw is volledig ontworpen volgens de principes van het ruimtevakwerk dat, hoewel indertijd gangbaar bij industriegebouwen, zelden werd toegepast bij woongebouwen. In 1971 vond architect Francesc Rius het perceel en richtte hij een vereniging van eigenaren op om het gebouw particulier te ontwikkelen. Rius had eerder al vijf industriële complexen ontworpen, opdrachten die hij kort na zijn afstuderen aan de Escuela Técnica Superior de Arquitectura de Barcelona (ETSAB) had gekregen en die hem vertrouwd hadden gemaakt met industriële systeembouw. In Leicester had hij het werk van Stirling en Gowan bestudeerd, maar veel andere referenties waren er niet. Hét schoolvoorbeeld van met ruimtevakwerk gerealiseerde architectuur, het Georges Pompidou Center waarvoor Piano en Rogers op 15 juli 1971 de prijsvraag wonnen, werd pas geconcipieerd enkele maanden nadat het gebouw van Rius was gestart.

Wat dit woongebouw zo bijzonder maakt, is zijn structuur. Kort samengevat bestaat die uit drie hoofdelementen: vierkante kolommen, ruimtevakwerk met vloerplaten en prefab stalen panelen met isolatie die de gebouwschil vormen. De kolommen zelf zijn eigenlijk verticale vakwerken met een vierkante doorsnede en bestaande uit vier profielen op de hoeken en diagonalen om alles onderling te verbinden. Deze vakwerkkolommen zijn bestand tegen horizontale spanningen en hun holle kernen maken het verticale transport van voorzieningen en leidingen mogelijk. Door katrollen toe te voegen, kunnen ze bovendien worden gebruikt als kranen om de vloerplaten tijdens het bouwproces op te tillen. De centrale kolommen zijn verdubbeld, om het voegen van de vloerplaten in het hele project te systematiseren.

De architect berekende zelf de gewenste afmetingen van de vloerplaten in het rekencentrum van de ETSAB, met behulp van een ponskaartcomputer die stelsels van 36 vergelijkingen met 36 onbepaalde variabelen kon oplossen. De lichtgewicht structuur is doorgetrokken tot buiten de zuidgevel van het gebouw en vormt daar uitkragende terrassen. Deze terrassen bieden niet alleen een prachtig uitzicht op de 'voorbeeldige' omgeving, maar zorgen ook voor de nodige schaduw op deze mediterrane locatie. Een composietplaat, ten slotte, bedekt de horizontale structuur.

Het bouwsysteem maakt een combinatie van structurele en infrastructurele systemen mogelijk, zowel horizontaal als verticaal. Soms is in de droge zones van het appartement het structurele frame van de platen zichtbaar, terwijl de natte zones, naast de ingangen in de noordgevel, verlaagde plafonds hebben die een directe verbinding tussen servicepunten en de dichtstbijzijnde kolommen mogelijk maken.

Al deze factoren in aanmerking genomen, is de afwezigheid van dit gebouw in de recente geschiedenis van de architectuur verbazingwekkend. Het heeft met het verstrijken van de tijd zijn kwaliteit niet verloren, maar is eerder een klein wonder gebleken: zijn onberispelijke toestand verraadt de genegenheid waarmee zijn bewoners en buren bijdragen aan zijn bescherming. (fa/ce)

On the southern slope of Monte Carmelo in Barcelona, at the lower end of Gaudi's Parc Güell, on a rocky, steeply sloping plot, stands this seven-storey volume that includes nine dwellings and one office. The building was designed entirely according to the principles of open industrialization that, although they were prevalent in industrial architecture at the time, were seldom applied to domestic buildings. It was designed and constructed in 1971-1972, when architect Francesc Rius found the plot and set up an owner-occupier's association to privately develop the building.

Previously, Rius had constructed five industrial units, consecutive commissions he received shortly after graduating from the Barcelona School of Architecture (ETSAB) and that acquainted him with industrial construction systems. He had studied the work of Stirling and Gowan in Leicester, but had few other references. The supreme example of space-frame architecture, the Georges Pompidou Centre for which Piano and Rogers won the competition on 15 July 1971, was conceived a few months after the construction of Rius's building started.

What makes this residential building so very special is its structure. In brief, it consists of three main elements: square columns, space-frame floor slabs and the prefabricated metal panelling with insulation that form the building envelope. The columns consist of vertical trussed beams with a square section. They can resist horizontal stresses and their hollow centres allow the vertical transport of services and ducts. The simple application of pulleys makes it possible to use them as cranes to lift the floor slabs during the construction process. The central columns have been doubled to systematize the joint solution for the slabs throughout the entire project.

The architect himself calculated the spatial structure of the slabs at the computing centre of the Barcelona School of Architecture (ETSAB) with the help of a punched card computer capable of solving systems of 36 equations with 36 undetermined variables. The lightweight structure extends beyond the south façade of the building, forming cantilevering terraces. Besides beautiful views of the 'exemplary' neighbourhood, these terraces provide the shade necessary in this Mediterranean location. A composite slab, finally, tops the horizontal structure.

The structural system allows the combination of structural and infrastructural systems in both the horizontal and vertical elements. In some cases, the dry zones show the structural frames of the slabs inside whereas the wet areas, next to the accesses in the north façade, have suspended ceilings that allow direct canalization from the service points to the nearest columns.

Considering all of these factors, the absence of this building in the recent history of architecture is surprising. The passage of time has not dispelled its qualities, but rather proven them small miracles; its impeccable state of conservation reveals the affection with which its inhabitants and neighbours contribute to its protection. (fa/ce)

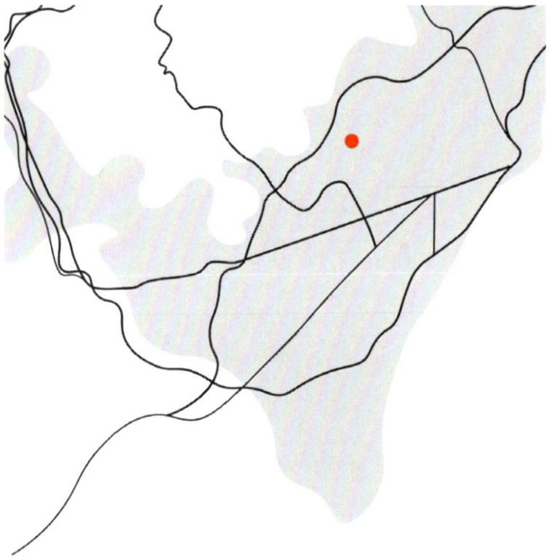

Locatie/Location

Tijdens de bouw. Draagstructuur opgebouwd uit ruimtevakwerk
Loadbearing structure during construction made up of spatial frameworks

De geïsoleerde dakpanelen die de modulaire basis vormen van het 90 cm-raster van het systeem zijn niet alleen gebruikt om de opslagruimten bovenin te bedekken, maar ook om de gevel te bekleden. De ribben zijn naar het interieur gericht in een gedurfde herinterpretatie van de standaard waarbij de ramen zijn gevat in geraamten van gegalvaniseerd plaatstaal. De scheidingswanden zijn ontworpen in geïsoleerde gipsplaat, maar het matige industrialisatieproces van het land dwong tot een overstap naar een traditioneel systeem. De afwerking van het interieur werd aan de individuele eigenaar-bewoners overgelaten

The insulated roof panels that establish the modular base of the system's 90-cm grid were not only used to cover the storage rooms at the top, but also to envelop the façade. Its ribs face the interior in a daring reinterpretation of the standard in which the windows are set in galvanized steel sheet plate frames. Partitions walls were designed in insulated plasterboard, but the country's hampered industrialization forced a change to traditionally crafted systems. Finishing the dwelling interior was left to the individual owner-occupiers

Het gebruik van de vakwerkkolommen als kranen tijdens de bouw
The vertical trussed columns used as cranes during the construction process

Coll del Portell kort na oplevering
Coll del Portell shortly after completion

Coll del Portell tijdens de bouw
Coll del Portell during construction

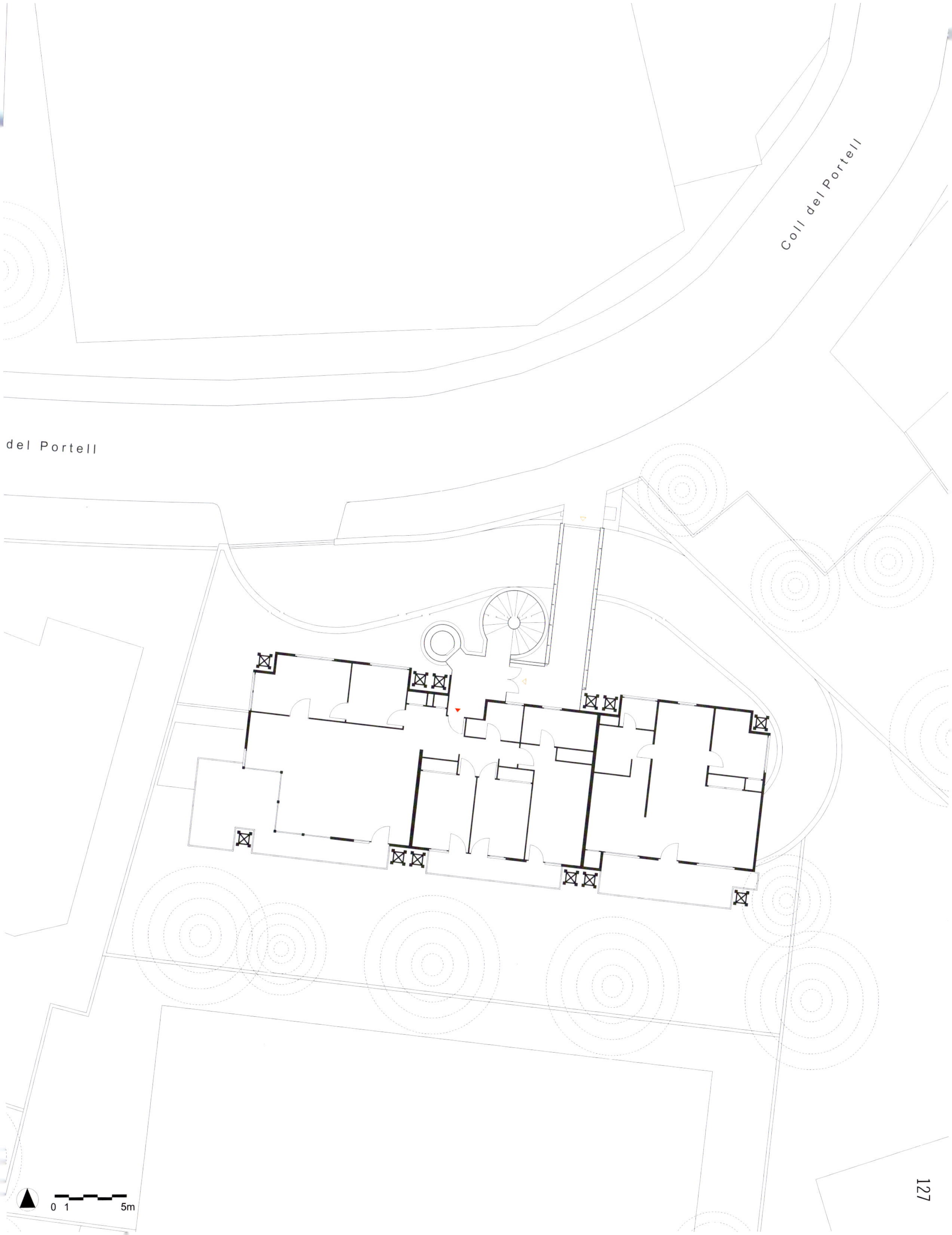
Coll del Portell
del Portell
0 1
5m

Huidige situatie straatzijde
Current situation street side

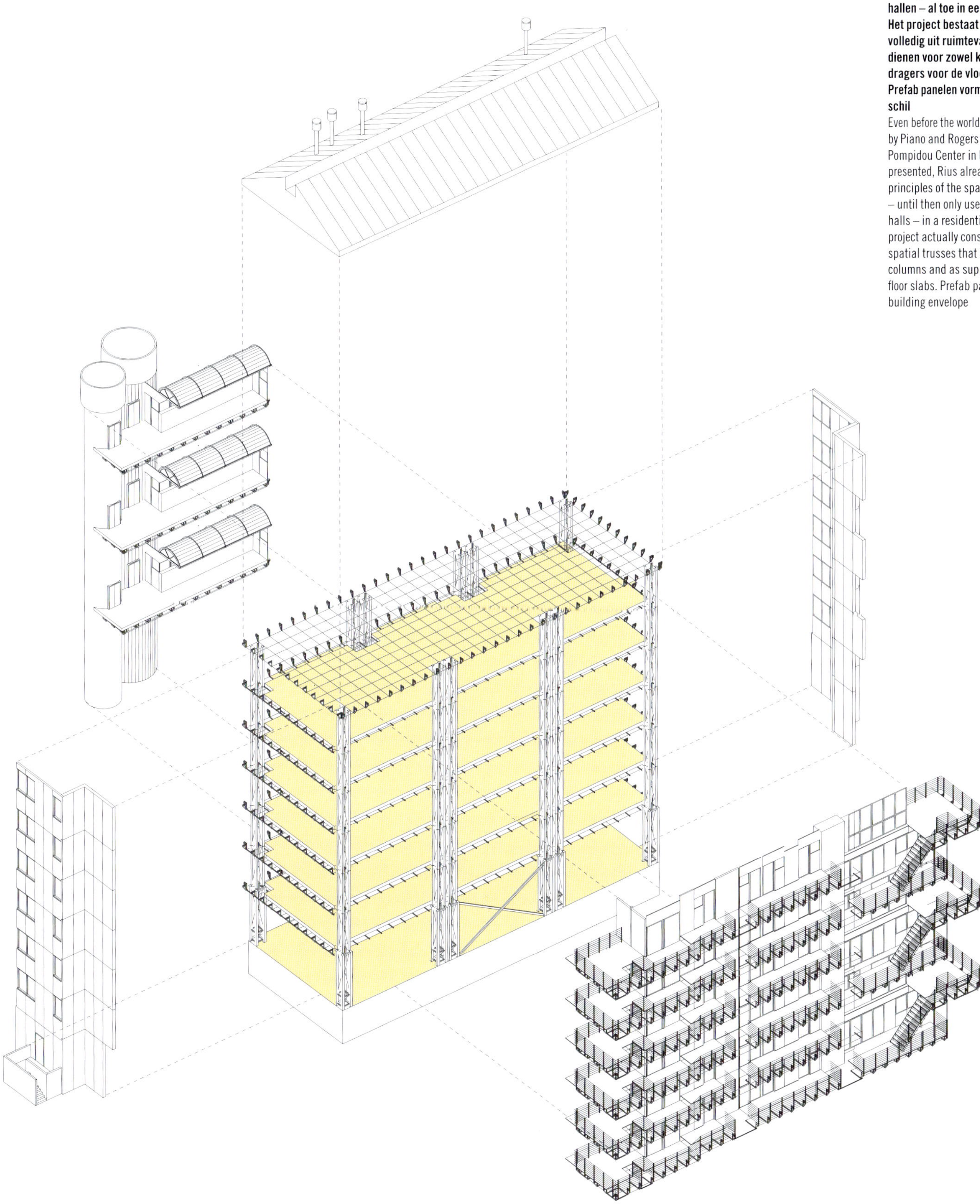

Nog voordat het wereld beroemd geworden ontwerp van Piano en Rogers voor Georges Pompidou Center in Parijs werd gepresenteerd past Rius de principes van het ruimtevakwerk – tot dan toe alleen gebruikt voor industriële hallen – al toe in een woonproject. Het project bestaat eigenlijk volledig uit ruimtevakwerken die dienen voor zowel kolommen als dragers voor de vloerplaten. Prefab panelen vormen de gebouwschil

Even before the world-famous design by Piano and Rogers for the Georges Pompidou Center in Paris was presented, Rius already applied the principles of the spatial framework – until then only used for industrial halls – in a residential project. The project actually consists entirely of spatial trusses that serve both as columns and as supports for the floor slabs. Prefab panels form the building envelope

Dwarsdoorsnede
Cross section

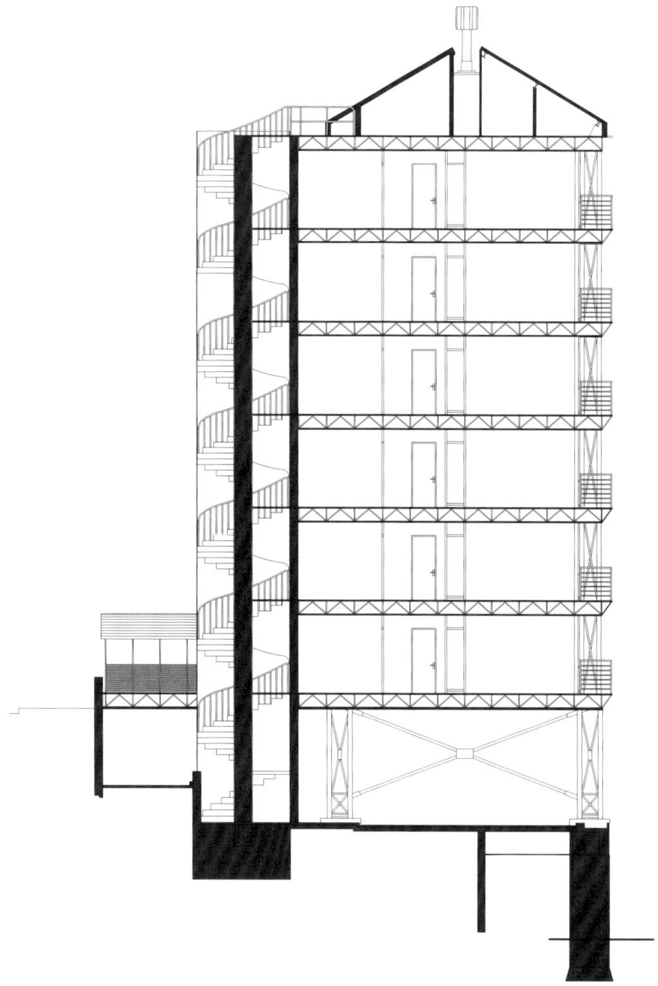

Plattegrond, begane grond
Floor plan, ground floor

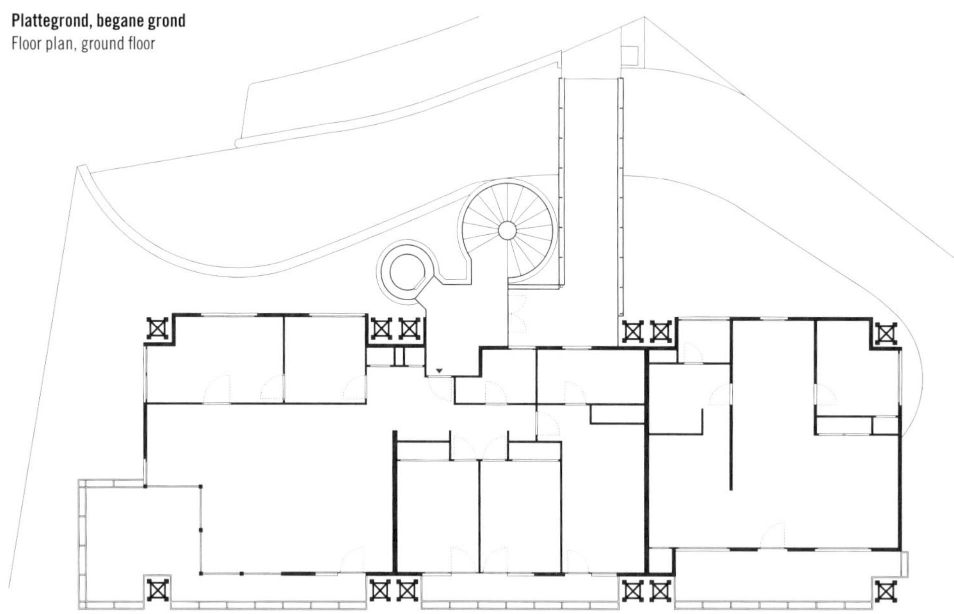

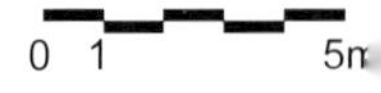

Interieur galerij
Interior gallery

Balkons achterzijde
Balconies rear side

Trappenhuis
Stairwell

Entree straatzijde
Entrance street side

The Hill Estate Jeruzalem/Jerusalem – Gilo (IL)

Arieh Sharon, Eldar Sharon

Adres/Address: Arieh Ben Eliezer Street, Gilo, Israël/Israel
Ontwerp/Design: Arieh Sharon, Eldar Sharon
Opdrachtgever/Commissioner: Amidar National Company
Realisatie/Realization: 1973-1976
Aantal woningen/Number of dwellings: 288

Voorzieningen/Amenities: –
Experiment: herhaling van prefab elementen, aanpasbare woningen, gebruik van heuvelachtig terrein/ repetition of prefab elements, adaptable dwelling size, use of sloped terrain

Bronnen/Sources:
G. Nerdi, 'The Important Architectural Icon of Gilo will be Demolished for Urban Regeneration Development', Globs, 20 januari/January 2020.
E. Neuman (red./ed.), *Housing Complex, Gilo Neighborhood, Jerusalem, 1973-1967, Arieh Sharon: The Nation's Architect* (Tel Aviv: Tel Aviv Museum of Art, 2018), 502-503.
Arieh Sharon Archives, David Azrieli Israel Architecture Archive.
Ram Carmi Archives, David Azrielli Israel Architecture Archive.

Vader en zoon Arieh en Eldar Sharon ontwierpen samen een van de omvangrijkste woningbouwprojecten in de wijk Gilo, ten zuidoosten van Jeruzalem, op een stuk land dat na 1967 door de stad was geannexeerd. Alle ontwerpers van het Gilo-project, dat bedoeld was om gebied te bezetten via de huisvesting van ongeveer 40.000 Israëlische burgers – een strategie die sinds 1948 wordt toegepast – kregen de opdracht om moderne architectuur met een lokaal tintje te produceren om zowel de nieuwe bewoners als het terrein 'te verisraëliseren'.

Gilo was daarvoor een stadje met 32.000 inwoners, maar om politieke redenen koos de planningscommissie ervoor om Gilo te ontwikkelen als een uitbreidingswijk van Jeruzalem. De ontwerper van het masterplan, Abraham Yaski, schreef dat Gilo 'een slaapstad of stadswijk [was]', afhankelijk van Jeruzalem.

Impressietekening Hill Estate
Impression of Hill Estate

Hoewel Gilo niet gebaseerd was op vernieuwende stedenbouwkundige inzichten stond de wijk wel bekend om haar architectonische experimenten op het gebied van grootschalige woningbouw. Daarbij ging het om enkele van de meest brandende kwesties uit de toenmalige architectuurtheorie: modern versus vernaculair, variatie en aanpasbaarheid in massawoningbouw, geavanceerde bouwtechniek of afwijkingen van het modernistische ontwerpvocabulaire, naast het kritische debat over moderne stedenbouw.

Het experiment van de Sharons was onderscheidend. Terwijl andere woningbouwprojecten in Gilo elementen uit het oude Jeruzalem toepasten, zoals bogen, binnenhoven en voetgangersstegen, experimenteerden de Sharons met een gevoel van ruimtelijkheid en het specifieke karakter van Jeruzalem, door een herhaling van prefab elementen, het gebruik van modulaire eenheden en het benutten van de aanwezige topografie.

Via hun project, The Hill genaamd, gingen de Sharons een gesprek aan met het heuvelachtige terrein door een getrapt woonblok van zes verdiepingen te ontwerpen, waarbij de appartementen in twee richtingen werden verschoven en gestapeld, zodat er ruimte ontstond om alle appartementen van individuele binnenhoven en trappen te voorzien. Zo ontstond er een soort namaakdorp, een kashba, met de ruimtelijke kenmerken van lokale nederzettingen als het nabijgelegen dorp Beit-Jala. Dwars door The Hill, dat bestond uit drie dubbele woonblokken met in totaal 288 wooneenheden, liep een interne voetgangersroute die de hele wijk doorkruiste en de lager gelegen woonblokken van twee verdiepingen verbond met de bovenste woonblokken van vier verdiepingen en zo als de belangrijkste verkeersader van de wijk fungeerde.

De plattegrond was gebaseerd op een raster van 4.5 x 2.6 m dat kon worden samengevoegd of gesplitst zodat bewoners hun woonruimte konden vergroten of verkleinen. Zo kon het project langdurig worden gebruikt, net als een traditioneel dorp.

The Hill was weliswaar ontworpen om permanent bewoond te worden, maar werd onmiddellijk in gebruik genomen als tijdelijk opvangcentrum en doorgangshuis voor nieuwe immigranten. De gebouwen ondergingen voortdurend veranderingen en het onderhoud en de reparaties waren ondeugdelijk. In 2014 kondigden de stad Jeruzalem en Amidar National Company for Social Housing de bouw aan van een nieuw project: The Hill zou worden vervangen door zeven woontorens van 21 verdiepingen. (ya)

Father and son Arieh and Eldar Sharon jointly designed one of the largest housing projects in the Gilo district, southeast of Jerusalem, on land annexed by the city after 1967. All the designers of the Gilo project, which was intended to occupy territory through the housing of some 40,000 Israeli citizens – a strategy employed since 1948 – were instructed to produce modern architecture with a local flavour in order to 'Israelize' both the new residents and the land.

Previously, Gilo was a town of 32,000 inhabitants, but for political reasons the planning commission chose to develop Gilo as an expansion district of Jerusalem rather than allowing it to continue as an autonomous settlement. The designer of the master plan, Abraham Yaski, noted that Gilo's urban planning task was that of 'a dormitory or city district': it was to become a residential district in the strict sense, dependent on Jerusalem for its amenities.

Although Gilo was not based on innovative urban planning insights, the district was known for its architectural experiments in large-scale housing. These concerned some of the most burning issues in architecture theory at the time: modern versus vernacular, variation and adaptability in mass housing, advanced building technology or deviations from the modernist design vocabulary, in addition to the critical debate on modern urbanism.

The Sharons' experiment stood out for several reasons. While other housing projects in Gilo applied formal elements from Old Jerusalem, such as arches, courtyards and pedestrian alleys, the Sharons experimented with a sense of spaciousness and the specificity of Jerusalem, through the repetition of prefabricated elements, the use of modular units and the exploitation of existing topography.

In their project, called The Hill, the Sharons engaged with the hilly terrain by designing a stepped six-storey residential block, shifting and stacking the flats in two directions, creating space to provide individual courtyards and staircases for each apartment. In this way, a kind of fake village, a kasbah, was created, with the spatial characteristics of local settlements such as the nearby village of Beit-Jala. An internal pedestrian route ran through The Hill, which consisted of three double residential blocks with a total of 288 residential units, crossing the entire district and connecting the lower two-storey residential blocks with the upper four-storey residential blocks, thus acting as the main thoroughfare of the district.

The floor plan was based on a 4.5 x 2.6-m grid that could be joined or divided according to the needs of the residents. The module was designed so that residents with growing families could increase their living space and those in decline could reduce it. In this way, the project could be used for a long time, emulating a traditional village.

Although The Hill was designed to be permanently inhabited, it was immediately put to use as a temporary refuge and transit home for new immigrants. The buildings underwent constant changes and maintenance and repairs were unsatisfactory. In 2014, the City of Jerusalem and Amidar National Company for Social Housing announced the construction of a new project: The Hill would be replaced by seven commercially developed 21-storey residential towers. (ya)

Locatie/Location

Hill Estate kort na oplevering
Hill Estate shortly after completion

Kort voor oplevering
Shortly before completion

Huidige situatie
Current situation

Dwarsdoorsnede
Cross section

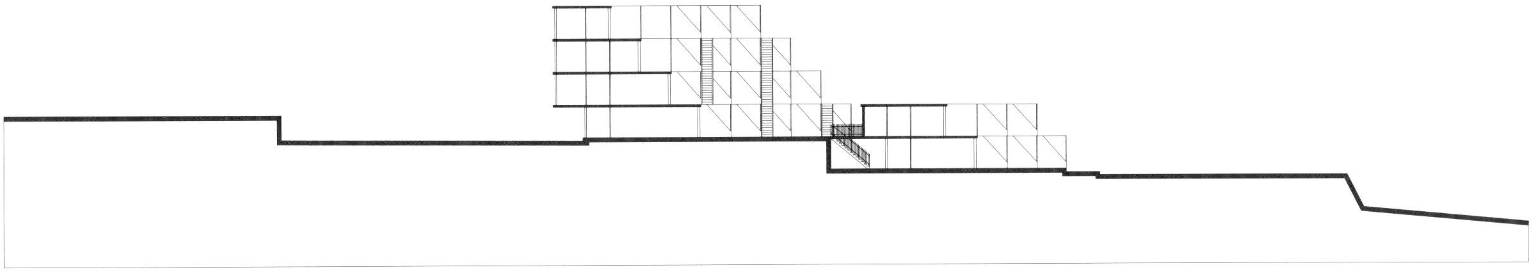

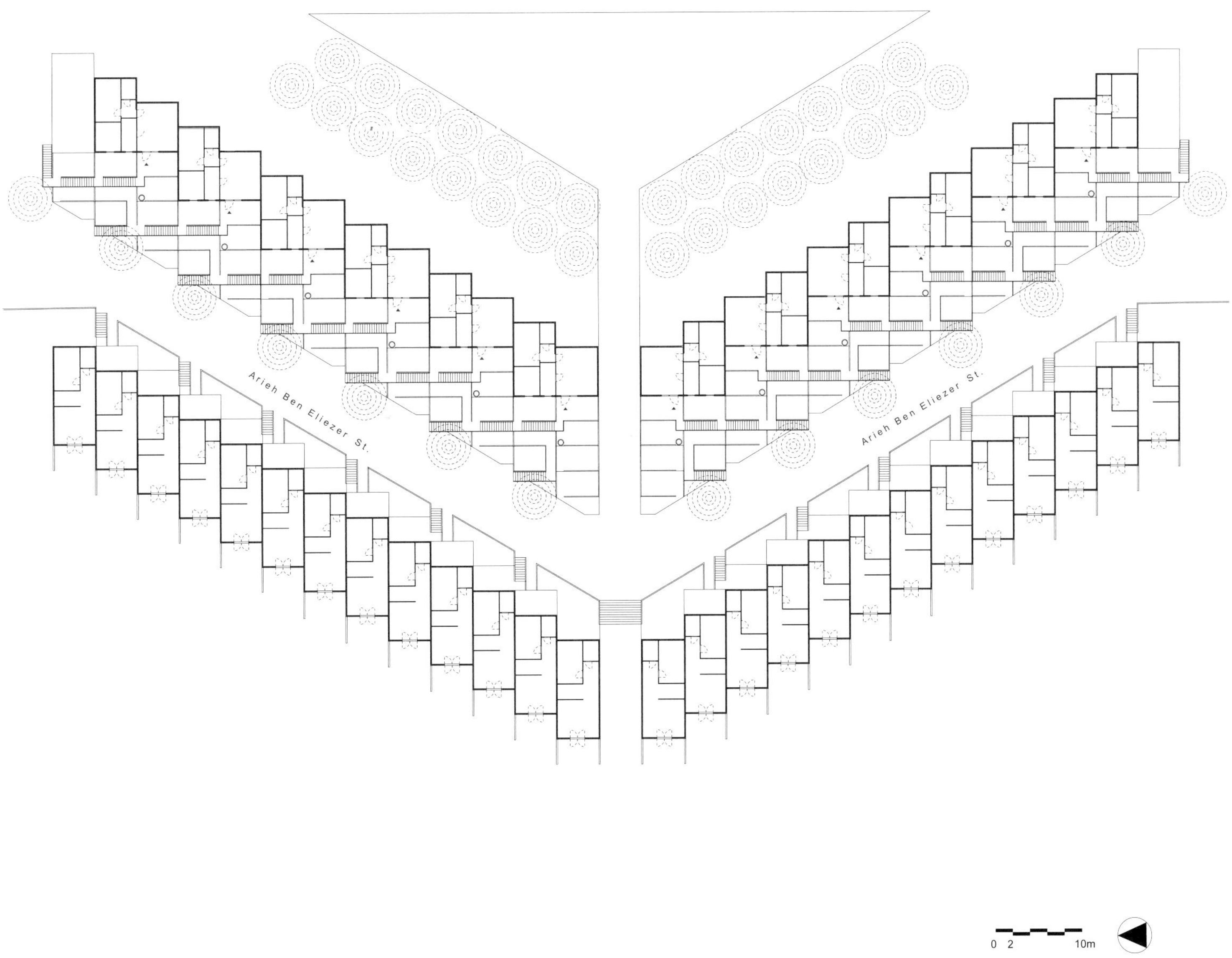

Ontwerptekening prefab gevel-elementen
Design drawing prefab façade elements

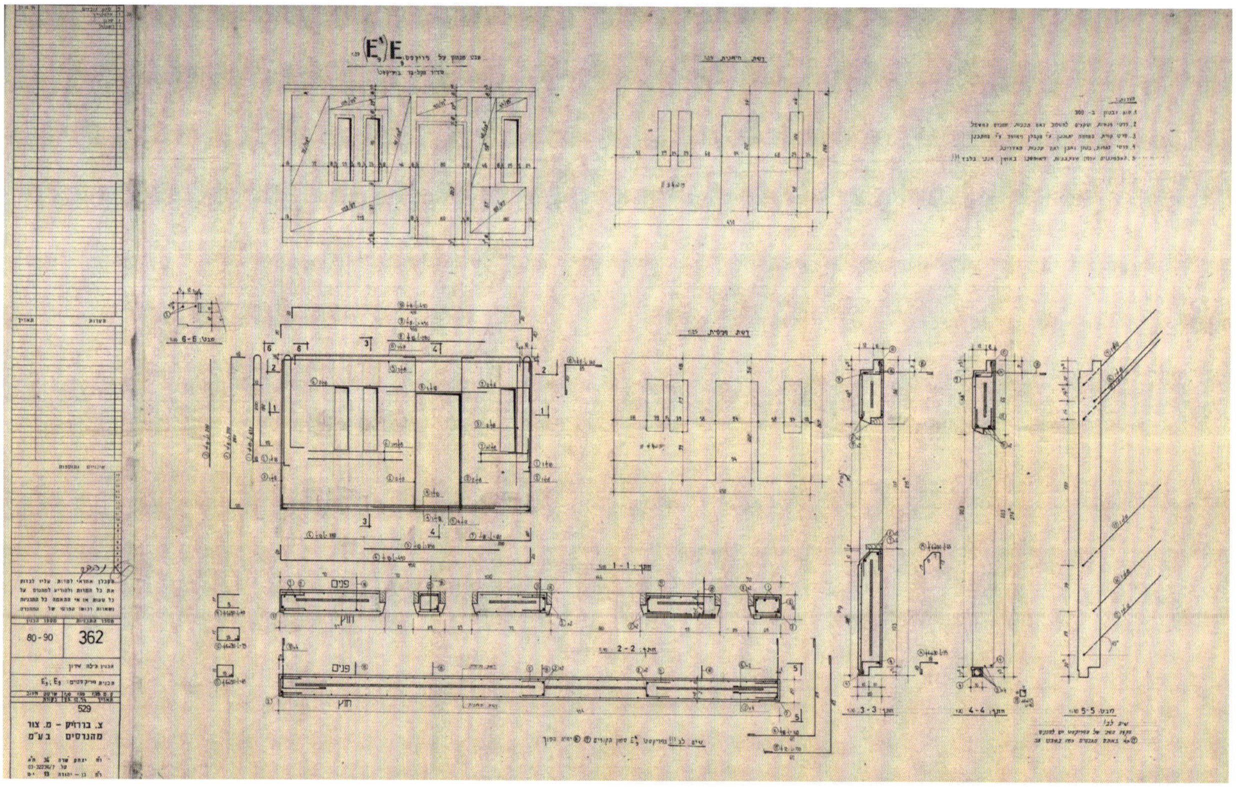

Presentatietekening
Presentation drawing

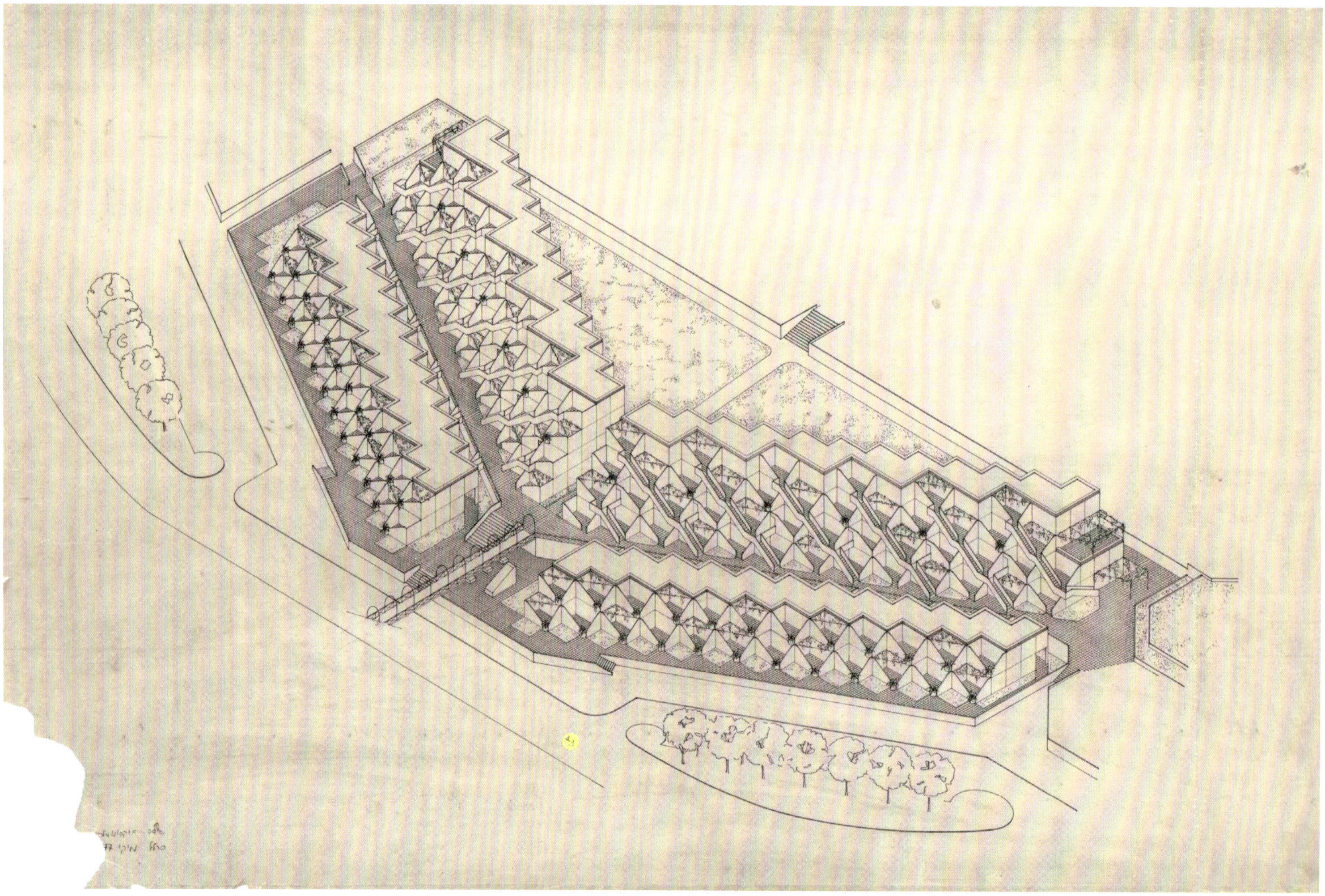

Als antwoord op vragen hoe om te gaan met tegenstellingen als modern versus vernaculair, en variatie en aanpasbaarheid in massawoningbouw is Hill Estate ontworpen als een driedimensionale kashba. Door gebruik te maken van prefab elementen, een modulair systeem en de bestaande topografie is een eigentijds ontwerp ontstaan dat op een verrassende manier verwijst naar omliggende dorpen met hun structuur van binnenhoven en voetgangersstegen

In response to questions of how to deal with contradictions such as modern versus vernacular, and variation and adaptability in mass housing, Hill Estate was designed as a three-dimensional kasbah. By using prefab elements and modular housing units and the existing topography, a contemporary design was created that refers in a surprising way to surrounding villages with their structure of courtyards and pedestrian alleys

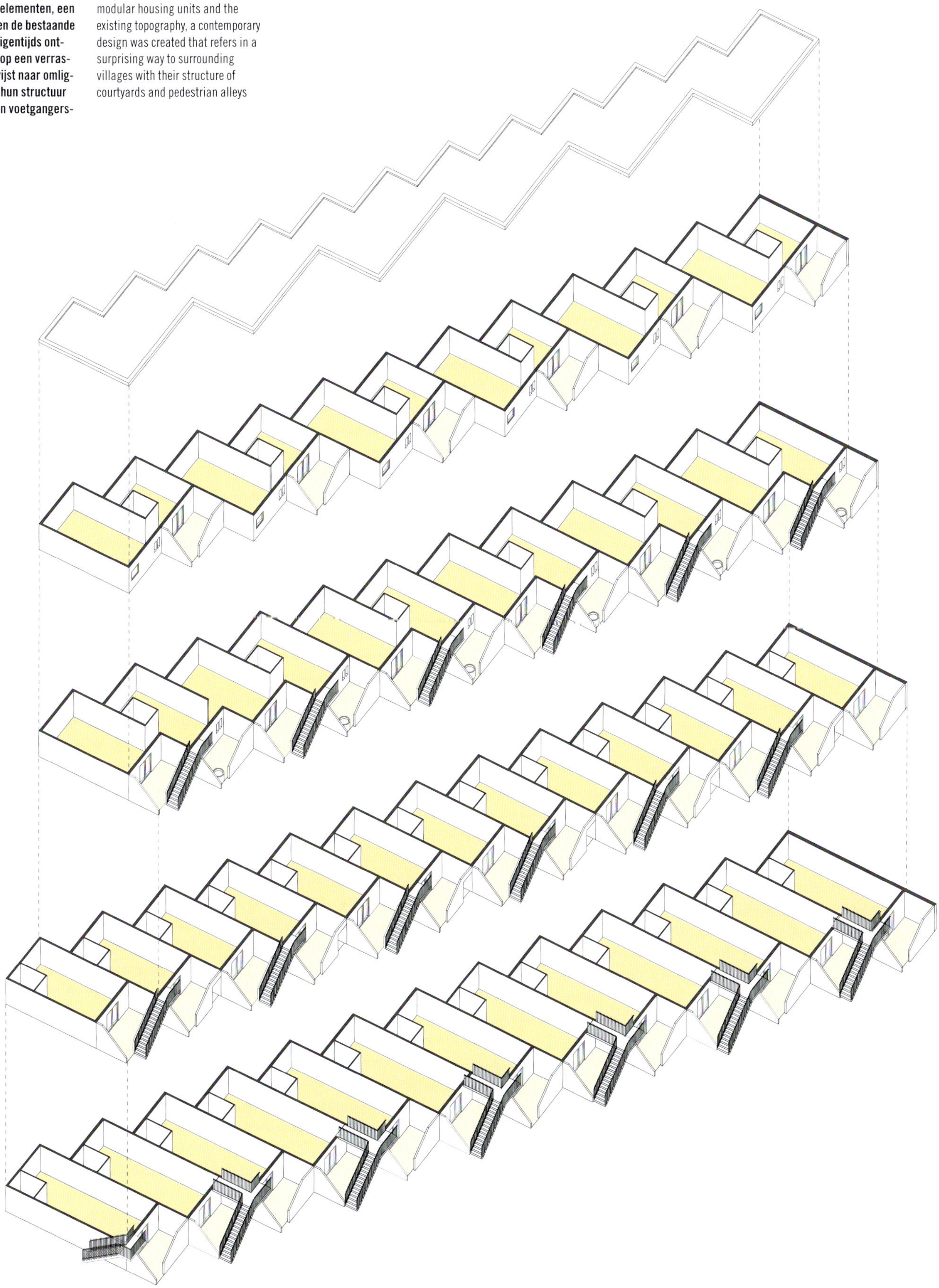

Plattegrond standaardwoning van één module
Floor plan standard dwelling of one module

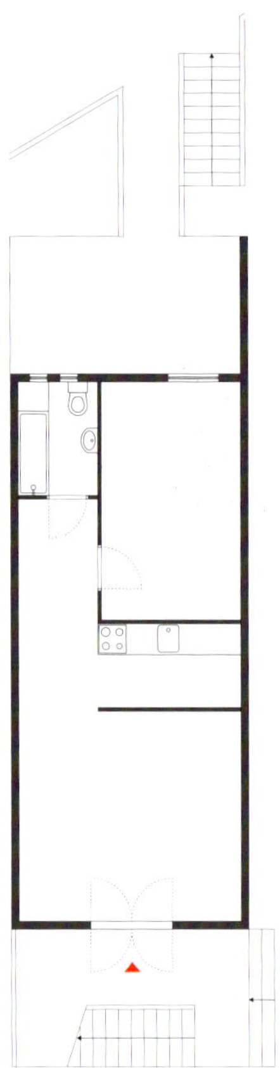

Plattegrond standaardwoning van één module
Floor plan standard dwelling of one module

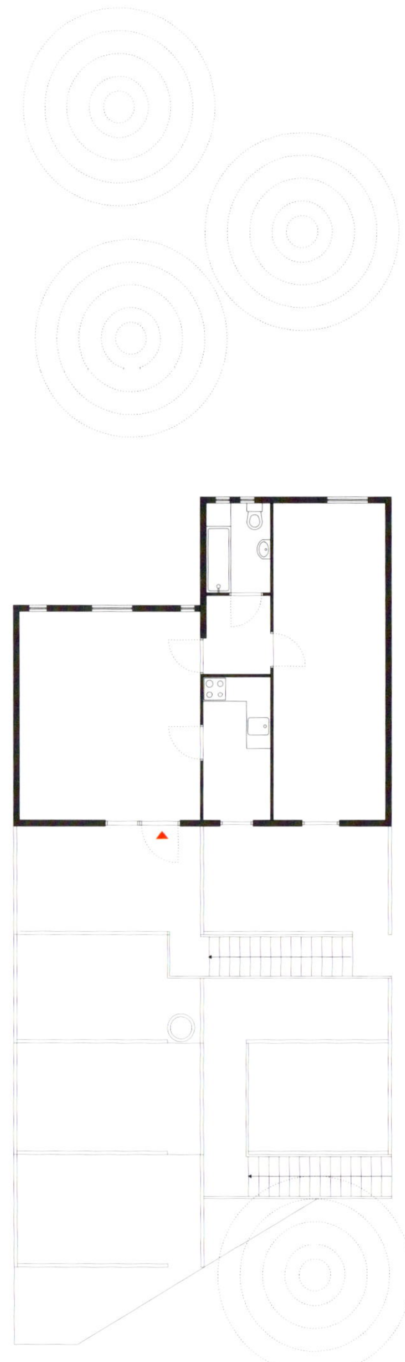

Huidige situatie
Current situation

Branch Hill Londen/London (GB)

Benson & Forsyth/ Camden Architects Department

Adres/Address: Spedan Close, Londen/London, Groot-Britannië/ Great Britain
Ontwerp/Design: Benson & Forsyth, Camden Architects Department
Opdrachtgever/Commissioner: Camden Borough Council

Realisatie/Realization: 1974-1978
Aantal woningen/Number of dwellings: 42 woningwetwoningen/ council houses
Voorzieningen/Amenities: –
Experiment: laagbouw in hoge dichtheid, sociaal-economische menging, geschakelde organisatie van woningen/ high-density low-rise, socioeconomic mixing, concatenated organization of dwellings

Bronnen/Sources: –

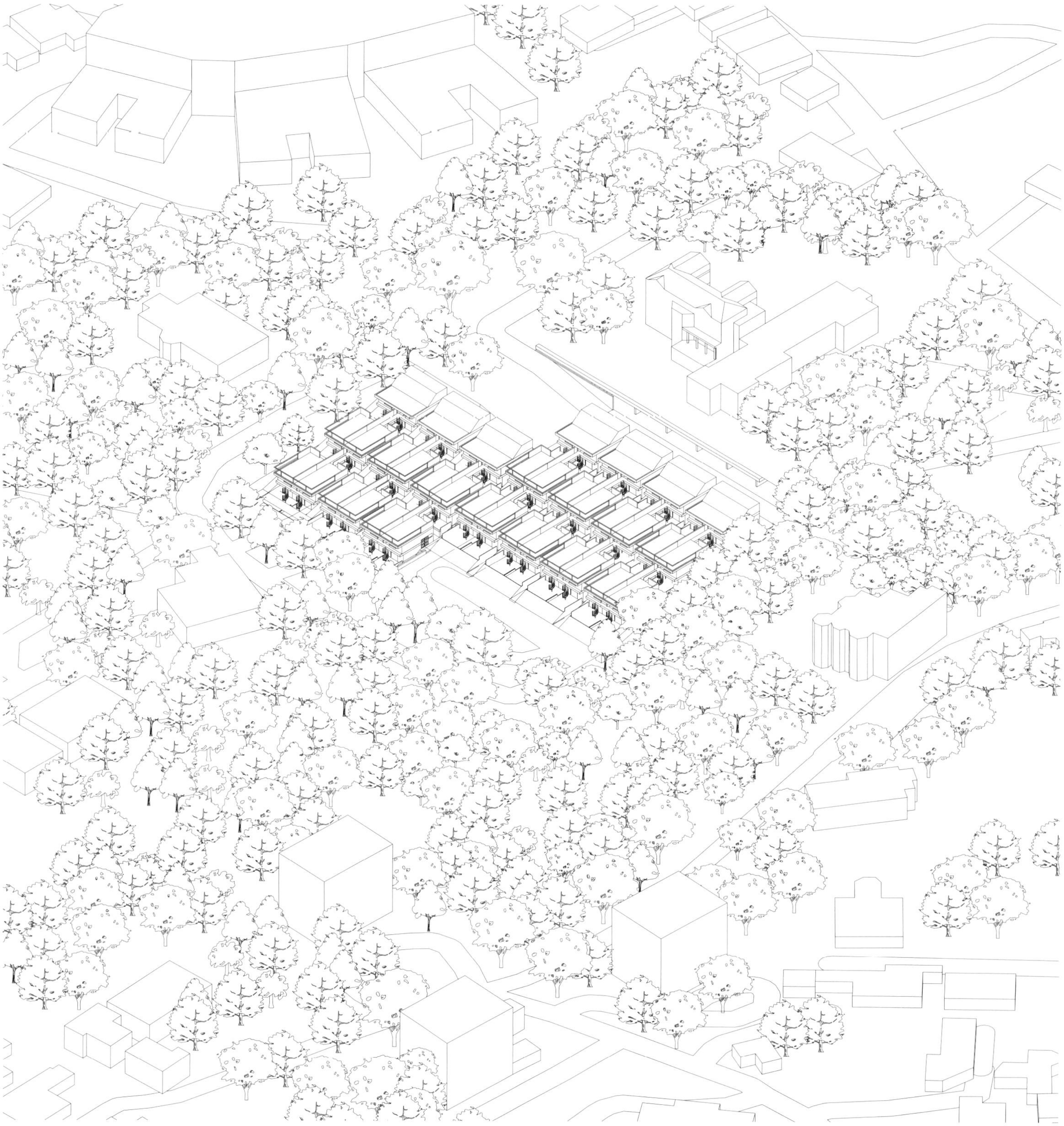

Impressietekening Branch Hill
Impression of Branch Hill

Hoewel de woningprojecten die in de jaren 1960 en 1970 door de Borough of Camden in Londen werden gerealiseerd, op een reeks gemeenschappelijke idealen stoelen, lopen de individuele projecten qua schaal en verschijningsvorm sterk uiteen. Twee extremen worden vertegenwoordigd door twee projecten: enerzijds het wellicht meest bekende project, het grootschalige en brute Alexandra Road-complex van architect Neave Brown, en anderzijds de bescheiden en nauwelijks zichtbare Branch Hill Estate, ontworpen door twee architecten die Brown assisteerden bij Alexandra Road: Gordon Benson en Alan Forsyth.

Branch Hill ligt in een van de rijkste buurten van Londen, in een groen binnengebied achter een negentiende-eeuws landhuis dat grenst aan Hampstead Heath. Het bouwen op deze plek van 42 *council houses* (woningwetwoningen) was een radicaal en controversieel statement van het gemeentebestuur van Camden, in de nadagen van de Engelse verzorgingsstaat. Het bestemmingsplan stond hier slechts een tweelaagse bebouwing toe, wat resulteerde in een compacte enclave van dicht op elkaar geplaatste patiowoningen die op ingenieuze wijze op een flauwe helling zijn gesitueerd.

De gekozen typologie heeft beslist precedenten, zoals Le Corbusier's Roq et Rob-project, werk van Atelier 5 in Zwitserland, maar ook navolgers zoals Werner Seligmann's Elm Street Housing in Ithaca (VS).

Branch Hill onderscheidt zich van deze – en veel andere ontwerpen voor laagbouw in hoge dichtheid – door de complexe en prachtige ruimtelijke opzet van het interieur. De woningen zijn opgebouwd uit drie of vier niveaus in een open split-level doorsnede. Op het onderste niveau bevinden zich slaapkamers die zich openen naar een verzonken patio. Boven deze slaapkamers bevindt zich de woonruimte die via een brugconstructie verbonden is met een terras op het dak van de volgende woning. Een spiltrap verbindt de verzonken patio met het terras. Halverwege de slaapverdieping en woonverdieping ligt het entreeniveau met de keuken. De bovenste rij woningen heeft een vierde niveau boven de entreelaag met daarin twee extra slaapkamers waarvan de grootste zich via de centrale vide opent naar de woonruimte.

De voordeuren van de woningen liggen aan een smalle, trapsgewijs dalende steeg tussen de twee-aan-twee geschakelde woningen. De bestrating van dit toegangspad, bonte roodbruine klinkers, contrasteert opvallend met het lichtgekleurde beton van de gevels en terrasschermen, en de donkerbruin gebeitste houten kozijnen.

Hoe bescheiden het project zich ook voordoet, het is inmiddels een iconisch voorbeeld van laagbouw in hoge dichtheid, het stedelijke alternatief voor hoogbouw dat na de jaren 1970 in de vergetelheid leek geraakt, maar nu weer de nodige belangstelling en navolging kent. (dvg)

Although the housing projects that the London Borough of Camden realized in the 1960s and 1970s were based on a series of shared ideals, individual projects vary greatly in scale and appearance. Two extremes are represented in two projects: on the one hand by perhaps the best-known project, the large-scale and brutalist Alexandra Road complex by architect Neave Brown, and on the other by the modest and hardly discernible Branch Hill Estate, designed by two architects who assisted Brown on Alexandra Road: Gordon Benson and Alan Forsyth.

Located in one of London's wealthiest areas, Branch Hill sits in a green area behind a nineteenth-century manor house that borders Hampstead Heath. The building of 42 council houses on this site was a radical and controversial statement by Camden Borough Council in the latter days of the English welfare state. The fact that the zoning scheme only allowed for two-storey buildings resulted in a compact enclave of tightly packed patio dwellings ingeniously situated on a gentle slope.

The chosen typology certainly has precedents, including not only Le Corbusier's Roq et Rob project and work by Atelier 5 in Switzerland, but also that of followers like Werner Seligmann's Elm Street Housing in Ithaca (USA).

Branch Hill distinguishes itself from these and many other designs for high-density low-rise housing by the complex and beautiful spatial arrangement of its interiors. The dwellings are composed of three or four levels in an open split-level cross section. On the lowest level are bedrooms that open onto a sunken patio. Above these bedrooms is the living space, which is connected by a bridge construction to a terrace on the roof of the adjoining dwelling. A spiral staircase connects the sunken patio to the terrace. Halfway between the sleeping floor and living floor is the entrance level with the kitchen. The top row of dwellings has a fourth level above the entrance level with two additional bedrooms, the largest of which opens up to the living area via a central empty space.

The front doors of the dwellings are situated on a narrow, stepped, sloping alley between the dwellings that are terraced two by two. The paving of this access path, colourful red-brown bricks, contrasts strikingly with the light-coloured concrete of the façades and terrace screens and the dark-brown stained wooden window frames.

No matter how modest the project looks, it is now an iconic example of high-density low-rise housing, the urban alternative to high-rises that seemed to have been forgotten after the 1970s, but is now attracting due interest and emulation. (dvg)

Exterieur, kort na oplevering
Exterior, shortly after completion

Locatie/Location

Dakterreas, kort na oplevering
Roof terras, shortly after completion

Huidige situatie, straatzijde
Current situation, street side

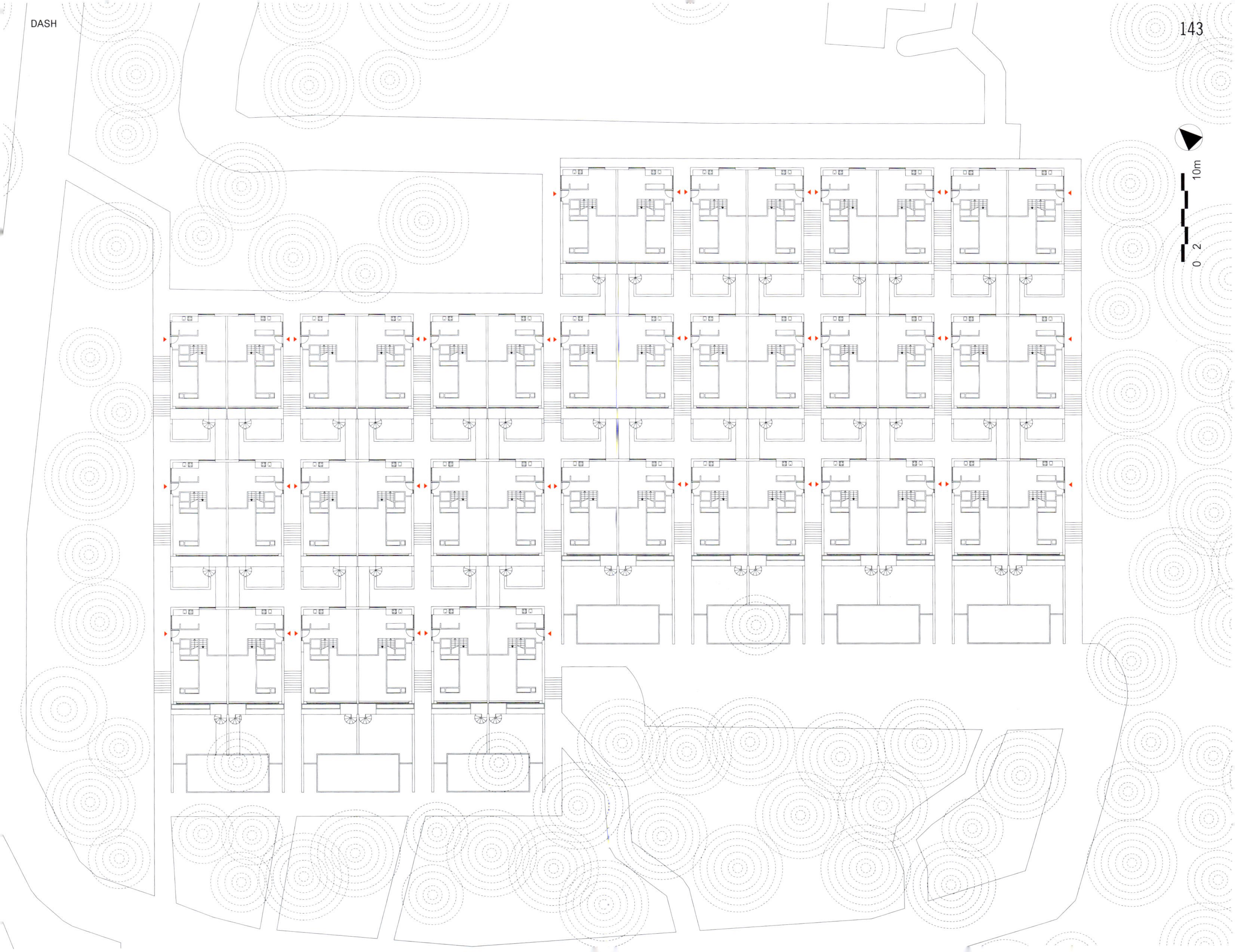
0 2 10m

Exterieur, huidige situatie
Exterior, current situation

Dwarssteeg, kort na oplevering
Cross alley, shortly after completion

Steeg met voordeuren, huidige situatie
Alley with front doors, current situation

Branch Hill is opgebouwd uit woningen met drie of vier niveaus in een open split-level doorsnede. Slaapkamers liggen aan een verzonken patio. Daarboven bevindt zich de woonruimte die via een brug verbonden is met een terras op het dak van de volgende woning. Het geheel is een iconisch voorbeeld geworden van laagbouw in hoge dichtheid

Branch Hill is made up of three- or four-level dwellings in an open split-level section. Bedrooms face a sunken patio. Above this is the living space, which is connected via a bridge to a terrace on the roof of the next dwelling. The whole has become an iconic example of high-density low-rise buildings

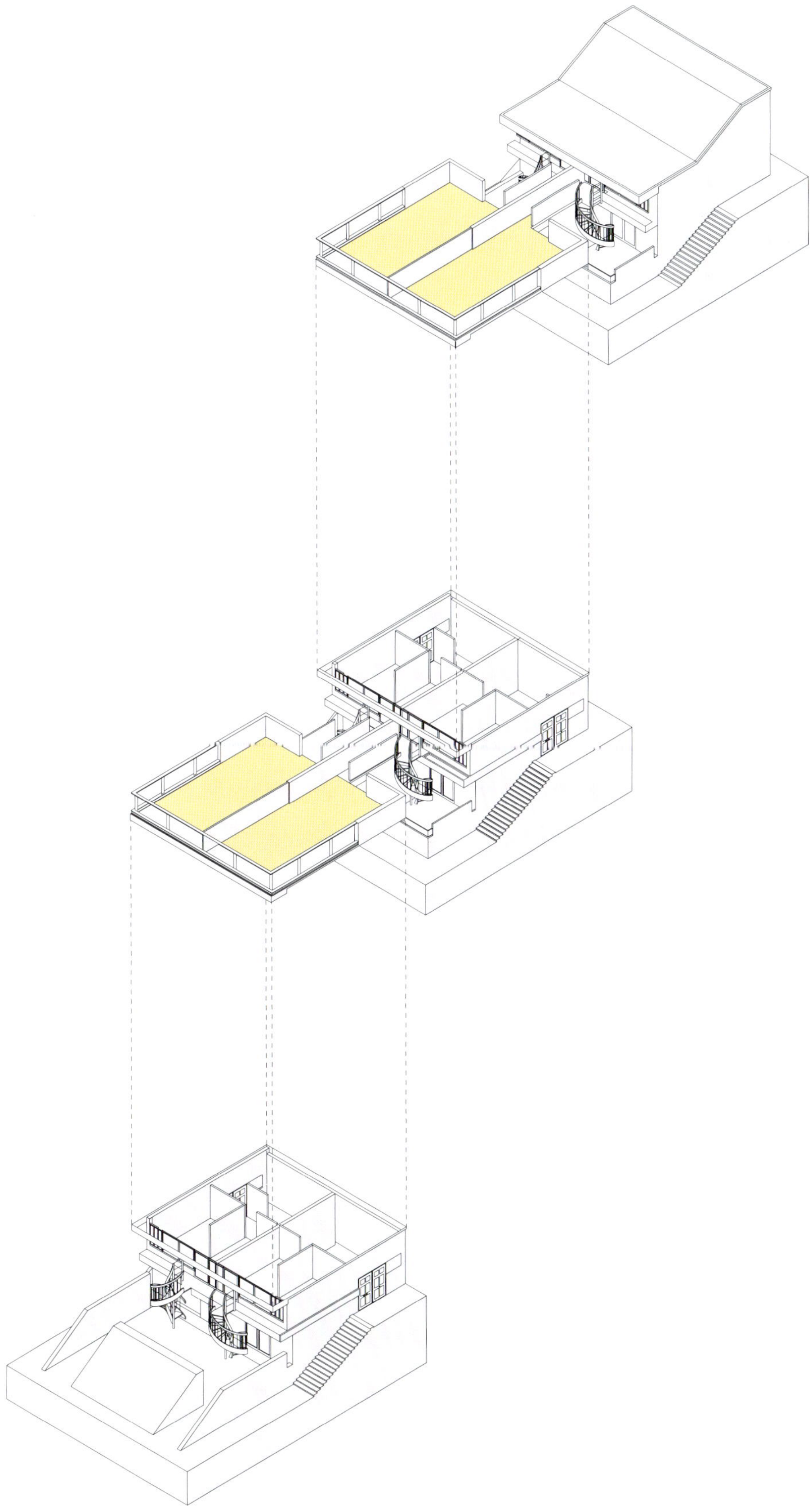

Langsdoorsnede
Longitudinal section

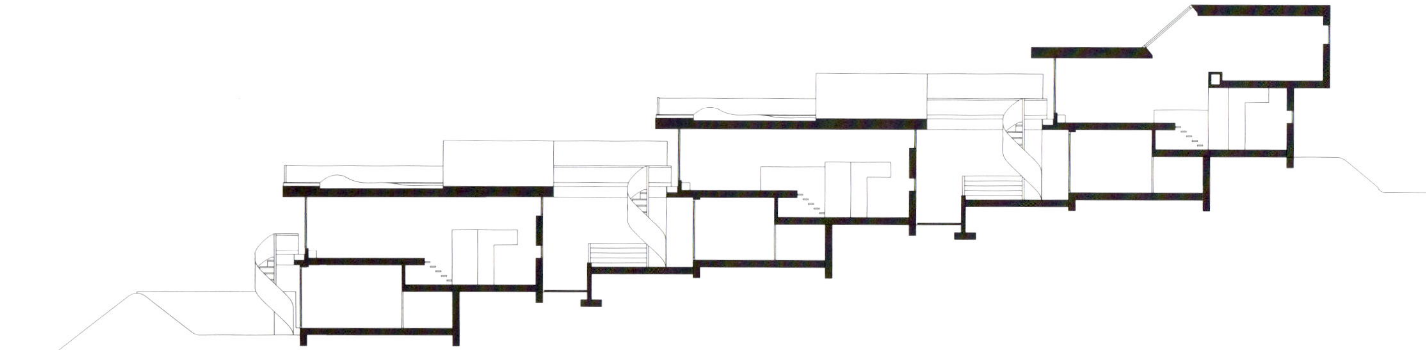

Begane grond
Ground floor

Eerste verdieping met entree
First floor with entrance

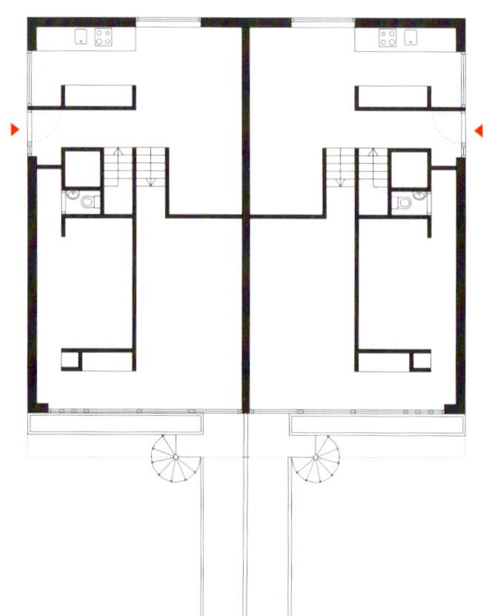

0 0,5 2,5m

Interieur met extra slaapkamer, gezien vanuit de centrale vide
Interior with extra bedroom, seen from the central void

Interieur woonkamer, kijkend richting keuken in de huidige situatie
Interior living room view towards kitchen, current situation

Interieur woonkamer, kijkend naar de patio in de huidige situatie
Interior living room, view towards patio, current situation

Kampung Admiralty Singapore (SG)

WOHA Architects

Adres/Address: Block 676 Woodlands Drive 71, Singapore
Ontwerp/Design: WOHA, Hong Kong
Opdrachtgever/Commissioner: Housing & Development Board (HDB), Ministry of Health (MOH), Yishun Health Campus (YHC), National Environment Agency (NEA), National Parks Board (NParks), Land Transport Authority (LTA) en Early Childhood Development Agency (ECDA)
Realisatie/Realization: 2015-2017

Aantal woningen/Number of dwellings: 100 seniorenwoningen/ senior-citizen apartments
Voorzieningen/Amenities: voorzieningen, zorg en kinderdagverblijf/ amenities, health- and daycare centre

Experiment: gemengd programma voor grote verscheidenheid aan gebruikers, groen dakpark/ mixed programme for a large diversity of users, green rooftop park

Bronnen/Sources:
Housing and Development Board, www.hdb.gov.sg.
WOHA architects, WOHA.net.

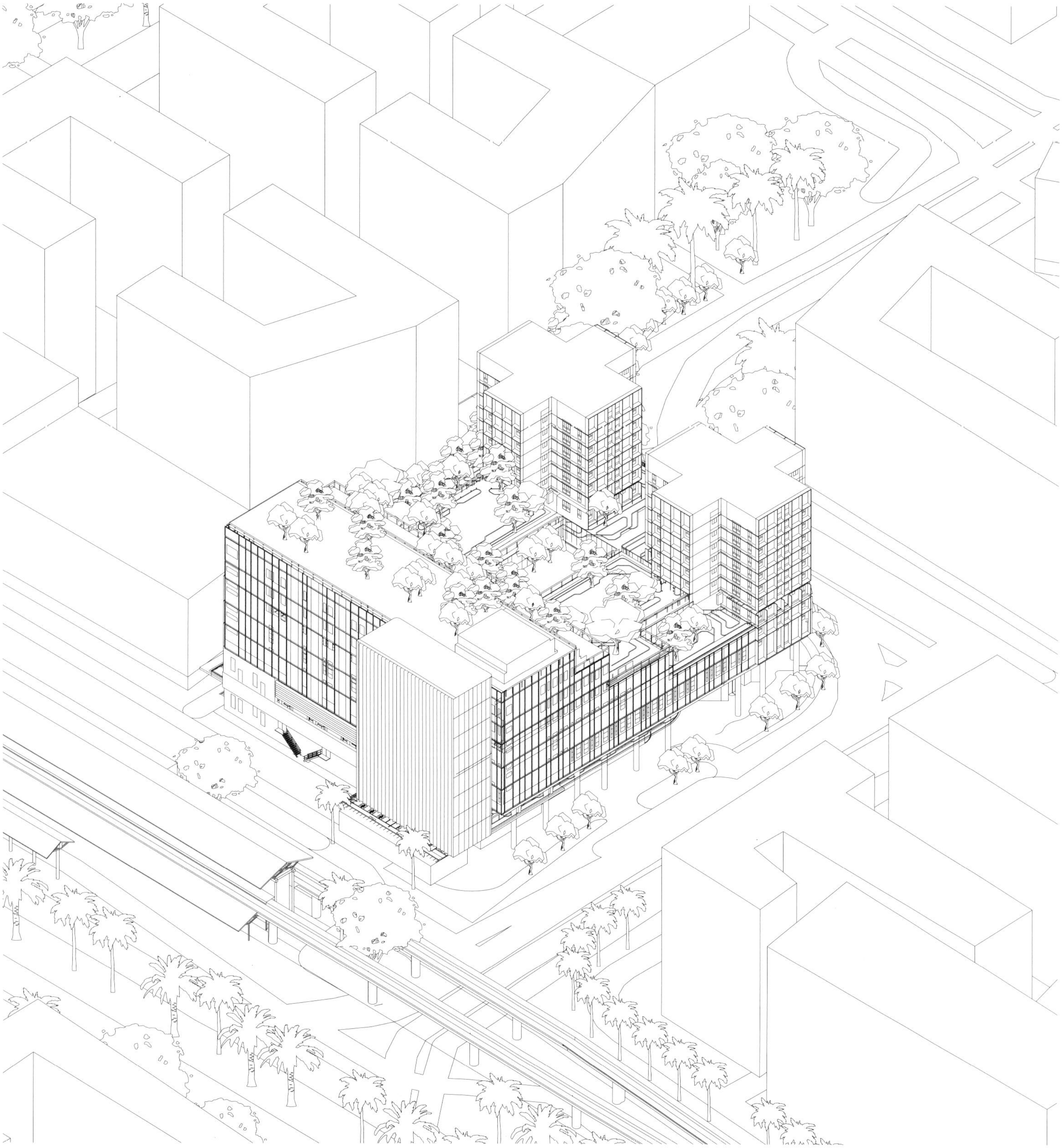

Impressietekening Kampung Admiralty
Impression of Kampung Admiralty

Wie Singapore zegt, denkt aan een perfect georganiseerd consumptieparadijs, vergeven van westerse luxe-iconen als dure auto's, chique restaurants en extravagante hotels. Maar achter deze façade gaat inmiddels een van de meest duurzame steden ter wereld schuil waar het samenspel van politieke daadkracht en innovatief ontwerp nieuwe standaarden zet.

Singapore heeft een geschiedenis als bewoond eiland, die ten minste teruggaat tot de dertiende eeuw. In de westerse geschiedschrijving duikt de naam *Singapura* echter pas op na de kolonisatie door Groot-Brittannië (1819). De Britten 'huren' aanvankelijk het eiland van het Maleisische sultanaat Johor, dat het in 1824 definitief afstaat.

Vanaf het midden van de twintigste eeuw is Singapore wereldwijd vermaard geworden om zijn planningstraditie. Belangrijk element daarin is dat de stadstaat, zeker sinds zijn onafhankelijkheid in 1965, gewend is om scherpe keuzes te maken. De langetermijnblik van *People's Action Party* (PAP) die sinds de onafhankelijkheid onafgebroken aan de macht is, is eveneens een belangrijke verklaring waarom Singapore vooroploopt. Zo besloot Lee Kuan Yew (premier van 1960-1990) om zich te concentreren op een groene, schone stad om multinationals aan te trekken. Ook voerde Singapore al in 1975 als eerste land ter wereld een vorm van rekeningrijden in.

In de eenentwintigste eeuw gaat de Singaporese overheid nog een stap verder. Met de introductie van het tweede *Green Plan* (2002) verlegt ze haar ambitie van *Garden City* naar een *City in a Garden*. Nog geen decennium later zijn er verschillende programma's die moeten bewerkstelligen dat met slim ontworpen architectuur en stedenbouw de stad verduurzaamd wordt. Een voorbeeld is het *Landscaping for Urban Space and High-Rises*-programma (LUSH, 2009) dat verplicht om ten minste het oppervlak van de kavel in de vorm van groen in of op elk nieuwbouwproject terug te laten keren.

'Een ideale partner voor de verbreiding van haar ambities vond de overheid in het Singaporese bureau WOHA architects,' aldus architectuurhistoricus Mieke Dings.[1] In de reeks projecten van WOHA, valt het in 2017 opgeleverde Kampung Admiralty op door een combinatie van pragmatische eenvoud en ecologisch-sociale ambities.

Op een rechthoekig kavel van ongeveer 100 x 90 m, pal naast een metrostation en met een maximum bouwhoogte van 45 m, zijn 104 woningen van 36 en 45 m^2, een gezondheidscentrum, publieke voorzingen en een park ontworpen. Het antwoord van WOHA is op te vatten als een gestapelde kampong, of zoals ze het zelf noemen: een *layered club sandwich*. Op de begane grond liggen de publieke voorzieningen rondom een *people's plaza*. Op de tussenlaag bevindt zich het gezondheidscentrum; daar bovenop staat een ensemble van middelhoge woontorens, met daartussen en tegen de gevels, een publiek toegankelijk groen park met kruidentuin.

Het experimentele en vernieuwende element van Kampung Admiralty zit niet in zijn plattegronden, maar in het vermogen verschillende generaties en gebruikers in één gebouw samen te brengen. WOHA beschouwt het project daarom als een prototype voor het gezond ouder worden van Singaporezen. (ok)

1 Zie het interview met Mieke Dings in deze *DASH*.

The name Singapore calls to mind a perfectly-organized consumer paradise filled with Western luxury icons such as expensive cars, fancy restaurants and extravagant hotels. But behind this façade, Singapore is now one of the world's most sustainable cities in which the interplay of political grit and innovative design is setting new standards.

Singapore has a history of habitation that dates back to the thirteenth century at least. However, the name *Singapura* only begins to appear in Western history after its colonization by Great Britain (1819). Initially, the British 'rented' the island from the Malaysian sultanate of Johor, which finally surrendered it in 1824.

From the middle of the twentieth century, Singapore has been acquiring worldwide fame for its planning tradition, an important element being that the city-state is used to making daring decisions, especially since its independence in 1965. The long-term stance of the People's Action Party (PAP), which has been in power uninterruptedly since independence, is also an important reason why Singapore is a trendsetter. Lee Kuan Yew (Prime Minister from 1960 to 1990), for example, decided to focus on the creation of a green, clean city to attract multinationals. In 1975, Singapore was also the first country in the world to introduce a form of pay-as-you-drive.

In the twenty-first century, the Singaporean government is taking things a step further. With the introduction of the second Green Plan (2002), it shifted its ambition from Garden City to City in a Garden. Less than a decade later, various programmes aimed at making the city sustainable through cleverly designed architecture and urban planning are up and running. One example is the Landscaping for Urban Space and High-Rises programme (LUSH, 2009), which intimates that at least an area equal to that of the plot must take the form of greenery in or on every new-build project.

'The government found an ideal partner for the dissemination of its ambitions in the Singaporean firm WOHA Architects,' says architecture historian Mieke Dings.[1] In WOHA's portfolio the Kampung Admiralty project, which was completed in 2017, stands out for its mix of pragmatic simplicity and ecological-social ambitions.

The architects designed 104 houses of 36 and 45 m^2, a healthcare centre, public facilities and a park on a rectangular plot of approximately 100 x 90 m, right next to a metro station and with a maximum allowed building height of 45 m. WOHA's solution can be seen as a tiered kampong or, as the office calls it: a layered club sandwich. On the ground floor, public facilities are arranged around a people's plaza. On the intermediate level is the healthcare centre; on top is an ensemble of medium-height residential towers with a publicly accessible green park and herb garden in between and against the façades.

The experimental and innovative element of Kampung Admiralty does not lie in its floor plans, but in its ability to bring together different generations and users in one building. WOHA therefore considers the project a prototype for the healthy ageing of Singaporeans. (ok)

1 See the interview with Mieke Dings in this edition of *DASH*.

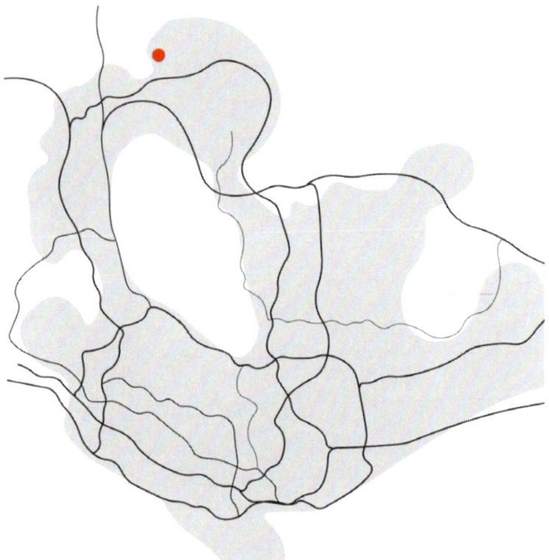

Locatie/Location

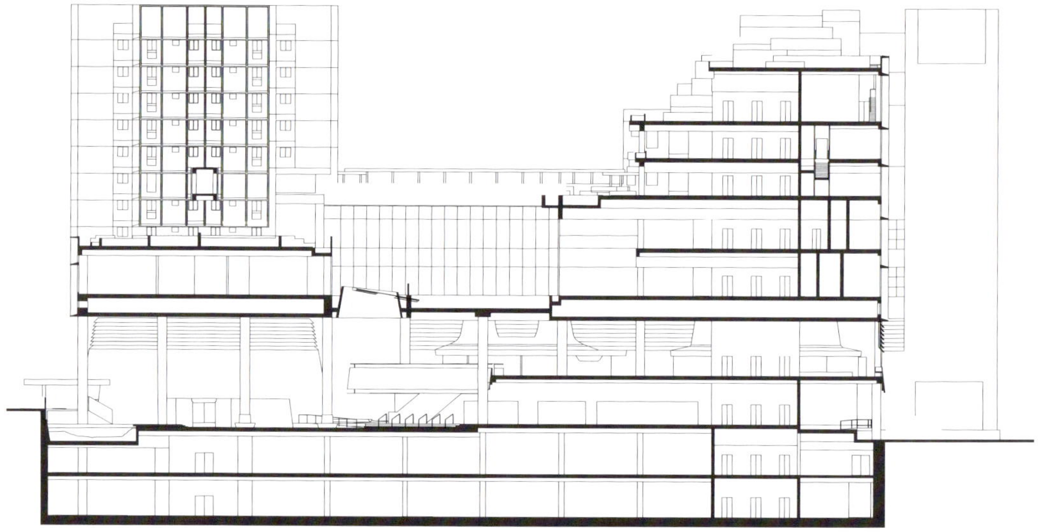

Langsdoorsnede
Longitudinal section

Model/Model

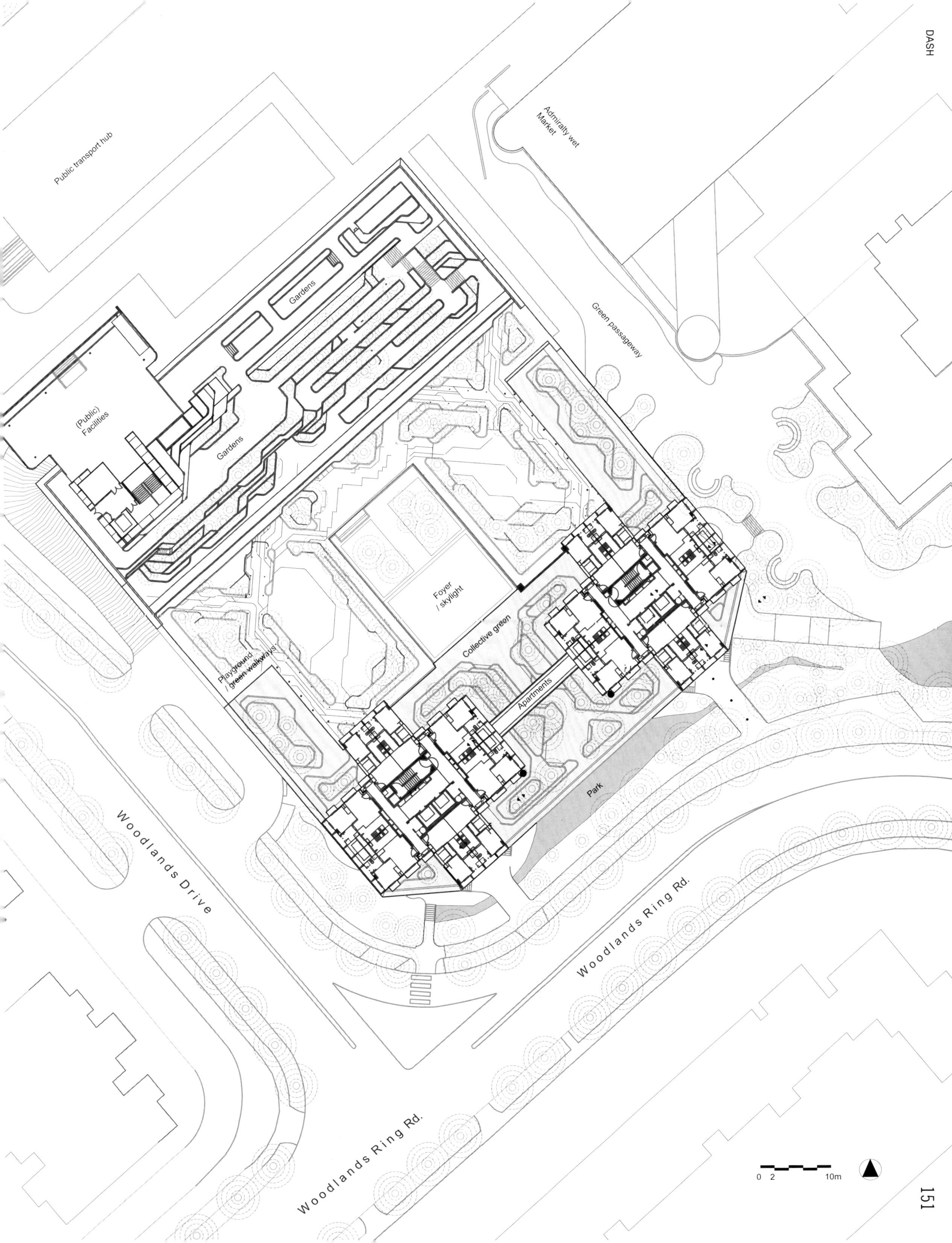
Public transport hub
Admiralty wet Market
Gardens
(Public) Facilities
Gardens
Green passageway
Foyer / skylight
Collective green
Playground / green walkways
Apartments
Park
Woodlands Drive
Woodlands Ring Rd.
Woodlands Ring Rd.
0 2 10m

STRIPS STRIPS
AHEAD AHEAD

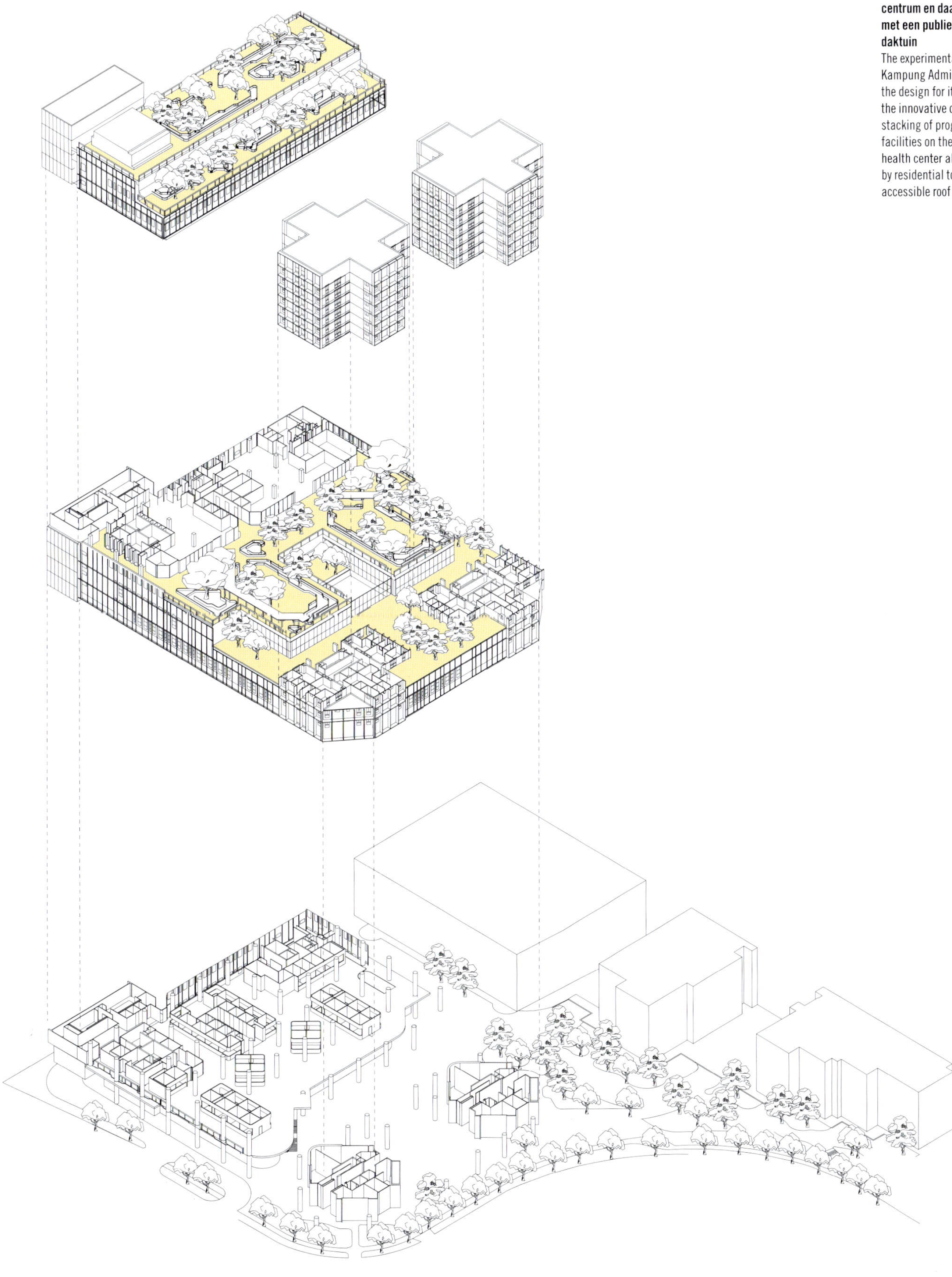

Het experimentele karakter van Kampung Admiralty zit niet in het ontwerp van de woningen, maar in de vernieuwende combinatie en stapeling van programma. Publieke voorzieningen op de begane grond, daarboven een gezondheids-centrum en daarboven woontorens met een publiek toegankelijke daktuin
The experimental character of Kampung Admiralty does not lie in the design for its dwellings, but in the innovative combination and stacking of programmes. Public facilities on the ground floor, a health center above this, topped by residential towers in a publicly accessible roof garden

Kruidentuin, onderdeel van de daktuin
Herb garden, part of the roof garden

Speeltuin op het dak
Rooftop playground

Entree woontoren vanuit daktuin
Entrance residential tower from roof garden

Interieur standaardappartement
Interior standard apartment

Publieke plint, People's Plaza
Public ground floor, People's Plaza

Lobby gezondheidscentrum
Lobby health center

Standaardplattegrond van een van de woontorens
Typical plan of one of the residential towers

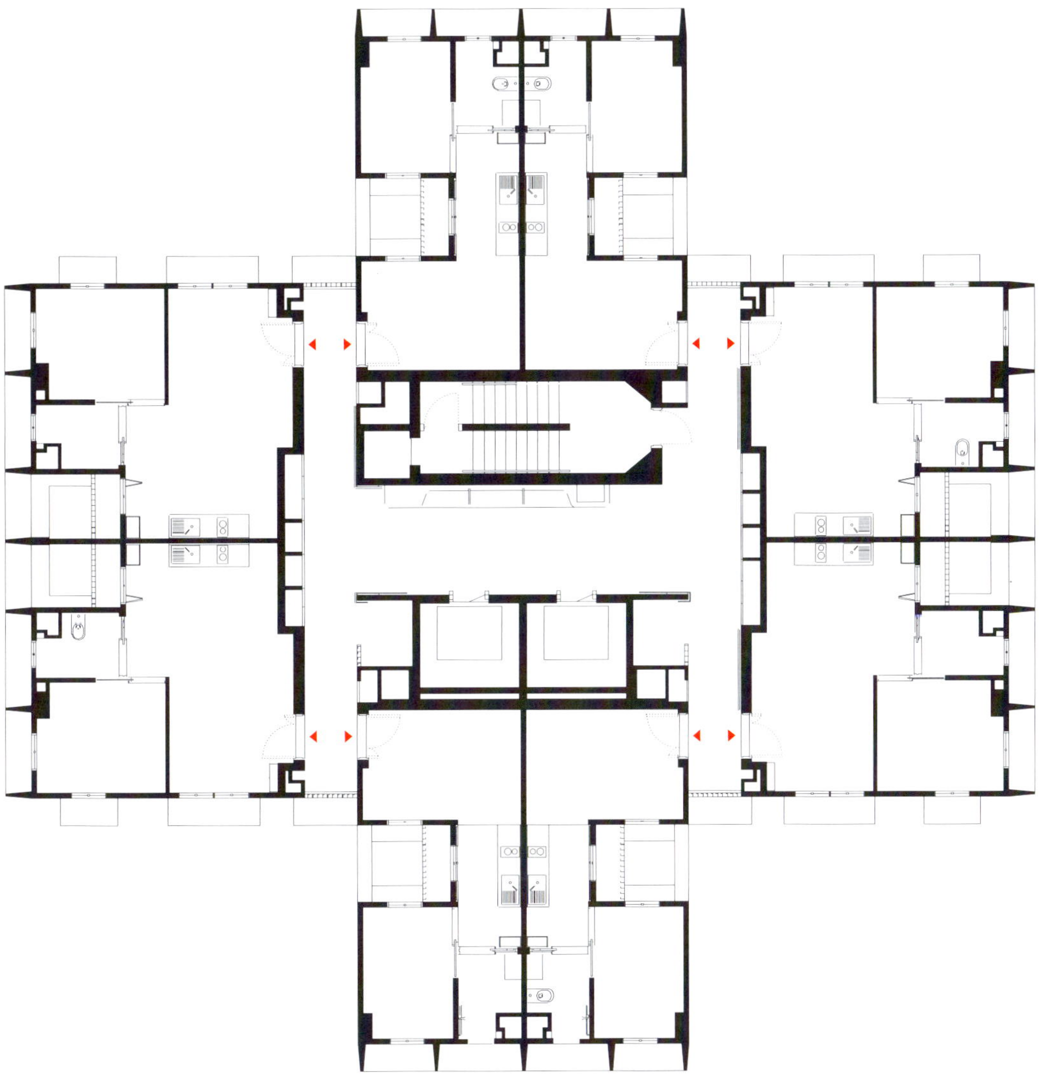

Yael Allweil is universitair hoofddocent aan de faculteit Architectuur en Stedenbouw van het Technion in Israël, waar zij leidinggeeft aan de onderzoeksgroep HousingLab: History and Future of Living. Zij promoveerde in de architectuurgeschiedenis aan de University of California in Berkeley. Zij publiceerde over haar onderzoek in de monografie *Homeland: Zionism as Housing Regime 1860-2011* (Routledge, 2017) en in tijdschriftartikelen in onder andere *Urban Studies, ACME, City* en *Urban Planning*. Haar onderzoek werd gefinancierd door de Fulbright Foundation, de Graham Foundation, de Israel Science Foundation en het Israel Institute for Advanced Studies. Allweil is lid van The Israel Young Academy.
Yael Allweil is an associate professor at the Faculty of Architecture and Town Planning, Technion, Israel, where she heads the HousingLab: History and Future of Living research group. She completed her PhD in Architecture History at UC Berkeley. Her research was published in the monograph *Homeland: Zionism as Housing Regime 1860-2011* (Routledge, 2017) and journal articles in *Urban Studies, ACME, City, Urban Planning* and others. Her research was funded by the Fulbright Foundation, the Graham Foundation, the Israel Science Foundation and the Israel Institute for Advanced Studies. Allweil is a member of The Israel Young Academy.

Fernando Altozano is gepromoveerd in de architectuur en hoofd van het specialisme Woningbouwprojecten van MAS Vivienda Colectiva aan de Escuela Técnica Superior de Arquitectura-Universidad Politécnica de Madrid (ETSAM-UPM). Hij gaf eerder als universitair docent les aan de Universidad Europea, de Universidad Francisco de Vitoria en de Universidad Politécnica de Madrid. Hij is gespecialiseerd in bouwkundige morfometrie en in hoge dichtheden, en schreef mee aan de boeken *Vivienda, envolvente, hueco* (2010), *Función y Diseño* (2014) en *Paris Habitat: cent ans de ville, cent ans de vie* (2015). Hij heeft zijn eigen architectenbureau en richt zich vooral op woningbouw en transformatie.
Fernando Altozano holds a PhD in Architecture and is head of the speciality Housing Projects at MAS Vivienda Colectiva at the Escuela Técnica Superior de Arquitectura-Universidad Politécnica de Madrid (ETSAM UPM). He has taught as a lecturer at the Universidad Europea, the Universidad Francisco de Vitoria and the Universidad Politécnica de Madrid. He is a specialist in housing morphometry and high density and co-author of the books *Vivienda, envolvente, hueco* (2010), *Función y Diseño* (2014) and *Paris Habitat: cent ans de ville, cent ans de vie* (2015). He runs his own architecture studio and focuses on housing and transformation.

Frederique van Andel is onderzoeker bij de onderzoeksgroep Global Housing van de faculteit Bouwkunde en Gebouwde Omgeving van de TU Delft, en behaalde masters in zowel stedenbouw als architectuur. Zij werkte eerder bij Mecanoo Architecten en DP6 architectuurstudio in Delft. Haar belangstelling gaat vooral uit naar betaalbaar woningontwerp en baanbrekende katalysatoren in de woningbouw. Frederique van Andel was de curator van de tentoonstelling 'Global Housing – Affordable Dwellings for Growing Cities' (Addis Ababa/Delft, 2016). Zij is redactiesecretaris van *DASH* en coördinator van het online Platform for Affordable Dwelling (PAD). Zij is studieleider bij EdX MOOC Global Housing Design en projectmanager bij het onderzoeksproject Addis Ababa Living Lab: Creating Resilient Dwelling Clusters for Urban Resettlement in Addis Ababa, Ethiopia (2019-2023).
Frederique van Andel is a researcher in the Global Housing research group of the Faculty of Architecture and the Built Environment at Delft University of Technology and holds a master's degree in both Urban Planning and Architecture. She worked for Mecanoo Architecten and DP6 architectuurstudio in Delft. Her main topics of interest are affordable dwelling design and game-changing drivers in the production of housing. Frederique van Andel curated the exhibition 'Global Housing – Affordable Dwellings for Growing Cities' (Addis Ababa/Delft, 2016). She is the managing editor of *DASH* and coordinates the online Platform for Affordable Dwelling (PAD). She is a tutor in the EdX MOOC Global Housing Design and a project-manager for the research project Addis Ababa Living Lab: Creating Resilient Dwelling Clusters for Urban Resettlement in Addis Ababa, Ethiopia (2019-2023).

Marcel Barzilay groeide op in de jaren '70-bloemkoolwijk Gerenbroek in Zwolle-Zuid. Hij is architect, afgestudeerd in restauratie en hergebruik aan de faculteit Bouwkunde van de TU Delft. Na zijn studie werkte hij in Namibië en Twente aan een breed scala van projecten. In 2018 richtte hij samen met Ruben Ferwerda het bureau Barzilay+ Ferwerda op, gespecialiseerd in de geëngageerde jaren 1960 en 1970. Van hieruit hebben zij het onderzoeksprogramma Experimentele Woningbouw '68-'80 Revisited opgezet. In 2020 wonnen zij met hun team de prijsvraag 'Panorama Lokaal – locatie Mosterdhof' met een visie op de transformatie van deze wijk. Barzilay is co-auteur van *Experimentele Woningbouw in Nederland* (2019).
Marcel Barzilay grew up in the 1970s 'cauliflower' neighbourhood Gerenbroek in the south of Zwolle. He is an architect; he graduated in Restoration and Reuse from the Faculty of Architecture at Delft University of Technology. After completing his studies, he worked on a wide range of projects in Namibia and the Dutch region of Twente. In 2018, he founded the architecture office Barzilay+Ferwerda with Ruben Ferwerda, which specializes in the engaged 1960s and 1970s. They subsequently set up the research programme Experimentele Woningbouw '68-'80 Revisited. In 2020, they and their team won the Panorama Lokaal – locatie Mosterdhof competition with a vision for the transformation of this neighbourhood. Barzilay is co-author of *Experimentele Woningbouw in Nederland* (2019).

Esperanza Campaña Barquero werkt als universitair hoofddocent aan de Universitet Arkitekthögscholan in het Zweedse Umeå en aan de afdelingen Woningbouwtheorie en Woningbouwprojecten van de MAS Vivienda Colectiva aan de Escuela Técnica Superior de Arquitectura-Universidad Politécnica de Madrid (ETSAM-UPM) en de ETH Zürich. Tot 2016 verzorgde ze daarnaast verschillende ontwerpstudio's voor de afstudeerders van de afdeling Bouwkundig ontwerp van de architectuuropleiding van de ETSAM-UPM. Campaña Barquero was eerder gastonderzoeker bij het Wohnforum van de ETH Zürich en bij de onderzoeksgroep Vivienda Colectiva GIVCO van de ETSAM-UMP, waar ze promoveerde in de architectuur.
Esperanza Campaña Barquero works as associate professor at the Umeå School of Architecture (Sweden) and in the departments of Housing Theory and Housing Projects at the MAS Vivienda Colectiva aan de Escuela Técnica Superior de Arquitectura-Universidad Politécnica de Madrid (ETSAM-UPM) and the ETH Zurich. Until 2016, she also taught in different Graduate Design Studios in the Department of Architectural Design of the ETSAM-UPM. Campaña Barquero was a visiting researcher at the Wohnforum of the ETH Zurich and the Vivienda Colectiva GIVCO at the ETSAM-UMP, where she obtained a PhD in Architecture.

Carmen Espegel is gepromoveerd in de architectuur en werkt als hoogleraar aan de afdeling Design van de Escuela Técnica Superior de Arquitectura-Universidad Politécnica de Madrid (ETSAM-UMP). Ze geeft leiding aan de MAS Vivienda Colectiva aan ETSAM-UPM; haar onderzoek is gericht op huisvesting en op vrouwen in de architectuur. Espegel is de auteur van *Women Architects in the Modern Movement* (2018), *Collective Housing in Spain 20th century 1929-1992* Vol. I (2013) en *Collective Housing 1992-2015* Vol. II (2016), *Eileen Gray: Objects and Furniture Design* (2013), *Aires Modernos, E.1027: Maison en bord de mer by Eileen Gray and Jean Badovici* (2010) en *Heroínas del espacio* (2008). Ze geeft leiding aan haar eigen architectenbureau, Espegel arquitectos, waarvan het werk bij verschillende gelegenheden is bekroond.
Carmen Espegel has a PhD in Architecture and is a full professor at the Design Department of the Escuela Técnica Superior de Arquitectura-Universidad Politécnica de Madrid (ETSAM-UMP). She is the head of the MAS Vivienda Colectiva at ETSAM-UMP; her research is focused on housing and women in architecture. Espegel is the author of *Women Architects in the Modern Movement* (2018), *Collective Housing in Spain 20th century 1929-1992* Vol. I (2013) and *Collective Housing 1992-2015* Vol. II (2016), *Eileen Gray: Objects and Furniture Design* (2013), *Aires Modernos, E.1027: Maison en bord de mer by Eileen Gray and Jean Badovici* (2010) and *Heroínas del espacio* (2008). She leads her own firm, Espegel arquitectos, whose work has received awards on various occasions.

Ruben Ferwerda groeide op in de jaren '70-bloemkoolwijk De Maten in Apeldoorn. Hij is stedenbouwkundig ontwerper (Saxion Deventer, cum laude 2011). In 2018 behaalde hij zijn mastertitel met de scriptie *Urgent Urbanism* over de praktijk van stedenbouw in crisissituaties (Master Design, WdKA, Rotterdam). Sinds 2011 is hij werkzaam als docent/onderzoeker aan Saxion bij de opleiding Ruimtelijke Ontwikkeling – Stedenbouwkundig Ontwerpen. In 2018 richtte hij samen met Marcel Barzilay het bureau Barzilay+Ferwerda op, gespecialiseerd in de geëngageerde jaren 1960 en 1970. Van hieruit hebben zij het onderzoeksprogramma Experimentele Woningbouw '68-'80 Revisited opgezet. In 2020 wonnen zij met hun team de prijsvraag 'Panorama Lokaal – locatie Mosterdhof' met een visie op de transformatie van deze wijk. Ferwerda is coauteur van *Experimentele Woningbouw in Nederland* (2019).
Ruben Ferwerda grew up in the 1970s 'cauliflower' neighbourhood De Maten in Apeldoorn. He is an urban designer (Saxion Deventer, with honours 2011). In 2018 he obtained his master's degree with the thesis *Urgent Urbanism*, concerning urban design in crisis situations (Master Design, WdKA, Rotterdam). Since 2011, he has been working as a lecturer and researcher in the Spatial Development - Urban Design programme of the Saxion University of Applied Sciences. In 2018, he founded the architecture office Barzilay+Ferwerda with Marcel Barzilay, which specializes in the engaged 1960s and 1970s. They subsequently set up the research programme Experimentele Woningbouw '68-'80 Revisited. In 2020, they and their team won the Panorama Lokaal – locatie Mosterdhof competition with a vision for the transformation of this neighbourhood. Ferwerda is co-author of *Experimentele Woningbouw in Nederland* (2019).

Dick van Gameren is hoogleraar en decaan van de faculteit Bouwkunde en de Gebouwde Omgeving aan de TU Delft en partner bij Mecanoo Architecten. Hij combineert zijn werk als architect al jaren met bezigheden in onderwijs en onderzoek, en handhaaft zijn kritische benadering van het ontwerpen door middel van lezingen, onderzoek en publicaties. Van Gameren initieerde de boekenreeks *DASH* (Delft Architectural Studies on Housing) in 2008 en is er sindsdien hoofdredacteur van. Tien jaar geleden startte hij de TU Delft onderzoeks- en onderwijsgroep Global Housing, een internationaal netwerk dat zich richt op de problematiek van het bouwen van betaalbare woningen in snelgroeiende steden. In 2007 won Van Gameren de prestigieuze Aga Khan Award voor zijn ontwerp van de Nederlandse Ambassade in Ethiopië.
Dick van Gameren is a full professor and Dean of the Faculty of Architecture and the Built Environment at Delft University of Technology and a partner at Mecanoo Architecten. He has been combining his work as an architect in practice with education and research for many years, maintaining a critical approach to design by lecturing, researching and publishing. In 2008, van Gameren founded the book series *DASH* (Delft Architectural Studies on Housing) of which he is the editor-in-chief. Ten years ago, he started the Delft University of Technology research and education group on Global Housing, an international network that focuses on the problems of building affordable housing in rapidly expanding cities. In 2007, van Gameren won the prestigious Aga Khan Award for the design of the Dutch Embassy in Ethiopia.

Dirk van den Heuvel is universitair hoofddocent aan de TU Delft en geeft leiding aan het Jaap Bakema Studiecentrum van Het Nieuwe Instituut in Rotterdam, dat een publiek onderzoeksprogramma ontwikkelt

op basis van de Rijkscollectie voor Nederlandse Architectuur en Stedenbouw. Zijn recentste project, een boek en een tentoonstelling waar hij samen met Penelope Curtis en het Gulbenkian Museum aan werkte, is *Art on Display 1949-69*. Hij is de (co)auteur van onder meer *Habitat: Ecology Thinking in Architecture* (2020) en *Jaap Bakema and the Open Society* (2018). Hij was eerder als redacteur verbonden aan tijdschrift voor architectuur *OASE* en aan het online tijdschrift *Footprint*. Hij ontving in 2017 een Richard Rogers Fellowship van de Harvard Graduate School of Design en was tevens curator van het Nederlandse paviljoen op de biënnale van Venetië van 2014.
Dirk van den Heuvel is an associate professor at Delft University of Technology and heads the Jaap Bakema Study Centre at Het Nieuwe Instituut, Rotterdam, which develops a public research programme on the basis of the Dutch National Collection of Architecture and Urban Design. His latest book and exhibition project was *Art on Display 1949-69*, together with Penelope Curtis and the Gulbenkian Museum. Book publications he (co-)authored include *Habitat: Ecology Thinking in Architecture* (2020) and *Jaap Bakema and the Open Society* (2018). He was an editor of journal for arquitecture *OASE* and the on-line journal *Footprint*. He was awarded a Richard Rogers Fellowship of Harvard GSD in 2017, and was also the curator of the Dutch pavilion at the Venice Biennale 2014.

Olv Klijn studeerde bouwkunde aan de TU Eindhoven. Hij schreef voor verschillende architectuurbladen, waaronder *de Architect*, en werkte als junior-architect bij OMA in Rotterdam. Hij is sinds 2007 partner en oprichter van FABRICations, bureau voor architectuur en stedenbouw. In 2010 won het bureau de Prix de Rome voor architectuur. Klijn is als universitair docent verbonden aan de TU Delft.
Olv Klijn studied architecture at Eindhoven University of Technology. He has written articles for various architecture magazines, including *de Architect*, and worked as a junior architect for OMA in Rotterdam. In 2007, he co-founded FABRICations, an architecture and urban design office. In 2010 the office won the Prix the Rome in Architecture. Klijn is assistant professor at Delft University of Technology.

Virginia Mannering is een ontwerper, onderzoeker en bekroond architectuurschrijver met een kleine praktijk. Haar ontwerpend onderzoek is gericht op historisch urbanisme, de verkenning van locatie en materialiteit en feministische architectuur. Ze heeft veel lesgegeven aan studio's, en over constructie, theorie en kunstgeschiedenis.
Virginia Mannering is a designer, researcher and award-winning writer on architecture with a small practice. Her design research focusses on historical urbanism, explorations of site and materiality, and feminist architecture. She has taught extensively, across studio, construction, theory and art history units.

Daniel Movilla Vega is universitair hoofddocent aan de Universitet Arkitekthögscholan in het Zweedse Umeå, waar hij een studio leidt die deel uitmaakt van het masterprogramma. Zijn onderzoek is gericht op woningbouw en de vorming van machtsverhoudingen in de huiselijke ruimte. Momenteel doet hij onderzoek naar de constructie van de huiselijke ruimte in Zweden op het kruispunt van architectuurtheorie, geschiedenis, ontwerp en kritische theorie. Movilla Vega was eerder postdoctoraal onderzoeker Architectuur aan de LTU in Zweden, onderzoeker bij MAS Vivienda Colectiva-GIVCO aan de Escuela Técnica Superior de Arquitectura-Universidad Politécnica de Madrid (ETSAM-UPM) en gastonderzoeker aan Columbia University, TU Delft, MARKhI, FAU-USP, NTNU en het ArkDes.
Daniel Movilla Vega is associate professor at the Umeå School of Architecture in Sweden, where he leads a studio in the master's programme. His studies focus on housing architecture and the formation of power relations in domestic space. He is currently conducting research on the construction of domestic space in Sweden at the crossroads of architecture theory, history, design and critical theory. Movilla Vega was a postdoctoral research fellow in Architecture at the LTU in Sweden, researcher at MAS Vivienda Colectiva-GIVCO at the Escuela Técnica Superior de Arquitectura-Universidad Politécnica de Madrid (ETSAM-UPM), and visiting researcher at Columbia University, Delft University of Technology, MARKhI, FAU-USP, NTNU and ArkDes.

Pierijn van der Putt studeerde architectuur aan de TU Delft, de University of Illinois in Chicago en Drexel University in Philadelphia. Hij was redacteur van verschillende Nederlandse architectuurtijdschriften, waaronder *de Architect*. Sinds 2008 is hij als docent verbonden aan de leerstoel Architectuur en Woningontwerp aan de TU Delft en is hij redacteur van *DASH*. In het onderwijs gaat zijn belangstelling uit naar de bevordering van reflectieve en associatieve vermogens van zijn studenten en de verbetering van hun schrijf- en presentatievaardigheden.
Pierijn van der Putt studied architecture at Delft University of Technology, the University of Illinois in Chicago and Drexel University in Philadelphia. He was editor of various Dutch architecture journals, including *de Architect*. Since 2008, he has been a lecturer for the chair of Architecture and Housing Design at Delft University of Technology and an editor of *DASH*. His teaching interests include the promotion of students' reflective and associative abilities and the improvement of their writing and presentation skills.

Mark Swenarton is architectuurhistoricus, criticus en docent. Hij publiceerde onder meer *Homes Fit for Heroes* (1981/2018), *Building the New Jerusalem* (2008), *Architecture and the Welfare State* (2015) en *Cooks Camden* (2017). Hij was eerder de oprichter van en redacteur bij *Construction History* (1985) en *Architecture Today* (1989) en is momenteel redacteur bij *Architectural History*, het tijdschrift van de Society of Architectural Historians of Great Britain. Hij was eerder hoofd van de Oxford School of Architecture van Oxford Brookes University (2005-2010) en de Sir James Stirling Chair of Architecture van Liverpool University (2010-2015), waar hij nu emeritus-hoogleraar Architectuur is.
Mark Swenarton is an architecture historian, critic and educator. His publications include *Homes Fit for Heroes* (1981/2018), *Building the New Jerusalem* (2008), *Architecture and the Welfare State* (2015) and *Cooks Camden* (2017). He was founding editor of *Construction History* (1985) and *Architecture Today* (1989) and is currently editor of *Architectural History*, the journal of the Society of Architectural Historians of Great Britain. He was formerly head of the Oxford School of Architecture at Oxford Brookes University (2005-2010) and the Sir James Stirling Chair of Architecture at Liverpool University (2010-2015), where he is now emeritus professor of Architecture.

Zihao Wong studeerde architectuur aan de National University of Singapore (NUS). Hij werkte eerder als architectonisch ontwerper bij het bekroonde Arc Studio Architecture + Urbanism en als adjunct-docent Architectuur en Interieurontwerp aan de Temasek Polytechnic in Singapore. In 2014 was hij medeoprichter van het in Singapore gevestigde bureau voor architectuur en ontwerp Studio Super Safari. Sinds 2019 verricht hij aan de NUS ontwerpend onderzoek voor zijn doctoraal, waarbij hij het tekenen onderzoekt als een manier/methode om de waargenomen stabiliteit van bodem/grond te bepalen, wanneer die opnieuw gecontextualiseerd wordt met betrekking tot kwesties als eilandsteden, dalend land en stijgende zeespiegels.
Zihao Wong studied architecture at the National University of Singapore (NUS). He worked as an architecture designer at the award-winning Arc Studio Architecture + Urbanism, and as an adjunct lecturer teaching architecture and interior design at Temasek Polytechnic in Singapore. In 2014, he co-founded Singapore-based architecture and design practice Studio Super Safari. Since 2019, he has been pursuing a research by design PhD at NUS, exploring drawing as a mode and method of research inquiry about the perceived stability of land/ground, when re-contextualized in issues of island cities, sinking land and rising seas.

Jurjen Zeinstra studeerde architectuur aan de faculteit Bouwkunde van de TU Delft. Hij was eerder redacteur van de architectuurtijdschriften *OASE* en *Forum*. Samen met Mikel van Gelderen richtte hij het bureau Zeinstra van Gelderen op, dat projecten op verschillende schaalniveaus realiseert. Hij werkt als waarnemend universitair hoofddocent Interiors Buildings Cities bij de faculteit Bouwkunde van de TU Delft. In 2013 was hij eindredacteur van *Amsterdam Places: Interiors, Buildings and Cities* en momenteel werkt hij aan een proefschrift over de perspectieftekeningen van Heinrich Tessenow.
Jurjen Zeinstra studied architecture at Delft University of Technology and was an editor of architecture journals *OASE* and *Forum*. With Mikel van Gelderen he founded Zeinstra van Gelderen architecten, which has realized projects on various scales. He works at the Department of Architecture as acting associate professor in Interiors Buildings Cities. In 2013 he published *Amsterdam Places: Interiors, Buildings and Cities* and is currently preparing a PhD on Heinrich Tessenow's perspective drawings.

Omslag/Cover
Kampung Admiralty, Woodlands Drive 71, Singapore
Ontwerp/design: WOHA Architects, Hong Kong
Foto/photo © Patrick Bingham-Hall

Tekening door/drawing by
Melle Haak, Melvin de Wijs

Binnenkant omslag/inside cover
Melle Haak, Melvin de Wijs

Essays

Marcel Barzilay, Ruben Ferweda
p. 4 H. J. A. Hovens Greve, Ministerie van VRO, 1976. Ontwerpen met predikaat, 1971-1972, Serie A1 (Den Haag: Ministerie van VRO, 1976), 30
p. 7 rechtsboven/top right © Ary Groeneveld, 19-09-1963, Gemeente Rotterdam (Stadsarchief)
p. 7 rechtsonder/bottom right archief Bonnema architecten, de Zwarte Hond, 1978 (fotograaf onbekend/photographer unknown)
p. 8 linksboven/top left Piet Blom, Kasbah, Hengelo, *De Architect*, 9 juni 1970
p. 8 linksonder/bottom left Bouwteam Stichting Nieuwe Woonvormen: Brinkman, Klunder, Verhoeven en Witstok. H.J.A. Hovens Greve, Ministerie van VRO, 1976. Ontwerpen met predikaat, 1971-1972, Serie A1 (Den Haag: Ministerie van VRO, 1976), 30
p. 10 linksboven/top left en/and linksmidden/middle left D.A. van Ruler, 'Ex 68/70, ontwerpen voor woningbouw aan welke het predicaat "experimenteel" werd toegekend', *Plan* 3 (1971)
p. 10 rechtsmidden/middle right Ontwerper/designer: gemeentelijke bouw- en woningdienst Utrecht, 'Wonen met open deuren', *Libelle*, 1971
p. 10 onder/bottom Ontwerper/designer Ir. A.S. Galis. H.J.A. Hovens Greve, Ministerie van VRO, 1976. Ontwerpen met predikaat, 1971-1972, Serie A1 (Den Haag: Ministerie van VRO), 76
p. 13 alle beelden/all images, p. 15 linksboven/top left © Ruben Ferwerda
p. 15 rechtsboven/top right ANP, © Jacques Klok

Daniel Movilla Vega, Esperanza Campaña Barquero
p. 16 fotograaf onbekend/photographer unknown, p. 25 rechtsboven/top right en rechtsmidden/middle right fotograaf onbekend/photographer unknown, Nordiska museet
p. 19 boven/top, onder/bottom, p. 20,21 en/and p. 25 linksboven/top left ArkDes
p. 25 linksonder/botttom left Köket av idag, Hem i Sverige
p. 25 rechtsonder/bottom right Utan gränser (tentoonstellingscatalogus/exhibition catalogue)

Mark Swenarton

p. 28, 34,38 © Tim Crocker
p. 31 linksboven/top left, p. 37 rechtsonder/bottom right © Tim Crocker
p. 31 linksmidden/middle left en/and linksonder/bottom left, p. 33 linksboven/top left en/and onder/bottom, p. 37 boven/top © Martin Charles, RIBA Collections
p. 31 rechts/right Mark Swenarton, *Cook's Camden, The Making of Modern Housing* (Londen: Lund Humphries, 2018), 37 Fig 3.04
p. 33 rechtsboven/top right Mark Swenarton, *Cook's Camden,* 43 Fig 3.09
p. 37 midden/middle Mark Swenarton, *Cook's Camden,* 64-65 Fig 4.06
p. 37 linksonder/bottom left Mark Swenarton, *Cook's Camden*, 62 Fig 4.03

Virginia Mannering
p. 40, 45, 49, p. 44 rechtsonder/bottom right Monash University interviews, 2019
p. 44 linksboven/top left State Library of Victoria
p. 44 linksonder/bottom left State Library of Victoria, Grounds, Romberg & Boyd Collection
p. 44 rechtsboven/top right, p. 47,48 The Age newspaper

Fernando Altozano, Carmen Espegel, Esperanza Campaña Barquero
p. 52 © Oriol Maspons y Julio Ubiña, Aracil Legacy
p. 55 boven/top, midden/middle, linksonder/bottom left archief/archive José Antonio Corrales
p. 55 rechtsonder/bottom right © Carlos Quintans
p. 56 tekeningen/drawings Aracil Legacy
p. 56 linksonder/bottom left © Juan Pando, Aracil Legacy
p. 56 rechtsonder/bottom right © Esperanza Campaña
p. 59 archief/archive Francesc Rius

Interviews
p. 62,63,65,66 © Mieke Dings
p. 68 © Paul Swagerman
p. 70 fotograaf onbekend/photographer unknown, gemeente/municipality Kerkrade

Projectdocumentatie/ Project Documentation

Tekst/Text
Olv Klijn, Pierijn van der Putt, Dick van Gameren
Yael Allweil, Fernando Altozano, Frederique van Andel, Zihao Wong, Jurjen Zeinstra

Tekeningen/Drawings
Melle Haak, Melvin de Wijs

De Wouden
Foto's/photos © Annenies Kraaij, behalve/except:
p. 78 linksmidden/middle left, onder/bottom https://experimentelewoningbouw.nl
p. 78 rechtsmidden/middle right https://www.dvhn.nl
p. 84 fotograaf onbekend/photographer unknown, www.funda.nl

Onder de Bogen
Foto's/photos © Annenies Kraaij, behalve/except:
p. 86 rechtsmidden/middle right en/and rechtsonder/bottom right https://experimentelewoningbouw.nl
p. 91 rechtsboven/top right en/and rechtsonder/bottom right fotograaf onbekend/photographer unknown, www.funda.nl

Vier vierkanten
Foto's/photos © Annenies Kraaij, behalve/except:
p. 94 rechtsboven/top right, rechts midden/middle right en/and onder/bottom fotograaf onbekend/photographer unknown, www.regionaalarchiefalkmaar.nl

De Wandelstraat
Foto's/photos © Annenies Kraaij, behalve/except:
p. 102 rechtsboven/top right https://experimentelewoningbouw.nl
p. 106 fotograaf onbekend/photographer unknown, www.funda.nl

Zonnetrap
Foto's/photos © Annenies Kraaij, behalve/except:
p. 110 rechtsboven/top right, rechtsonder/bottom right en/and linksonder/bottom left fotograaf onbekend/photographer unknown, www. bonas.nl
p. 110 midden/middle www.hetnieuwe-instituut.nl/collectieve-huisvesting/de-zonnetrap-1970-e-hartsuyker-l-hartsuyker-curjel
p.114 rechts/right www.bonas.nl
p. 115 © Dick van Gameren

Pearlbank Apartments
Foto's/photos © Darren Soh, behalve/except:
p. 118 rechtsboven/top right © Tan Cheng Siong, Building Materials & Equipment, april/April 1976
p.118 rechtsmidden/middle right, rechtsonder/bottom right fotograaf onbekend/photographer unknown, Building Materials & Equipment, april/April 1976

Coll Del Portell
Foto's/photos fotograaf onbekend/photographer unknown, archief/archive Francesc Rius, behalve/except:
p. 131 linksboven/top left, rechtsonder/bottom right © Stefano Carlo Ascione

The Hill Estate
Foto's/photos © Gili Merin, behalve/except:
p. 134 links midden/middle left, rechtsboven/top right, rechtsmidden/middle right, rechtsonder/bottom right en/and p. 136 [Azrieli Archive, Yael Aloni Collection

Branch Hill
Foto's/photos © Martin Charles, RIBA Collections, behalve/except:
p. 142 onder/bottom, p. 144 boven/top en/and rechtsonder/bottom right, p. 147 rechtsboven/top right, rechtsonder/bottom right fotograaf onbekend/photographer unknown, www.themodernhouse.com

Kampung Admiralty
p. 150 rechtsboven/bottom right, rechtsmidden/middle right © WOHA Architects
p. 150 onder/bottom, p. 154 linksmidden/middle left en/and linksonder/bottom left © Darren Soh
p. 152 foto/photo © K Kopter
p. 154 linksboven/top left © Jonathan Choo
p. 154 rechtsboven/top right, rechtsmidden/middle right en/and rechts midden/middle right © Patrick Bingham-Hall

Onafhankelijk peer-reviewed architectuurtijdschrift, uitgegeven door nai010 uitgevers voor de afdeling Architectuur, leerstoel Woningbouw aan de faculteit Bouwkunde van de Technische Universiteit Delft
Independent peer-reviewed Journal for Architecture, published by nai010 publishers for the Chair of Architecture and Dwelling of Delft University of technology

DASH
Delft Architectural Studies on Housing
Leerstoel Architectuur en Woningontwerp
(Chair of Architecture and Dwelling)
Julianalaan 132-134
2628 BL Delft
Postbus 5043
2600 GA Delft
Nederland/the Netherlands

Redactie/Editors
Dick van Gameren
Frederique van Andel
Dirk van den Heuvel
Olv Klijn
Annenies Kraaij
Paul Kuitenbrouwer
Harald Mooij
Pierijn van der Putt
Eireen Schreurs
Hans Teerds
Jurjen Zeinstra

Wetenschappelijk comité/
Academic Board
Monique Eleb
Marc Glaudemans
Joan Ockman
Max Risselada

Adviesraad/Advisory Board
Francine Houben
Frits van Dongen
Piet Vollaard
Ton Schaap
Han Michel

Tekstredactie/Copy editing
Gerda ten Cate, D'Laine Camp

Vertaling/Translation
Maria van Tol

Vormgeving/Design
Joseph Plateau, Amsterdam

Papier/Paper
Perigord 1.1, 150 g

Druk/Printing
die Keure, Brugge/Bruges

Uitgever/Publisher
Marcel Witvoet,
nai010 uitgevers/publishers

Onze dank voor ondersteuning bij het verkrijgen van informatie gaat uit naar onder andere:
We extend our thanks for supporting our efforts to obtain information to, among others:
Atelier Rijksbouwmeester, Frederique van Andel, Yael Allweil, Marcel Barzilay, Het Nieuwe Instituut, Mieke Dings, Esperanza Campaña Barquero, Carmen Espegel, Ruben Ferweda, Virginia Mannering, Regionaal Archief Alkmaar, RIBA Collections, Mark Swenarton, Zihao Wong, Jurjen Zeinstra.

nai010 uitgevers is een internationaal georiënteerde uitgever, gespecialiseerd in het ontwikkelen, produceren en distribueren van boeken over architectuur, beeldende kunst en verwante disciplines.
www.nai010.com

Voor informatie over verkoop en distributie in Nederland en België, stuur een e-mail naar sales@nai010.com of kijk op www.nai010.com.

nai010 publishers is an internationally orientated publisher specialized in developing, producing and distributing books on architecture, visual arts and related disciplines.
www.nai010.com

nai010 books are available internationally at selected bookstores and from the following distribution partners:

North, South and Central America – Artbook | D.A.P., New York, USA, dap@dapinc.com

Rest of the world – Idea Books, Amsterdam, the Netherlands, idea@ideabooks.nl

For general questions, please contact nai010 publishers directly at sales@nai010.com or visit our website www.nai010.com for further information.

Printed and bound in the EU

ISBN 978-94-6208-585-5

Abonnementenadministratie/
Subscriptions and administration

Abonnementenland
P.O. Box 20
1910 AA Uitgeest
the Netherlands
Tel +31 (0)900 – ABOLAND
(0900-2265263 - € 0.10 p/m)
www.aboland.nl

Abonnementen/Subscriptions
Recht op reductie hebben: studenten aan universiteiten en academies van bouwkunst, houders van CJP. Abonnementen worden stilzwijgend verlengd. Opzeggingen kunnen uitsluitend schriftelijk worden ingediend bij de abonnementenadministratie. Prijswijzigingen voorbehouden.

For subscriptions please contact the administration. Subscriptions are renewed automatically. If you wish to cancel, please inform the administration in writing. Prices are subject to change.

Abonnementen (voor twee nummers)
in Nederland en België
particulieren € 49,50
instellingen € 49,50
studenten € 45,00

Abonnementen (twee nummers) Europa /
Subscriptions in Europe (for two issues)
particulieren/individuals € 59.50
instellingen/organisations € 59.50
studenten/students € 52.50

Abonnementen (twee nummers)
buiten Europa/
Subscriptions outside Europe (for two issues)
particulieren/individuals € 59.50
instellingen/organisations € 59.50
studenten/students € 52.50

Eerder verschenen
Back Issues

Nieuwe open ruimte in het woonensemble
New Open Space in the Housing Ensemble

Het luxe stadsappartement
The Luxury City Apartment

Het woonerf leeft
The 'Woonerf' Today

De woningplattegrond
The Residential Floor Plan

De stadsenclave
The Urban Enclave

Wonen in een nieuw verleden
Living in a New Past

Het ecohuis
The Eco House

Samen bouwen
Building Together

Woningbouwtentoonstellingen
Housing Exhibitions

Studentenhuisvesting
Housing the Student

Stijlkamers
Interiors on Display

Woningbouw wereldwijd
Global Housing

Van woning naar woning
From Dwelling to Dwelling

Huis Werk Stad
Home Work City

Voor meer informatie over eerder gepubliceerde nummers van *DASH*, kunt u terecht op www.dash-journal.com of www.nai010.com/DASH

For more information on previously published issues of *DASH*, please visit www.dash-journal.com or www.nai010.com/DASH